播音与主持艺术专业
"十四五"规划教材·实训系列

# 即兴口语

## （第二版）

姜 燕 著

·北京·

# 目 录

微信扫描二维码
获取本书课件

序　芝麻开门　/ 1

## 第一章　即兴口语语言样态解析　/ 1
    第一节　即兴口语的界定　/ 1
    第二节　即兴口语的特征　/ 12
    第三节　即兴口语的表达要求　/ 17

## 第二章　即兴口语的快速生成　/ 27
    第一节　即兴口语的生成环节　/ 27
    第二节　即兴口语的语脉推进　/ 37
    第三节　即兴口语顺利生成的核心　/ 58
    第四节　即兴口语的模块连缀技巧　/ 65
    第五节　即兴口语的话轮转换策略　/ 75
    第六节　即兴口语的语境化处理　/ 89

## 第三章　即兴口语与思维训练　/ 99
    第一节　思维与语言编码　/ 99
    第二节　思维种类与即兴口语的形成　/ 110
    第三节　空间思维与线性语言的转化　/ 127

## 第四章　即兴口语语流失畅的矫正　/ 137
    第一节　文本意识的阻碍　/ 137
    第二节　言语缺失　/ 147

第三节　言语失误　/ 158
　　第四节　口头禅　/ 167

**第五章　即兴口语专项训练　/ 174**
　　第一节　即兴演讲专项训练　/ 174
　　第二节　即兴问答专项训练　/ 192
　　第三节　即兴论辩专项训练　/ 207
　　第四节　即兴主持专项训练　/ 216
　　第五节　即兴评述专项训练　/ 225

**第六章　即兴口语全息训练　/ 234**
　　第一节　复述与描述　/ 234
　　第二节　听语训练　/ 248
　　第三节　即兴口语调频训练　/ 255

**第七章　即兴口语审美空间的提升　/ 264**
　　第一节　即兴口语韵味美的提升　/ 264
　　第二节　即兴口语的韵外之致　/ 270

**参考书目　/ 276**

**后　记　/ 277**

# 序　芝麻开门

你会说话吗？

你会说话，是指会使用基本的即兴口语，并不意味着有很强的即兴口语能力。

本书涉及的即兴口语，是指带着一定目的使用的、经过加工的、现想现说的口头语言。

书面语言是一幅画，它是平面的。你可以随时随地在上面用笔勾勒，还可以变换不同的颜色、线条、形状来突出重要部分。两千多年前，秦始皇统一中原，"书同文"之后的文字逐渐形成了汉民族的书写规范，人们克服交往障碍，实现了传播和接受的"共同体意识"。多年来，出于对文字的依赖，人们普遍认为写在纸上的语言更重要，而口口相传的语言似乎没什么学问，要么是"东拉西扯"，要么是"照本宣科"。

然而在"人人都是自媒体"的今天，站在"开口即直播"的大门外，很多人已认识到"芝麻开门"这一口诀的重要。

口头语言是一条线。你的缆车出发了，就只能前进，不能回头，没有分支分叉和并行，这和阅读、看视频差别很大。使用口语表达时不能像读书那样，迅速翻到任何一页；也不能像看视频那样，随时停下来倒回去重看。因此，稍微复杂一点的结构都不适合口语表达，复杂的结构容易让听众迷失方向。最了不起的口头表达者莫过于说书艺人，他们要描绘作战场景、打斗场面、人物关系，"疏处好跑马，密处不透风"。这些线是怎么牵的？他们是如何保证说书的缆车有条不紊地运行？当听到"花开两朵，各表一枝"时，这意味着说书人在两个并行的故事线索之间进行切换。再复杂的口述叙事也就是这样了，结构再复杂些，说书人也搞不定了。然而每当听到"花开两朵，各表一枝"时，很多听书者都会感到兴奋，因为他们知道，这代表着情节的大幅推进，预示着他们将进入一个更精彩的听觉世界。

所以，要记住即兴口语的这个线性结构。把我们要传达的信息在头脑中压扁，经过加工、提炼、浓缩和扁平化之后，再送上缆车。

好的，往前走吧，"芝麻开门"——即兴口语表达的大门开了！

# 第一章　即兴口语语言样态解析

关于口语和书面语，古希腊智者柏拉图曾假借苏格拉底之口在《斐德罗篇》里说："文字没有人情味。"和自然的口语相比，文字成了人为的东西。严格说来，文字就是一种技术，它塑造了现代人的智能活动。

在中国的先秦时代，口语曾有和古希腊时期相同的辉煌，口语和书面语的地位是大致相等的。那时人们注重论辩和演讲，书面语记载的大多为经过粗略加工的讲稿和辩词，比较真实地反映了当时口语的面貌。然而六朝之后，口语和书面语的距离开始拉大，书面语和口语、文言和白话双轨并行，这种语言传播的传统给中国的思想文化和社会生活造成了极大的影响。因为比起口语的松散随意，书面语有着严格的范式和语法，在传播思想方面准确性强，所以这种人为设置的语言障碍，一直是上层统治阶级保持优势的法宝，甚至是统一社会思想和行为的重要工具。恐怕没有哪个国家会像中国这样，为争取用白话文写作而开展一场如火如荼的思想文化运动。

汉语口语是词性自由、语序自由以及无时态、超时态的灵动的语言。因此，对使用汉语的人，进行即兴口语的探究是非常有意义的。

## 第一节　即兴口语的界定

语言样态多种多样，语言传播有三个层次，其中，涉及语言交流的有两个层次：第一层是口语交流，这是最基本的交流形式，即兴口语顺势而发，不可能每次讲话前都深思熟虑；第二层是文字传播，它克服了口语的随意性，增强了传播信息的确定性。不考虑交流的因素，语言还有一个更高级的传播层次，就是文学语言，这是用语言文字作为物质材料，按照一定规则进行加工，以求表现形象、思想的艺术形式。这三个层次的传播形式依次固定，规则性越来越强。口语是一切语言的源泉，是语言中最活跃、最有生气、发展最快的部分。就口头语言来说，它来源于生活，它的直接可感性使得即兴口语的社会功能更为便捷和强大。

## 一、即兴口语的分类

从广义上说,即兴口语是自然状态中的口头语言现象;从狭义上说,即兴口语指的是较严肃场合中带着一定目的使用的、经过加工的、现想现说的口头语言,以此区别于纯生存空间中的口语。"边想边说"是即兴口语的典型状态,即兴口语要求口语表达主体在有限的时间里同时达到两个要求:尽可能多地增加语言信息量;传达信息的同时还要有高度的准确性。下面就从语境要求和生成性两方面对即兴口语表达作一下划分:

(一)按照即兴口语语境划分

按照语境要求来划分,即兴口语可分为规范口语和日常口语。规范口语主要指即兴生发的会议讲话、论辩、谈判、演讲、主持、面试、直播等语言;而日常口语是在非正式场合出于交际需要而采用的即兴语言。如表1-1所示。

表1-1

|      | 规范口语              | 日常口语              |
| ---- | ----------------- | ----------------- |
| 界定   | 大众传播的言语行为         | 人际交往的言语行为         |
| 对象   | 表达对象的公众性          | 表达对象的选择性          |
| 个性   | 言语个性受媒介意志制约       | 言语个性受交际语境制约       |
| 语体   | 有时带有书面语色彩         | 不带有书面语色彩          |
| 语音   | 讲究语音规范            | 不讲究语音规范           |
| 思维   | 有准备地边想边说          | 无准备地边想边说          |
| 内容   | 表达内容有规定性          | 表达内容无规定性          |
| 信息   | 强调信息含量和密度         | 不强调信息含量和密度        |

在充满即兴色彩的现场交流中,语言交流的局限性时常能够显现出来。对于口语表达者来说,在规范的口语表达场合中,往往要在"即兴"中完成规范化,有时甚至是艺术化的语言组接活动;在有限的时间里,尽可能多地增加语言信息量,同时要求传达信息的语言具有高度的准确性,这就是即兴口语表达的难度。

(二)按照即兴口语生成划分

按照生成来划分,即兴口语包含两大类:原生口语和次生口语。没有受到书面文字影响的自发的原生态口语是原生口语,它是自发口语,没有文字依据。由书面文本转化成的口头语言是次生口语,它是非自发口语,有一定的文本做依据。

本书涉及的即兴口语，有的指原生的即兴说出的口语，表现了语言的纯自然状态，有的是有一定准备的、经过加工提炼的次生口语。日常生活中的口语多为原生口语，次生口语则包括有一定提纲、草稿或台本做依据的面试答问、演讲、报告、主持人语言等。即兴表达既要遵循语言表达的规律，又要服从听觉认知的规律。这种出口成章的技艺是现代人综合能力的重要组成部分。在求职面试、谈判答辩、竞聘上岗、直播带货等口语活动中，即兴口语往往是决定成败的重要一环。可以说，考查一个人语言能力如何，主要是看他的即兴口语表达能力。

## 二、即兴口语的构成要素

对大多数人而言，日常口语较为简单随意，对口语的临时组接能力要求不高，而规范口语的使用不能降低到日常生活的口语交际水平，它是在现场交流中即兴完成的规范化、艺术化的创作活动。

口语表达的特点使即兴语言形成了独特的表达过程，即从内部言语向外部言语的瞬间转换。即兴口语讲求的是声音形式与思维过程的匹配性，要求表达者的言语表达能顺利地反映其思维轨迹。即兴口语的表达过程分为三个步骤：思维、言语化和表达，这三者是互相依存而又连贯的。思维是言语化和表达的基础，言语化是过程，表达是思维和言语化的最终结果。要达到即兴口语声音形式和思维过程的完美匹配，要有两点作依托：

### （一）思维的流畅度

即兴口语表达的关键一环是内部言语向外部言语的转化。内部言语是人们在思维过程中运行于内心的语言，它是非社会性的，不能被别人感知的比较高级的言语，它也可能是一些抽象的理论、形象的画面和特定的声音等。人的思维过程也就是内部言语复杂运动的过程，它的运动形式包括：无声语言在心中的闪现；形象画面（包括人物、事件、场景等）在脑海中的再现；各种声音在脑海中的唤醒；抽象理论（包括概念、判断、推理等）在内心中的连接、推演等。这种语言并不为他人所感知。内部言语具有片段性和简略性的特征，有时一个词或词组就能代表一个完整的意思，甚至是一个系统的意思。在内部言语外化为外部言语的过程中，往往要根据这一个词或词组而展开语言链条，这就要求即兴口语表达者在遣词造句时，由点到线，在步步拓展的过程中始终保持逻辑的清晰和思维的统一。训练可以使思维品质得到综合改善，使思维向语言过渡的途径更加畅通，如图1-1所示。

即兴口语的表达终端是语言，但通过图1-1可以看出其间经历了表达者内部言语向外部言语的转化，如果任何一环出现问题，都会造成语流不畅、表达失误。口语不像

**图 1-1**

书面语那样具有可修改性,有时一个意想不到的失误可能带来无法补救的后果。2008年四川汶川大地震,中央电视台派往都江堰的记者徐娜一个4分钟连线报道就是如此。以下文字来源于2008年5月13日徐娜在灾区接受直播连线的录音记录,直播间的主持人是张羽和董倩。这段即兴口语表达的失败反映出六个问题,在录音记录后的括号中标出。

张羽、董倩与徐娜的电话连线

**董倩**:刚才我们通过一些短片了解了一下聚源镇中学的情况,现在我们就来连线此刻正在聚源镇中学、在都江堰进行采访的中央电视台记者徐娜。徐娜你好。

**徐娜**:你好主持人。

**董倩**:徐娜你给我们介绍一下你现在具体的位置是在什么地方。

**徐娜**:是这样的,我现在更正一下,我现在是在成都。因为现在都江堰的所有通信的信号都已经切断。所以我现在……嗯……刚刚从聚源中学返回到了成都,在一个酒店里在接受……嗯嗯……在……在做这个连线。(问题一:口语表达不顺畅,"信号切断"本是最关键的信息点,却被放在前面一带而过。)

**董倩**:嗯,那我问一下你为什么要在这个时候返回成都呢?你是不是到了前线去了?返回成都的目的是什么?

**徐娜**:嗯……是因为要做我们这样一个……一个……要把我们……(问题二:短时间内未能组织起有效的表达,使得"信号切断"这一关键信息继续空白。)

**董倩**:我明白了我明白了。

**张羽**:那信号原来是通的,为什么这时候又突然断了呢,是出现新的灾情了吗?

**徐娜**:啊……没有没有没有。是这样的,这个……嗯……嗯……现在那边的信号……有的时候这个会断,有的时候会好。现在正在这个嗯……抢修过程当中。我说的是这个手机的信号,我说的是这个手机的信号啊。(问题三:语言啰唆,与灾情信息密切相关的"因为要到有信号的地方做连线才回成都"这一重要原因未明确讲出来,导致网民误解她为"临阵脱逃"。)

**董倩**：徐娜你今天是否观察到了整个聚源镇中学的一些救援情况？你是否在现场？

**徐娜**：我今天下午和晚上都在现场。嗯，是这样的，我觉得这个中学的情况，嗯，现在这个救援的情况呢，嗯……整个的情绪、氛围还是比较……毕竟还是个灾难吧，我觉得还是比较嗯，比较悲伤的哈。就像这里的天气一样，我觉得今天的温度虽然在18度左右，但今天这里一直在下着雨，而且气温也非常地冷，那很多这个爸爸妈妈……嗯从昨天出事到现在，他们一直在学校的操场上等自己的孩子。嗯……那今天我遇到了一个妈妈，她在这个学校已经等了30多个小时，她而且她今天告诉我说，她说因为这个学校是住校，孩子一直在住校嘛，那刚好星期天那天是她孩子的生日，那在她送这个孩子回学校的时候，孩子特别高兴地跟她说了一句话，他说这是他14年以来……孩子是14岁哈，14，14年以来的，嗯……他妈妈送他的第一个生日蛋糕。然后今天他妈妈说到这一点的时候，我真的我当时心里特别难过，因为我能够体会到她那种，他妈妈的那种，那种悲伤……（问题四：以感性播报取代了观众在灾难时最渴求的刚性信息。）

**董倩**：徐娜我想了解一下，今天因为有些学生被救出来了，那么对于那些被救出来的学生的家长，当然他们会感到很庆幸，但是对于那些他们的孩子还是在底下生死未卜的那些家长，他们今天又是……你观察他们又是怎么样的状态？

**徐娜**：嗯……我觉得是这样……嗯……现在的情况比我想象的要……要好，因为我觉得，嗯，很……现在的救援情况还是比较有序，因为很多这个……嗯，我们也看到，解放军跟警察他们带着大量的仪器还有警犬在这里已经奋战了有30多个小时都没有休息。那我觉得这个救援工作今天我也问了一下，今天的救援工作，嗯，应该是已经接近了尾声，所以我觉得嗯，在接下来的这个过程当中应该还是比较，比较顺利的。而且，但是我特别想表达的一种情绪是这样，就是其实我今天到了这个都江堰之后我看到每一个人的脸上这种表情都是非常沉默，真的……这个脸上而且都带着一种疲倦，因为我觉得从昨天开始到现在没有人，没有人真正地睡过，所以昨天……今天有人在说，他说这个是一个，对于成都来讲对于这个都江堰来讲这是一个不眠之夜。而且在这个城市当中就是很多这个不管是受灾的群众还是救护人员，30多个小时都没有合眼……（问题五：表达啰唆，多为感性信息，进一步加深了"她没到现场而是待在酒店做连线"的误解，未能表达清楚最关键信息："当日"救援工作告一段落。）

**董倩**：徐娜我想了解一下，刚才你说到了一个细节，你说对于聚源镇中学的这个救援工作已经接近尾声，因为刚才我们在演播室里面采访专家，他说在震后的72个小时都是黄金救援期，你为什么说已经接近尾声了呢？

**徐娜**：嗯……嗯……因为是这样，就是我今天晚上，因为我刚刚从那边回来大概一个……嗯不到一个小时哈，那现在嗯已经……我今天问了一下我们这边的救援的人员,他现在嗯……嗯……就是说现在死伤的人数现在正在统计过程当中,而且现场已经基本上恢复了正常的状态。(问题六:每一次主持人提问都给徐娜创造了解释和澄清的机会,但她都没有抓住。)

**董倩**:好的,谢谢徐娜从成都给我们带回来的关于聚源镇中学救援的一些最新情况。

直播后不到24小时,网友将这段连线视频和文字发到各大论坛,"逃兵""脑残"……骂声一片。这次直播连线,以软性人文故事的描述取代了原本应该有的刚性新闻现场报道,这种"状态失控"主要源于记者缺少知识储备和现场报道经验。徐娜的失败主要体现为应报道的两个重要信息传递任务没有完成。如表1-2所示。

表 1-2

| 应传递信息 | 误表达为 | 问题表现 | 问题原因 |
| --- | --- | --- | --- |
| 都江堰信号中断无法连线。记者要从灾区紧急赶回成都,将拍完的新闻片从四川台传送回北京播出 | 未去现场,在成都的宾馆里凭空播报 | 报道信息贫乏且模糊,多为模棱两可的个人感受和判断 | 缺少知识储备和新闻现场报道经验 |
| 当天的救援工作接近尾声 | 地震发生30多个小时,却只说聚源镇中学的救援已接近尾声 | | |

缺乏现场报道经验的年轻记者突然被抽调赴现场连线,身份临时转换为即兴报道者,紧张焦虑导致词不达意,"蛋糕"的故事是试图用做新闻专题的方法来做动态消息报道,接下来的失误是说聚源镇中学的现场救援已经接近尾声,在被主持人追问时,也未能抓住机会把意思补充清楚、交代完整。这就是即兴口语不达标带来的不良影响。

从这个事例可以看出,即兴口语表达一次性完成,具有无法"擦除"和"修补"的特点,即兴口语表达者要迅速完成理顺思维、组织内容、语言表达这一流程。即兴口语从思维到口舌的距离最短,最能体现一个人语言的本色,无法"包装"。由于强烈的现场感和可变性,即兴口语表达的局限性和高难度是显而易见的。

(二)即兴表达的聚合力

口头语言具有水一般的流动特质:单向、线性。组织口语的过程中需要瞬间将散乱的语料转化为语流,语流顺畅是良好即兴口语表达的重要基础。

思维的流畅度主要来自即兴口语的内部言语,即兴表达的聚合力指的就是外部言语。外部言语是有一定社会性的、能被感知的语言,比如通过声音、视觉和触觉(盲文)等来感知;外部言语有时也包括动作等感性形式的态势语言。口头语言、书面语言以及态势语言都是外部言语的主要形式。

人与人之间的语言交流包括单向交流、双向交流和多向交流三种形式。一个人在正常的谈话状态中无论经过哪种交流环节，整个语言的聚合过程都应该是这样的：

理清思路—选词组句—表情达意—收集反馈—调整思路—选词组句—表情达意……

这是一个周而复始的循环过程。这个过程中的各个环节也不是互相脱离的，而是流畅又富于聚合力的。口语表达必须遵循语言表达规律，把内部言语扩展、编码为一定的语句之后，借助发音器官把信息传递出去，听者则凭借听觉器官收到的声音信息来辨认、理解对方的意思，并做出相应的反应，这反应又反馈给表达者，使表达者边说边监听自己的话，通过听众的反应及时对自己的语量、语调等进行调节。在传送与反馈的过程中，具备良好的声音状态、娴熟的发音和语言表达技巧，并认真同听者交流，及时调节、整理语言的运行方能顺利达成口语即兴表达。有清晰话题的即兴口语可以概括为这样的流程：

抓话题—定语点—扩展语点—查漏补缺

除内部言语失败，2008 年的这个现场连线，在即兴表达的聚合环节上也出了问题。话筒前的报道，不能跟着感觉走，口语句子的意义重心是一些"意点"，它由要表达的关键思想做主线串起来，意点之外的成分，往往在找到意点之后就会被迅速遗忘。现场报道应在收集准备好充足信息的前提下，现场扩展信息点，并将具体的事物词语化、序列化，最终完成表达活动。以即兴表达为职业的人都应具备这种能力。

语言作为交际的工具是以思维为前提的。作为思维载体的是语言的内部形态，作为语言交际工具的是语言的外部形态。语言的内部形态转换为外部形态的过程是一个较为复杂的转换编码过程。内部言语是在观察和感受过程中，受生理、心理等多方面因素影响而产生的，它可能是一串浮动的意念、一种具体的表象、一些感觉或色彩的"碎片"，或者一些简单的"语点"。因此，它具有不完整性和不连贯性。内部言语是外部言语产生的基础，而外部言语则是对内部言语加工处理的结果和外在表现。加工处理的过程即转换编码的过程，也就是调动语言积极地参与思维活动，用确切的词语与思维内容相契合，使思维逐渐清晰化、具体化，并最终穿上"合体"的语言外衣的过程。这一过程的任务是：按照事物的内在联系，将所要描述的事物进行梳理排列，将散乱的"碎片"串成一条明晰的"线索"。说话者将接收到头脑中的概念编码为言语中枢的发音指令，驱动发音器官的动作，产生言语声波，从而说出话来。

转换编码要靠思维与语言的紧密结合才能完成。思维品质的高低会直接影响转换编码的速度和质量，而转换编码的速度和质量，又会直接影响即兴口语表达能否顺利完成。因此,转换编码是即兴口语表达基础训练的重点之一。

### 三、即兴口语表达进程中的核心言语定式

听众容易走神,这是说话人要面对的重要问题。听演讲或报告的时候,看手机、聊天、发呆、打瞌睡、想入非非、东看西看的大有人在。请不要为这些行为感到生气,说话人需集中精力捋顺自己的口语表达内容,让它要点清晰。即兴口语在表达过程中追求的是一种合理的表达结构,这是一种动态平衡结构,靠的是中心语义定式的主宰。定式是一种符合听众接受规律的固定样式。形成合理的言语定式,才会有合理的同类后继的表达;失去言语定式就破坏了表达中的动态平衡,说话就会杂乱无章。

核心定式包括首句导向、首字导向、句间依存和句群向心。下面解析一下这四个即兴口语表达的基本定式:

(一)首句导向定式——抽线头

即兴口语表达过程应当是像缆车一样往前行进的线性过程,很多人不能流利地表达是因为缺少这条"线",或者是一条线上挂着许多无关的东西,说话的时候要么心里一团乱麻,要么舌头上一团乱麻。如果把想说的话比作一团线,讲第一句话就好比抽线头,抽准了,话就会越说越顺。首句导向定式实质上就是以"片言居要"的形式对一个句群来做定向统领,把最重要的第一句话放在最前面。第一句定准调,后面才会源源不断地由此生发出去。培养即兴口语表达中的首句导向定式意识,可以用一句提纲挈领的话为发端,围绕它说好一个语段。

如果表达的主导意识还没有形成,不应急于开口,否则这团线会越抽越乱。第二章要讲的即兴口语"语脉推进",和"抽线头"相对应,"线"和"脉"本身就具有某种相似之处。

(二)首字导向定式——起线头

从语言表达的细化角度来看,首字定音,在每一句话说出的时候要有轻重处理。很多重要场合中的表达,首字定音非常重要。有经验的表达者会特别注意首个字的选用和起音,因为第一个字起音定调的强弱决定了后面整句话的基调。

(三)句间依存定式——理线条

句间依存定式指的是口语表达中的"定向推进"意识。在同一话题的表述中,这种"中心语义定式"制约着一连串的语句。如果以清晰的思路把握句与句之间的定向推进和逻辑关系,就会形成比较稳定的句间依存定式和语脉导向;熟练运用起纽结作用的关联词和起语篇衔接作用的回指词,可以有效避免重复和口头禅,显示出句间良好

的衔接和依存关系。

(四)句群向心定式——挂车厢

沿着主线,即兴口语中存在着一种指向性确定的表达意念。虽然说出来的每个句子处于不同的位置,但都应指向中心语义和陈述中心语义。

①也许有人觉得,只要不影响理解,这话怎么说都可以。②这种想法是不对的。③相对于前些年来说,近年来不同社交群体的话语形态发生了很大变化,年轻人和老年人、游戏群体和非游戏群体、追剧群体和观演群体等,话语形态都不一样。④长此以往,就会出现沟通隔阂。

这些话虽然长短不一,形式不同,但都共同指向一个中心句"这种想法是不对的"。①说明的是这种想法,③④是这种想法"不对"的理由。因此这段表达意思清晰,层次有序。

句群向心定式对中心语义的表达起决定作用。说话时不能把几种表达意念搅在一起,因为中心语义只能有一个。为了增强表达者的向心组合意识,在表达中可以在适当的地方重复点明中心语义。

本节先对口语表达的核心言语定式做一下简要阐述,在后面的章节中再进行具体分析,并提供相应的训练方案。

**感悟与训练**

**一、词语接龙**

词语接龙是一个有趣的练习形式,可以一个人,也可以双人或多人进行。词语接龙就是在随便一个词语的基础上,以这个词的最后一个字为开头,再组出一个新的词语,如此不停地组词。词语接龙可以是两个字的,也可以是三个字或者四个字的,可使用同音不同字来降低难度。如两字词的接龙:

即兴—兴致—致意—意见—见闻—闻讯—迅速—速度—度过—过程—程序—许多—多样—洋相—相貌—耄耋—爹娘—娘炮—炮弹……

再如四字词的接龙:

即兴口语—语重心长—长此以往—网开一面—面面俱到—倒行逆施—始料不及—己所不欲—雨露滋润……

**二、成语接龙**

成语接龙就是将成语按照一定的规律连接成一条龙,它们有的像前面的词语接龙一样首尾相连,没有字数限制,如:

一马当先—先人后己—己所不欲,勿施于人—人心齐,泰山移—移樽就教—教学相长……

有的接龙不一定是首尾相接,而是遵循某种连接规律,如以数字相连的接龙:

一日千里—二分明月—三心二意—四面楚歌—五湖四海……

还有的接龙以生肖相连,如:

鼠目寸光—对牛弹琴—狐假虎威—兔死狐悲—龙飞凤舞……

采用接龙的方式进行练习,可以从上面的接龙接起,也可以自己再发明一些其他规律的接龙方法。如可以按照颜色、大小、深浅等性质规律接龙。来试试吧!

### 三、话题接龙

在前面两种接龙练习的基础上,可以展开话题串词接龙。话题串词接龙就是提供一个话题给一组练习者,从第一个人开始,每一个人围绕这个话题说一段话,每段话要跟上一位练习者的话接上,而且要以上一个人的最后一句为下一个人第一句的展开话题。如:

1. 过劳肥  2. 内卷  3. 网络暴力  4. 抑郁症  5. 广场舞
6. 逆行者  7. 共享时代  8. 凡尔赛  9. 抢购风  10. 丁克族

### 四、新闻串联

这里提供几段新闻材料,按照向心定式模拟一档"新闻串联"节目:把几个新闻按照一定的联系串接起来播出,每两段新闻中间要加上一段口语表述,使两段新闻衔接得自然顺畅。

**材料一  互联网营销师等新职业走俏**

2022年11月4日    来源:《羊城晚报》

"屏幕前的宝宝们,下午好!"走上工作岗位不久的周贤其正在镜头前进行直播。比起"带货主播"这个称呼,他更愿意称自己为"互联网营销师"。这个新职业,指的是在数字化信息平台上,运用网络的交互性与传播公信力,对企业产品进行营销推广的人员。

互联网营销师的工作,除了大家熟悉的"直播带货"外,还涵盖选品、视频创推、平台管理等多个环节。"就像舞台有台前幕后一样,一场能够打动顾客的带货直播需要各个环节的紧密配合。互联网营销师就是基于这样的需求诞生的,好的互联网营销师能够像舞台导演一样串联好各个环节。"周贤其说。

……

在广州公用事业技师学院,学生们正在实景布置的达人直播间中模拟真实直播带货;直播间外,同样由学生组成的三人团队正负责监看、选品和记录,俨然一个专业的电商直播团队。

广州公用事业技师学院院长鲁储深表示:"在数字经济快速发展的当下,职业教育应朝着数字技术专业化、传统专业数字化方向同时发力。"据介绍,该校针对数字经济领域新职业开设了新媒体与互联网应用专业,学生综合学习新媒体设计、营销、文创、短视频等多种互联网技术。学院电子商务专业近三年毕业777人,就业率达99.75%。

据悉,"互联网营销师"于2020年3月正式成为国家认定的16个新职业之一,至今已分化发展出选品员、直播销售员、视频创推员与平台管理员等四大职业工种。人社部预测,到2025年,互联网营销师的人才需求缺口可达4,000万。

### 材料二 头部带货主播频遭"打假" 不能总以下架了之

2022年11月16日　　来源:《证券时报》

两起公开"打假"事件,把几位头部带货主播推上了风口浪尖。

先是某美妆产品品牌方发布公函,指出快手带货主播"瑜大公子"11月10日～11日在其直播间销售的该品牌产品未获得官方授权,涉嫌误导消费者、虚假宣传。

再是"职业打假人"王海举报抖音带货主播"疯狂小杨哥"销售的某品牌破壁机和绞肉机虚标功率,标注功率300W的绞肉机和破壁机,实际功率分别仅有120W、105W。

"瑜大公子"和"疯狂小杨哥"均为各自所在平台的头部主播。"瑜大公子"目前粉丝达3,535万,其平台认证信息中还有"快手美妆首席星推官"等称号。"疯狂小杨哥"在抖音平台的粉丝更是超过1亿,按照第三方监测数据,其长期位居抖音直播带货月度榜单前三名。

"打假"事件虽已发生多日,但其涉及的产品有无问题目前尚无定论。事件发生后,两位主播均采取了冷处理方式,不仅未正面回应对产品的质疑,也没有解释选品、上架和销售的来龙去脉。但两位主播均在店铺中下架了涉事的产品。

2021年出台的《网络直播营销管理办法(试行)》(以下称"办法")明确规定,直播间运营者、直播营销人员从事网络直播营销活动,应当遵守法律法规和国家有关规定,遵循社会公序良俗,真实、准确、全面地发布商品或服务信息。

直播间运营者、直播营销人员不得发布虚假或者引人误解的信息,欺骗、误导用户;不得营销假冒伪劣、侵犯知识产权或不符合保障人身、财产安全要求的商品。除了该办法,国内还有多部相关法律法规对虚假宣传、售假等行为的处理作出了规定。

按照页面记录,涉事相关产品的销售量和销售额不低,涉及的人群众多。正因如此,头部主播遭遇"打假"时以沉默应对显得不合时宜。这样做不仅无助于解决争议,也可能违反相关法律法规的要求。

除了主播应积极出面回应质疑承担责任外,平台方、相关机构亦应发挥自身的管理和监督功能,还原真相,积极推动争议解决。这方面,此前已有成功案例。

2020年11月,快手头部主播辛巴团队成员"时大漂亮"被指直播带货的即食燕窝是糖水,引发舆论关注。

此后,辛巴回应称将召回直播间销售的全部该燕窝产品,并先行承担退一赔三责任。广州等地市场监管部门也启动对事件的调查,并最终作出处罚;河南省消费者协会则针对该事件提起了消费民事公益诉讼。多方共同参与,推动了事件的解决。

直播带货发展到今天,已经成为一个规模庞大的产业。许多消费者之所以愿意在直播间购物,不仅仅是因为低价,更是基于对带货主播的信任。未来类似的"打假"事件大概率还会发生,主播们如果仍然只是悄然下架产品,而不积极回应诉求、解决问题,终将失去消费者的信任。

**材料三　直播带货有规矩才能走得远**

2022年6月25日　来源:《经济日报》

近日,国家广播电视总局、文化和旅游部联合印发《网络主播行为规范》。该规范针对网络主播从业行为中存在的突出问题,规定了网络主播在提供网络表演和视听节目服务过程中应当遵守的行为规范和要求。

近年来,直播带货作为一种新型商业模式,不但能增加就业、促进经济,还起到扩大内需、刺激循环的作用。然而,伴随着行业的蓬勃发展,虚假宣传、价格误导、偷税漏税、言行失当等违法违规问题日益增多。北京市消费者协会数据显示,2021年有关直播带货消费者投诉达2,026件,比上一年增加了近一倍,给行业长远发展埋下巨大隐患。

要想让直播带货良性发展,就必须理清其根源。行业乱象的本质是一定程度的市场失灵,是直播平台、网络主播以及相关企业缺乏法律意识、社会责任和诚信观念的体现。在行业发展初始阶段,由于相关法律法规缺失、监管处罚力度不够以及网络空间道德约束机制欠缺等,市场主体难免过度逐利。这就需要有关政府部门、市场主体和公众共同努力,推动直播行业行稳致远。

# 第二节　即兴口语的特征

"三打白骨精"是人们耳熟能详的《西游记》中的故事,也是说书艺人乐于演绎的一个精彩段子。为什么要"三打"而不是"两打"? 其实,中国传统叙事中以"三"为标志的情节安排方式特别多,《西游记》中还有"三调芭蕉扇",《七侠五义》中"御猫三戏锦毛鼠",《三国演义》中的"三顾茅庐""三气周瑜",《水浒传》中"三打祝家庄",《红楼梦》中"刘姥姥三进荣国府"等。当代创作中也有,如金庸《射雕英雄传》中"三擒欧阳锋",《鹿鼎记》中"韦小宝三戏郑克塽"等。在情节安排时把内容相同、相似、相关的人物和事件设置在特定的时空内,巧妙地组合成三次交错与回环,这就是传统叙事中颇具代表性的"三叠式"结构,也就是描写人物、事件时前后三次重叠变化的一种表现手法。它是由中国古代口头故事创作演变而成的具有独特民族传统的叙事形式,"三叠"中的每一"叠"形式相似而内容层层递进,一层比一层精彩。在传统叙事中,这种模式有利于展开情节、刻画人物性格和表现主题思想,符合现实生活发展的逻辑和人们认识的规律。这种模式的形成跟口语的特征有密切关系,口语表达中情节的重复既可以帮助记忆,也可以理清语脉。即兴口语是使用非正式的讲话风格说出来的口语,带有即时的、原生的特性,然而它又带有明显的套路。本节就来探讨一下即兴口语的特征。

## 一、时境的突发性

也许你正和别人微信聊天,也许你正刷着手机视频,也许你正朝窗外张望,却被突然点名就某个问题发表看法;或者你正参加一次座谈会,或者论辩赛……有时是不知道要讲话,有时是虽有了准备,但讲话的顺序或情景发生变化,或者话题转换了,一切都发生得那么突然,而即兴口语必须顺畅进行。

即兴口语的"即兴"因为突然发生,口语表达者缺乏充足准备,来不及顾及讲话情景和听众需求,面对复杂的情景只能就地取材,当场捕捉话机。时境紧迫和情景复杂,也导致言语的瞬间组接的多样选择,但有经验的口语表达者往往是机敏地选准一点,沿着思维主脉,遵循口语的线性特征,迅速完成言语转换。

## 二、存在的一维性

哲学中的一维性即不可逆性。时间是一维性的,它一去不复返,并非具有一定长度、宽度、高度的现实存在的物质客体。口语和时间同样具有一维性的特征。口语是人类利用发音和听觉器官构成的传递与接收信息的工具,以声音作为存在形式。

书面语是利用文字载体和视觉来传递和记录信息的另一种工具,它是平面的,具有二维性的特征。口语和书面语这两种工具的差别在于:口语通过信号来传递,信号会因发送而立即消失;书面语通过符号来流传,符号能永久留存,并一代又一代地积累起来。黑格尔认为声音的运动状态"是一种随生随灭,而且自生自灭的外在现象"[①],声音是点、线,而不是面,不是立体的,所以不能在空间中展开。口语和书面语二者生成和接受的心理过程不同。口语表达者要在不停顿的语流中选择词句,受到苛刻的时间限制,讲话者

---

① 黑格尔.美学:第3卷:上册[M].朱光潜,译.北京:商务印书馆,1986:332.

和听话者又都有一个"即时记忆"的极限：在口语流程中，人的记忆至多容纳7个左右的词语单位。对口语来说，其区别于书面语的最大特征就是它的无准备和无保存。人的一切感觉都是在时间里发生的，但声音和时间的关系比较特殊，语音就存在于它消失的过程中，无法像其他的感觉那样能够被记录下来。

即兴口语的存在是一个流动的过程，在某句话中，很少能够在语流中分离出一个单独的字或词。即兴口语在任何时候都是在时间里流动的，没有书面语那样的静止状态。书面语中的每个字词是可以分离开的，口语中的字、词、音存在于一个互相影响的整体中，甚至会因为这种影响而出现颠覆性的改变。

### 三、组织的原生态性

在语言的发展史上，口语先于书面语出现，是语言的原生态，是自然的鲜活的语言。书面语对口语进行了加工和改造，因此更为精致。汉语口语具有用法上的潜在灵活性，说话人常会在半途中改变意思或者重组句子，还有可能出现很多代词来替换名词、形容词，或者是上下文的内容。在汉语口语中，非完全句子占多数，还经常出现插入语和自我打断，语气词较多，句子结构松散。例如：

书面语：我买了一本姜老师写的关于即兴口语的蓝皮的书。
口语：我买了一本书，姜老师写的，关于即兴口语的，蓝皮的。

林语堂总结过说话的特点和书面语不同，"说话要求句子短小，结构简单，修辞性附加语少，不讲究完整的规范；说话中零句多，整句少，连词、介词、动词常常省略；句式松散，停顿较多。"[①] 口语更为真实、直接地反映了人类语言的本质。

### 四、应用的情境性

即兴口语更注重语境而不依赖于语法。书面语的使用没有语境的限制，而即兴口语的使用一定是有一个语境的。语境有助于确定话语的意义，汉语口语缺乏语法标记，因而它在特定语境中可以通过语音的作用来取代语法，如通过改变某个字的重音或某个句子的句调、停顿，来起到语法标志性的作用。书面语的语法比口语的语法精致、固化，因为书面语中话语的意义更依赖语言结构。

即兴口语具有很强的模糊性，这不仅表现为汉语口语中拥有大量的模糊词，而且还反映在语言构造的各个部分。口语中客观存在的模糊性、会意性使汉语带有很浓郁的民

---

① 林语堂.说话的艺术[M].西安：陕西师范大学出版社，2009：10.

族特征,其他任何一种纯形式的语言规则都很难在汉语中得到贯彻,但是汉语口语特别适合对直觉、顿悟的思维类型进行表达。即兴口语往往把概念放进某个情境之中,也就是口语更贴近活生生的现实和人生。在汉语书面语中的"椭圆"可能就在口语中被"鸭蛋"所代替,情境性使得口语更注重实用,更注重情绪而不是逻辑,因而三段论属于书面语,而谜语则属于口语世界。[①] 汉语口语由于生存于高语境的社会中,因而对语境的依赖性更强。由此也可以推知,口语是群体性的语言活动,而书面语不是。和书写相比,说话是快捷的;和书面语个体的、内在的运用相比,口语是群体的、热闹的、互动的。

## 五、传播的程式性

虽然是即兴而发,但口语传承中存在着一些语言公式,常见的是"重复"和"套路"。即兴口语不像书面语那样有深思熟虑的准备,也没有文本做记忆提示,在一些带有传承性的长篇口头讲述中,更需要依赖一些"套语"和"程式"来帮助记忆。还有一个原因是在口语传播接收者身上,因外部有声语言诉诸听觉,许多言语的组成部分留在记忆里的时间只有七八秒,在这之后记忆就会模糊不清、残缺不全。为了让人听清听懂,一些重复是必要的。

听众在听的时候,听到的口语也是单向的、流动的,多重复有助于听众理解和记忆,便于接受和流传。在口语传承过程中逐渐形成的"三叠式叙事结构"就是这样一种套路和程式的体现,"三打白骨精""三顾茅庐"等著名情节都是源自口语传承中的"程式"。

古今中外,一些久久流传的民间故事和口头文学中的人物往往好坏分明、善恶易辨,这也是由口语传播的特点决定的。口头传承需要一个更鲜明的形象以便于表述和记忆,这也是口语套路性的一个突出表现。在人们进入文本传承和次生口语占主流的社会后,"英雄"的形象就淡化了,"好人""坏人"就会趋于消亡,而代之以性格复杂、形象模糊的人物,以及充满赘生物的情节结构,原因很简单:文本是可以平面铺开的、可重复的、不具有即兴感的。

## 六、用词的具象性

在我们的语言中,离生活越近的东西,越容易被传递出来,同时也越容易被听者的大脑所接受,因此,即兴口语所用的词语具有具象的特性。看得见的世界象征着无形的精神疆域,人们将之融入语言之中,即兴语言善于借助于声音,将无形的气息转化、复苏,它在世界与我们的心灵之间搭建互通的桥梁。因此,即兴口语有着独特的民族具象思维印

---

① 翁.口语文化与书面文化:语词的技术化[M].何道宽,译.北京:北京大学出版社,2008:40-42.

记。即兴口语以声音符号为中介,听者在聆听时通过联想和想象间接地体味、把握、理解客观世界和人类社会;即兴口语作用于人的听觉,激发起人的想象、联想、情感活动。善于使用即兴口语的人往往能够在言语过程中选用生动的具象性词语,并融进丰富而强烈的情感因素。在现代汉语口语中广泛流行的大多是形象感强的词语,下面以表格形式来呈现汉语口语中的一些具象性词语。见表1-3:

表1-3

| 种类 | 特点 | 例证 |
| --- | --- | --- |
| 视觉形象感 | 口语表达以视觉认识为基础,具有巩固在词语形式中的某种看得见的形象性特征,即"如见其人""有浮雕感" | 红眼病、绿帽子、网红、穿连裆裤、胡子拉碴、豆腐渣工程、一个鼻孔出气、"一瓶子不满,半瓶子晃荡" |
| 听觉形象感 | 口语表达以听觉体验为基础,主要由拟声词、感叹词等诱发一种听觉形象感,即"如闻其声" | 嗡嗡响、嘻嘻哈哈、稀里哗啦、穷得叮当响、响当当、肚子咕咕叫、狗撵鸭子呱呱叫 |
| 嗅觉形象感 | 口语表达以嗅觉体验为基础,由作用于嗅觉器官的词语来表达,传递与嗅觉相关的一种形象感觉 | 香饽饽、偷腥、墙里开花墙外香、臭名远扬、香臭不分 |
| 味觉形象感 | 口语表达以味觉体验为基础,由作用于味觉器官的词语来表达,传递与味觉相关的一种形象感觉 | 甜丝丝、酸溜溜、辣妹子、甜言蜜语、酸甜苦辣、苦不堪言、口蜜腹剑、蜜罐里长大、吃香的喝辣的 |
| 触觉形象感 | 口语表达以触觉体验为基础,由作用于触觉器官的词语来表达,诱发作用于触觉器官的一种形象感觉 | 硬骨头、热心肠、硬通货、吃软饭、凉了、圆滑、热火朝天、软磨硬泡、话糙理不糙、热锅上的蚂蚁、吃软不吃硬 |

虽然口语中描述的形象并非是直观的,但以声音符号为中介,再与具体的名词或动词合用,如"红透半边天""硬下心来""心都凉了""心里甜丝丝的"等,增加表达的生动性,也更有助于听者通过联想和想象,间接体味客观世界和人类社会中某种具有感情色彩的意义。

## 感悟与训练

### 一、触媒刺激即兴训练

触媒是即兴口语训练中用来引发即兴表达行为的媒介,起到"催化剂"的作用。

下面列出了五组触媒词语,请你围绕着它们编一段内容积极的小故事,话语中必须出现这三个词。也可以自己做练习:闭上眼睛,然后睁开,选出在你周围看到的三样物体,用这三个词做即兴言语生成练习。

  1.音乐  足球  微信号

2. 好友　　铁锅　　书
3. 墙壁　　订书机　　灯泡
4. 保温杯　　花束　　笑容
5. 小屋　　女生　　瓶子

**二、修饰性触媒连缀即兴训练**

在触媒刺激即兴训练之后,再把前面的各条加上修饰语,增加难度,再做一下练习。
1. 金属感摇滚音乐　　虚拟足球游戏　　被盗的微信号
2. 青梅竹马的好友　　一只涂层特别的铁锅　　一本关于博弈论的书
3. 贴满纸条的墙壁　　用完订书针的订书机　　漏电的灯泡
4. 泡着枸杞的保温杯　　用好多草莓做成的花束　　意味深长的笑容
5. 租来的30平方米小屋　　一个生活精致的单身女生　　来路不明的翡翠瓶子

# 第三节　即兴口语的表达要求

即兴口语是大众传播层面上的创造性语言活动之一,它除了具有语言的一般特点外,由于没有文本做依托,在传播时具有一些独特的要求。本节就从语调、用词、用句和语速四个方面分析即兴口语表达环节对语言的要求。

## 一、即兴口语表达的语调

即兴口语的语调应自然、亲切。在书面语里,词语缺乏语音特征,而口语表达中任何词语和句子都有特定的语调和语气,词语的语调和语气会随着说话人的心情、对象、场景、意图而不断发生改变。人体有自己的生理节律,反映到言语中,就如同唱歌一样,也形成相应的节拍或节奏。

有声性是汉语口语不依赖语法标记的一个重要原因,声音标记可以取代语法标记。口语句子的实义切分往往由语调来完成,这是汉语口语的重要特点之一。每一种语言都有自己的语音节律系统,汉语语音独特的音高、音强、音长和音色,通过形形色色富于表现力的组合,可以构成声韵起伏、平仄停延、高低轻重、长短快慢等节律形式。这些形式在语流中按一定的规则相互协调、交织套合,形成了汉语特有的节奏和韵律。与正式的带有书面语性质的次生口语相比,日常口语的吐字发音往往不够清晰,重音和非重音交替出现,并会根据民族表达习惯的不同而选择把重要部分放在句首或句尾。

口语表达是借助语音实现的,口语是否悦耳动听很重要,这是多种口语质量因素的综合效应,其中抑扬顿挫等语调因素的影响特别明显。即兴而发的圆润、有弹性、表现力丰富的声音会增强对听众的吸引力。口语对音准的要求很高,说出的话声、韵、调准确,合乎语音规范,这样听起来才清晰、省力。在语调方面注意高低强弱的变化、口气和句型的变化,口语表达才能抑扬顿挫,和谐动听。

## 二、即兴口语表达的用词

词是语言的重要组成部分。外语水平不高的人在听外语时,通常只能在句子中听出几个熟悉的词,而词汇量小的人,在进行表达时也往往寄希望于最大限度地发挥有限词汇的作用,因此用词对整个口语表达起着重要作用。相对于书面语来说,以声音作为载体来传递信息的即兴口语,用词有以下三个方面的要求。

### (一)用词的通俗化

在用词用语方面,口语化和通俗化常常是紧密相连的。口语化要求表达者所用词语尽可能是日常生活中老百姓喜闻乐见的口语词,比如同样的意思,用"生气"比用"愤慨"更容易被理解。在进行节奏和语速较快的表达时,听众接收信息的流程容不得一点阻碍,而要保持接收信息渠道的通畅无阻,口语表达者所用的词语就要明白通晓。如果听众接收信息的流程不断受到阻碍,就会影响其理解。有声语言和书面语言一个重要的不同点是:声音稍纵即逝。

通俗可以增强传播效果。曾主持中央电视台《天天饮食》的刘仪伟,主持之所以受欢迎就得益于其口语表达的通俗性。饮食节目的观众以家庭主妇为多,主持人需要用她们喜爱并听得懂的语言来交流。男主持人做服务类节目往往没有女主持人那么有亲和力,但刘仪伟用通俗易懂的口语将原本刻板的语言如"盐50克、糖20克"等转换为"盐一小勺、糖半杯"等主妇们熟悉的表达方式,同时适时地加入生活语言中的叹词、拟声词等,使节目更加生活化。由此看来,要做到通俗易懂,词语选择非常重要。

即兴表达不自信的人,有时会过分依赖有准备的"即兴口语":事先写好书面文稿,据此来理顺思路,突出中心,安排结构和顺序,再通过背诵"假装"即兴说出来,这就是我们所说的"次生口语"。次生口语所依赖的书面文稿原本不是供人看的,而是供人听的,但写稿时往往关注不到字词句说出来顺不顺口,听起来易不易懂。经常是写稿用了书面语词汇或语法形式,转成口语时照本宣科就等于给自己和听众都设置了语言障碍。

即兴口语表达应当通俗易懂,但有些正规场合的职场用语、新闻发布等,也要避免过于追求"自然之风",如避开方言词和一些生僻行业语的使用,以避免造成与听众的交流障碍。

(二)用词的生动性

"通俗"往往是和"生动"连在一起的。口语表达最接近人的生命本源,即兴口语往往应景而生,因此它应该比其他口语更具有生动性。

2016年8月6日,白岩松解说里约奥运会开幕式,被网友们大赞"说出了新高度""自带弹幕的解说员":

中国体育代表团的鸡蛋炒西红柿的入场服装还可以吧?毕竟很多中国人学会炒的第一个菜就是西红柿炒鸡蛋。它真有点代表特色,另外也比较低调。

以服装为趣点,浮想联翩,从一道"国民菜"调侃中国队的经典红黄两色服装,并挖掘出其中所蕴含的低调又平民的国人本色。因此,多年以后,当入场式的风景已成为过去,飘荡在屏幕中的生动的解说语言却令人难以忘怀。这就是好的即兴口语表达的魅力。口语中的用词生动还可以起到准确描述的作用。同样是对一些病情症状的描述,下面的用词对照,可以通过用词的生动性,形象地感受到这种症状与以往症状的不同:

嗓子疼——吞刀片　　头疼——无麻醉开颅　　鼻塞——水泥封鼻孔

用词生动可以使口语表达具有丰富的表现力,这就需要说话者充分利用有声语言的各种特点,更好地传达出自己的思想感情、信息内容和表达重点。好的即兴口语要力求准确又通俗、生动又形象、有声又有色。

(三)用词的多样化

用词的多样化是口语表达能力强的重要标志之一。有较好的即兴表达语感的人,在即兴口语中会有意无意地避免重复用词和避开同音字。

词汇贫乏的人在聚餐时往往只会说"喝酒""多喝",词汇丰富的人就可能说出"古来圣贤皆寂寞,唯有饮者留其名。陈王昔时宴平乐,斗酒十千恣欢谑"。用词单一的人说"吃火锅,趁热",用词多样的人就可能说出"绿蚁新醅酒,红泥小火炉"。

口语是通过语音来判断词义的,有些在书面传达中毫无疑问的词语,用在口语中就可能沟通不畅,引发误解。司马迁用流畅的汉代口语写作《史记》,由于不合先秦文言的简练,"年老口中无齿"被唐代学者刘知几改成"老,无齿"。在北宋词人苏轼的《老人行》中有"有一老翁老无齿,处处无人问年纪",在书面语中不用介意"无齿"是否会被误解,但用在口语表达中,wú chǐ就有可能被误听为"无耻",因此口语的选词还要考虑到同音的多义性。

汉语中常常会出现"音近不同字"的现象，如果发音出现细微差异，言语含义就可能大相径庭。所以在"说者"和"听者"认知域基本相同的前提下，说话人的选字发音应尽可能贴近大众的认知，这样才能让表达中语流能指与语义所指的对应尽可能单一且准确。即兴口语要通俗易懂、准确简明，不仅要避免方言词汇，少用书面语词汇，而且还要避免口头禅和重复语。

## 三、即兴口语的用句

俗语"一句话，百样说"，从字面上看就是同一个意思可以用不同的语句来表达。句子是语言表达的基本单位，汉语句式丰富多样，从修辞的角度看，有口语句式、书面语句式和通用句式；从语序的角度看，有常式句和变式句；从表达意思的语气看，有陈述句、祈使句、感叹句、疑问句；从表达的具体方式看，有主动句和被动句、肯定句和否定句、反问句和设问句；从句子结构的特点看，有长句和短句、整句和散句。各种句式里还包括多种多样的句型，各种句式都有它的特点和作用。一些高中生在参加播音主持专业面试或自主招生面试时，由于氛围严肃，往往受课文中书面语句式的影响，容易丢掉原本轻松表达的口语句式。

口语句式是随着语言的产生而产生的，属于基础性句式。书面语句式在有了文字以后才出现，属于派生句式。由于使用场合以及运用条件有了变化，书面语句式与口语句式在功能和形式上有了距离。通用句式是口语句式和书面语句式相互影响、相互渗透后的中和物，它较为自由，区别性特征不太明显。口语句式结构比较简单、松散，多用短句，少用或不用关联词，不太讲究语言的规范。

在即兴口语表达中可以遵循以下四个句子的使用原则：

(一) 多用短句，避免长句

长句往往词语多、结构复杂，短句与此相反，各成分简单且关系清晰，容易把控。从交际功能来说，短句比长句更适合在口语中使用。口语表达传播效果好的标志之一，就是让信息在单位时间内尽可能多地通过接收通道，引起听者的注意，让听众在短时间内记住大量有效信息。对表达者来说，短句子比长句子更容易把控，便于顺利说出，不容易半路卡壳。因此，在进行口语表达时，表达者应有意多说短句，少用拗口的长句。长句化成短句可以有许多方法，如添补主语、重复谓语、增加停顿等。

句子的长短是以用词的多少和结构的繁简来确定的。长句是用词多，结构复杂的句子；短句是用词少，结构简单的句子。如：

长句：从前有一座有大灰狼的山，这一天一只长着红眼睛长耳朵的大灰狼从山上下来了。

短句：从前有座山，山里有大灰狼，它长着红眼睛、长耳朵。这一天，它从山上下来了。

第二段话用的是口语短句，一看就是大人给小朋友讲的故事，短句多有停顿，听的人可以从容地领会句子的意义。短句短小精悍，有简洁、明快、有力的修辞效果。句子简短容易造成一种急促的气势，所以常用来记述紧急情况，渲染紧张气氛，表达激烈情绪，一下子就能把人吸引住。长句结构更加复杂，它需要表达者有更强的句子掌控能力，因而，汉语口语中长句很少，除非为了特殊的修辞目的，或是为了适应特殊的表达需要。

口语中没有标点。那么如何判断句子长短呢？一个简单的掌控方法是：从上一个停顿到下一个停顿之间算一个小句，小句的平均字数不要超过12个字。超过12个字为长句。

即兴口语中用于说理的句子一般多用长句，对话一般多用短句。通常表达者会长短句兼用，根据表达的需要使语言变化多姿。长句之所以长，或者是由于定语、状语等附加成分长而多，或者并列成分多，或者结构层次繁复；短句之所以短，就是由于附加成分少而短，结构简单。汉语口语的妙处就在于它可长可短：把某些复杂的结构用来修饰、限制其他成分，就成为长句；把这些复杂的结构拆开，用来表达相对完整的意思，就成为短句；由一个复句形式来充当句子成分就成了长句，把充当句子成分的复句形式拆开来就成了短句。

(二)多用单句，少用复句

汉语素以简洁著称，这与汉民族文化追求含蓄、领悟的思维方式密切相关。在古代汉语中尤其如此，刘知几将"年老口中无齿"改为"老，无齿"，就为追求简洁。汉语口语句子有一个突出特点"意合"，句子间的关系不依靠形式上的标志即关联词语，而是靠意念上的联系，因此较为灵活。"老，无齿"一听就懂，就没必要再加上关联词成为关联复句"(因为)老，(所以)无齿"。

逻辑推理在语言形式上往往表现为各种关系的复句，汉语口语中缺乏复句也是不重视推理的思维方式的直接反映。用意合构成的句子经常表现为一种歧义结构，需要放到更大的语言环境中才能理解。比如"你不去，我去"这句话，既可理解为因果关系，也可理解为假设关系：

因果关系：因为你不去，所以我就去。（既然你不去，那么我就去。）

假设关系：如果你不去，那么我就去。

简短明了是汉民族口语句子的特点。这种语言现象会强化汉民族的整体观,这在对外汉语口语教学中尤为明显。当外国学生询问某句话用汉语怎么说时,往往发现他们母语很长的一段话,汉语仅寥寥数语就可以了。汉语口语美在简洁,多用单句更符合即兴口语的表达特征。

(三)采用"前抓后挂"式口语句型

口语是思维的直接反映,人的思维是多维的,书面语是二维的,而口语是一维的。这就容易造成说话人以平面铺陈的方式来表达思维,造成听的人难以抓住重点,被一些想到哪儿说到哪儿的表达拖得晕头转向。

有人随口说了这样一段话:

据我妈妈说,我大姨,也就是我妈妈最大的姐姐,她们五姐妹,我妈妈排老四,下面还有一个妹妹,我没有舅舅,她们过得都挺好。其中大姐最聪明,学习成绩最好,当年上大学的名额就被大队里有势力的人顶替了,她很想不通,最后导致了精神分裂,然后远嫁异乡,从苏南嫁到闽中。40年前的交通状况,几乎就是相隔万水千山啊,真是十分可怜!所幸的是,我姨夫家虽然很穷,在当地就是开小裁缝店的,这在他们那里就是勉强度日吧,但是对她也还不错。但是她这一辈子几乎也就这么毁了,五姐妹里数她过得不好,本来她可以上大学可以过得更好的。我妈妈大学毕业后当了老师,她后来老说:"我们几个数你大姨最聪明,可惜命不好。"

此类表达在日常生活中还很常见,语言跟着思维随处乱飘,不考虑听者的跟随能力。正确的说话方式应当是先将最重要的一句概括出来,放在最前面,让听的人先有一个总的印象,有个"抓手",随后再一句一句地加修饰、说明、补充,愿意加多少就加多少,最后再加一个总结句。符合口语表达规律的表述应当是这样的:

我大姨当年上大学的名额就被人顶替了。(主句)
她当年读书的名额是被大队里有势力的人顶替了。(1级修饰)
其实她们五姐妹,大姐最聪明,学习成绩最好。(2级修饰)
大姨被顶替了,她很想不通,最后导致了精神分裂,然后远嫁异乡,从苏南嫁到闽中。(3级修饰)
从苏南嫁到闽中,40年前的交通状况,几乎就是相隔万水千山啊,真是十分可怜!所幸的是,我姨夫家虽然很穷,但是对她也还不错。(4级修饰)
我姨夫家在当地就是开小裁缝店的,这在他们那里就是勉强度日吧。(次4级修饰)
她这一辈子几乎也就这么毁了。(5级修饰)
她们五姐妹,我妈妈排老四,下面还有一个妹妹,我没有舅舅,她们过得都挺好。

(次 5 级修饰)

我妈妈大学毕业后当了老师,她后来老说:"我们几个数你大姨最聪明,可惜命不好。"(总结句)

这一段说话方式,听的人就很容易听明白,因为它顺应了听者的接受规律。再如这两句:

书面语:它由接收播放一体机、电源控制器、可浮充蓄电池和扬声器四部分组成。
口语:它由四部分组成:接收播放一体机、电源控制器、可浮充蓄电池和扬声器。

第二句把概括出的要点放在前面,所以在口语表达中,听的人更容易把握要领。这种组织句子的表达方式用在教师讲课过程中,会大大提高知识的传授效率。

(四)常式句和变式句适当转换

任何语言都通过语音、词汇、语法等体现出民族思维及文化特色,其中语法方面表现得尤其突出。在世界各大语言体系中,汉语作为一种典型的非形态语言,语序是其重要的语法手段。

汉语的句式是丰富多彩的,从语序角度可以分为常式句和变式句。从一般汉语的句式看,通常语序是主—谓,动—宾,装饰语—中心语,偏句—正句,这些统称为常式句,即句子成分按一般次序排成的句子。变式句是指句子成分打破一般次序,排列次序较特殊的句子。口语中常见的变式句有两种状态:省略句和倒装句。

常见的变式句有两类:一类是单句成分次序排列特殊的句子,如主谓倒装句、定语后置句、状语后置句、宾语前置句等;一类是复句中分句次序排列特殊的句子,如因果倒置句、转折倒置句、条件倒置句、假设倒置句等。常式句与变式句转换的要点是,找准需要强调的内容并将其推前或置后。

常式句是人们语言使用中的主体句式,是具有正常语序的句子,它的结构特点和组合规律受汉民族思维方式的制约。变式句的形成源于汉语语序的灵活性,说话人为了在修辞上突出强调某一个句法成分所承载的语义,就把这个成分从原有的句法位置调动到其他位置上,形成所谓的变式句。除了变换语序的变式句,还有省略成分的变式句。例如:

常式句:因为他这里做的菜太难吃,所以来这里吃饭的人很少,这里就很清静,因此我们来这里吃饭聊天不会受打搅。

这句话的语法表述是十分清楚的,然而在口语中人们往往不这样使用。这句话是由电影《色·戒》中的一句对白改编出来的,电影中的对白就是典型的省略型变式句,

是易先生对王佳芝说的:

变式句:因为他菜做得太难吃!对不起!可是这里说话方便,没有人来打搅。

口语中的变式句表达更为简洁随意,有时感情表达也更强烈。单句的常式句通常是"定语＋主语＋状语＋谓语＋补语＋定语＋宾语";复句的常式句是偏正关系的复句,包括因果复句、条件复句、假设复句、转折复句等。变式句是排列次序比较特殊的句子,如常见的有谓语前置、宾语前置、定语后置、状语后置等;复句常见因果倒置、条件倒置、假设倒置、转折倒置等。例如:

你怎么了?(常式句)
怎么了,你?(变式句:主谓倒装)
部门经理明天下午在会议室开会。(常式句)
部门经理明天下午开会,在会议室。(变式句:状语后置)
他拿着一个红的氢气球。(常式句)
他拿着一个氢气球,红的。(变式句:定语后置)

复句中,常见分句一般次序和特殊次序的变换。例如:
因果倒置:

因为感冒得厉害,他今天下午请假了。(常式句)
他今天下午请假了,因为感冒得厉害。(变式句)

转折倒置:

他虽然感冒得厉害,但今天下午还是坚持上课了。(常式句)
他今天下午还是坚持上课了,虽然感冒得厉害。(变式句)

条件倒置:

无论路上多么拥堵,他总能按时到岗。(常式句)
他总能按时到岗,无论路上多么拥堵。(变式句)

变式句除了表现为句子成分倒装外,还有某个句法成分省略。在一定的语境里,为了语言的经济原则,说话者往往会省去已知的信息成分。

问:老刘怎么不在啊,他去哪儿了?
答:餐厅。(省略已知信息"话题"主语)

还有的句子成分,上文已经有了,或者下文马上就要出现,也往往会省略不说。对比体会一下就可以感受到口语句式变化无穷的魅力,常式句和变式句合理交替使用可以加强口语的表现力,增加变幻的色彩,防止听众疲劳。

### 四、即兴口语的语速

语速是否合理也是即兴口语中至关重要的。正常语速每分钟大约240个音节,每分钟150—300个音节均视为正常,过慢或过快都会失去自然流畅的日常说话状态。口语表达者应善于在具体的情景中掌握最恰当的语速,运用快速、中速、慢速以及匀速、变速的技巧。从信息传递的原理来看,说话太快,发送信息频率太高,听众大脑对收取的信息处理不及,会形成信息的脱漏、积压;反之,说话太慢,跟不上听众大脑处理信息的速度,就容易导致听者精神涣散、交流兴趣丧失以至于走神。

随着新技术的发展、生活节奏的加快,信息传递速度越来越快,人们的语速也越来越快。以一些做直播带货的人为例,绝大多数主播每分钟的语速超过了320个字,平均为360－380字。他们有的是怕一旦慢下来观众就会划走,还有的急于回答粉丝的留言,在与弹幕抢时间。在密集的表达中,主播的表达、选词组接、照顾听众等能力显得更为重要,新时代的即兴口语表达也就有了更高的要求。

**感悟与训练**

#### 一、口语句式赏析

1946年7月15日,闻一多先生发表了著名的《最后一次讲演》,在演讲的结尾部分,他去掉复句,把常式句转化成变式句说出来:

正义是杀不完的,因为真理永远存在!

我们不怕死,我们有牺牲精神!

按照常式句的语序,这句话应该这样说:

因为真理永远存在,(所以)正义是杀不完的!

(因为)我们有牺牲精神,(所以)我们不怕死!

体会一下闻一多先生使用变式句的好处。

#### 二、长短句转化练习

下面是一些口语表达者在即兴演讲或主持节目时使用的句子,分析一下有什么不妥之处。按照适合口语表达的方式进行转化,体会一下转化后的效果。

1.在她从小学到初中的这六年时间里都在利用不太多的课余时间坚持阅读而且阅读量很大。

2.乍暖还寒的时候恰好是人们的身体没有为天气做好准备的时候,这个时候大部分人都还穿着单衣,因为中午还会比较热而到晚上人们开始感到身上冷的时候往往已经被寒气侵到了,所以这个时候最容易疲劳也最容易感冒。

3.我不愿意在这个平台上做一个很费劲的工作叫打假和辨真伪,那个过程将使得咱们双方特别不坦诚地处于彼此试探的状态。

### 三、常式句与变式句转化练习

将下面的变式句改为常式句:

商店和饭馆的门无精打采地敞着,面对着上帝创造的这个世界,就跟许多饥饿的嘴巴一样。

将下面的常句式改为变式句:

今年是中国旅游年,数以万计的外国朋友从纽约,从巴黎,从东京,从世界各地来到北京旅游。

### 四、模拟直播:用词多样化练习

在许多以"吃"为主题的直播中,主播说得最多的几个词就是"好吃""可好吃""真好吃""太好吃了"。假如给你一个"吃播"的主播身份,试着做一场直播,按照用词多样化的要求,把眼前的美食绘声绘色地表达出来。

# 第二章　即兴口语的快速生成

即兴表达有时也称本色表达。口语生成是快速的、瞬间的、现场的言语反应,成功的言语生成需要基本的语言能力、固有的语料积累、顺畅的思维品质、稳定的个性心理等"软件"作为支撑,万事俱备之下才可能出现自然状态中的言语顺畅生成。

人的大脑是一个仓库,里面储存的是大量的信息和话语模型,这些"语料"构成一些具有个人色彩的"常用套话",这些"常用套话"是按某种规约组成的个人语言体系。这样,说话人就可以根据语境的需要,运用社会规约迅速生成带有个人风格的句子了。

## 第一节　即兴口语的生成环节

即兴口语中的快速言语生成包括口语表达者表达动机出现、表述意图确定、内部言语编码、言语表述扩展几个环节,这几个环节是瞬间完成的。

即兴口语表达的过程无论是怎样的,在进行即兴表达时,人们的言语生成环节总是由调取、组接、转换、增补四部分组成的。

### 一、即兴调取

每个说话人都有一个语料库,它是由许许多多平行的、交叉的、带有包含和被包含关系的语言格构成的。平时我们的语言材料都以块状方式储存在语料库里,一些相近的还会放在固定的语言格里(如图2-1所示)。即兴表达中的"即兴调取",是指口语表达者在表达过程中为表述一个现象或看法,从个人所收集储存的语料库中直接调取与话题相应的词语和语言结构。心理语言学家把词在长时记忆中的表征称为我们的内部词典,它又被称为内部词汇或心理词汇。心理词汇的容量很大,心理语言学家在词汇辨认实验中证实:一个母语使用者辨认一个词所需的时间是200毫秒,甚至更少。正常人说话的速度约每分钟125—180个词,这意味着说话人在正常的交际中每秒钟需要提取 2—3 个词,并和上下文结合起来。词语提取不是件简单的事,正常交际中的词语提取需要结合上下文才能将合适的词义提取出来。基于心理词汇的这些特点,词在人的大脑中不是随意堆放的,而是基于一个有一定规则的合理体系,按一定的位置和顺序自动排列的,就像图 2-1 中那样。只是,不会如图中显示的那样清晰和规整。

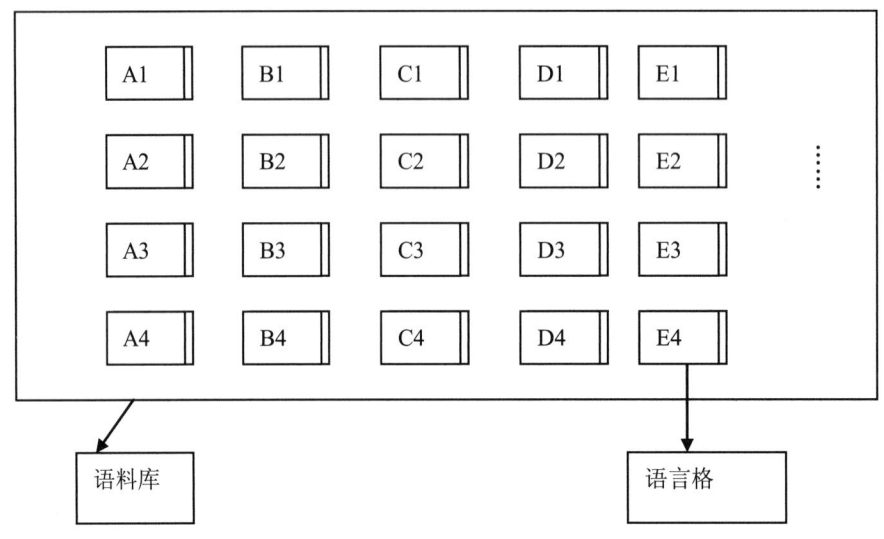

图 2-1

在每个人的大脑中,都有一个大的语料库,语料库中布满了一个个的语言格。这些语言格的大小和位置都不是很稳定,它们处在一个不断变化和漂移的过程中。语言清晰的人,语言格的放置相对比较规范和稳定,而且边界清晰,词语调取失误的情况较少发生。以图 2-1 为例,假如拥有这个语料库的人是一位电力工程师,那么 A 这一栏有可能是与专业有关的电力方面的名词"检修""调度""环网柜""配网调控"等,B 可能是股票术语,C 可能是旅行常识,D 可能是饮食烹饪,E 可能是体育……总之,不同的语料分占了不同的语言格。

语料库是一个个语言格的放置处,具有相似特征的语音、词汇或语法单位被放在同一个语言格内,它们平时按需排放,需要时就随时调取出来。数量巨大的语言格和迅捷的提取速度都说明组成一个有机的词库系统的重要性,这些语料库中的词语在头脑中组成一个巨大的、多维的网络,每个词语都与许多其他的词语联系在一起。大部分词语是正常选用的,但有时由于特殊语言效果的要求,比如相声的表达,要进行语言偏离时,还需要以非常规的手法调用。

(一)多义使用

口语表达者在边想边说的过程中,内部言语不断地被推出成为外部言语,瞬间成为言语的现实。即兴调取是在言语生成过程中对语言格中的语料的提取使用,有时包括两个或两个以上"同义形式"的取舍抉择。比如"自知之明"一词与"撒泡尿照照你自己"就是形式不对等的同义形式,表达者会根据语境和语体需要进行取舍。即兴调取是在言语表述过程中与其他环节同步进行的,只有语汇丰富的人才可能一次调取就准确成功。郭德纲在《郭的秀》的一期节目中,有这样一个词语的调用:

岳云鹏其实现在正是春风得意马蹄疾的时候,事业上非常好,很红啊,一上场观众哇哦都走掉了,那鼓掌的声音也是山呼海啸,所以看着他很高兴。

郭德纲在介绍岳云鹏事业红火时,为了突出现场效果,表现观众的欢呼的力度之大,在词语调用"小题大做",故意将原本用于描绘宏大场景和气势的"山呼海啸"进行词语降格,在词义轻重的对比中展现了幽默。当词语调取运用"大词小用"或者"重词轻用"的手段制造幽默效果时,选择的"大词"分量越重,"大词"与"小义"、"重词"与"轻义"之间的反差越强烈,幽默效果就越明显。

还有一种情况是"小词大用"或者是"轻词重用",也就是在表达一些较为正式的话题时,采用了百姓日常生活中的通俗用法。这种表达可以更加轻松,使听众更容易理解一些专业的表达:

今年,我国空间站将正式搭建完成。下月"开工",年底"交房",未来8个月将执行6次飞行任务,概括起来就是"盖两间房、去两拨人、送两趟货"。其中,空间站的问天和梦天实验舱将先后与天和核心舱对接,组成中国空间站的"T"字形"户型图",天舟四号和五号货运飞船将先后运两趟货,神舟十四号和十五号两拨航天员还将分别开启"三人半年"模式,6位航天员将在"新家"里完成常态化的驻留和轮换。

这是2022年4月18日《主播说联播》对神舟十三号航天员顺利返航的一个报道。对于中国航天事业的报道,主播使用了普通生活话语中的用词"开工""交房""运货""去人"以及"户型图"等"小词",用在宏大的航天事业上,使得语言更加轻松、接地气,也更有助于普通人理解。

(二)词汇通达

激活心理词汇意义的过程叫作词汇通达,也是口语表达者从记忆中获得或提取词汇信息的过程。这一过程的速度很快,有人曾试图测定词语检索的实际时间,估计每个词的检索时间仅为150—200毫秒,这个速度还包括了语音听辨所需的时间。词汇通达受多种因素的影响,其中关键的是词频,即某个词在生活中的使用次数。不同的人对同一个词有不同的经验,熟悉程度不尽相同。实验表明,词的使用频率越高,人们对词的觉察阈限越低。

绝对阈限指的是产生感觉体验需要的最小的物理刺激量。通常是这样的：

视觉：晴朗黑夜中48公里处看到的一根燃烧的蜡烛。

听觉：安静条件下6米外手表的滴答声。

味觉：一茶匙糖溶于7.5升水中。

嗅觉：一滴香水扩散到三室一厅的整个空间。

触觉：一只蜜蜂翅膀从1厘米高处落在你的面颊。

人们对高频词的识别快于对低频词的识别，实验表明，高频词的提取比低频词的提取平均要快71毫秒。另外，从语义上看，使用频率的高低也会影响词语的提取。因为口语表达者会在不同的词义之间进行选择，这就直接影响到心理词库的激活速度。口语表达的调取必须在瞬间完成，且必须与言语组合同步进行。如果调取失败或者中途发现调取有误，那就可能出现即兴口语表达中的"言语休克"现象。

说话人从心理词库中选择适当的词，但遇到两个或者几个词同时符合说话要求时，就会发生碰撞。这时，未必是说话人心里筛选出来的两个词产生冲突，还包括说话人看到、听到的词与正在说的话之间的冲突。两种感官刺激同时作用于大脑，也会产生冲突。这种情况下的表达要么是词不达意，要么出现口误。这种现象往往发生在语义相近的词语之间，这表明相近的词在词库中是储存在同一区域的。在2022年9月15日山东广播电视台《问政山东》直播现场，督办员向来自潍坊的国际风筝会综合服务中心张主任提问"风筝之都"风筝难飞的问题。

张主任：这风筝线比较长的话，落到马路上，就可以伤害到行人。

这里出现调取不当，"可以"一词应该改为"可能"。"可以"表示一种肯定语气，而"可能"是不确定语气。根据本句的语义，后面"伤害到行人"这个行为还未发生，将来也不一定发生，所以此处应该使用"可能"，而不是使用"可以"。

直播现场的紧张情绪会对说话人的词语调取产生负面影响，说话人从脑子里提取语言材料组织话语时，发生了冲突，想要使用的语言形式部分地被替代，从而产生负偏离。

下面是一段以"愤青"为主题的即兴演讲实录，时长3分49秒，其中调取词语受阻之处用"∧"符号表示：

说一下"愤青"这个词，愤青按照我们的理解就是愤怒青年的意思。那这些青年为什么愤怒呢？他愤怒就是因为他不满这个社会现实，因此勇于表达自己的内心想法。这样呢，他就急于地改变现实，当然这也是，∧在我们看来，∧可能是我们对这个词最初的印象。

那在国外,其实愤青并不是我们所理解的那样,他们理解的愤青其实是一批∧,啊,有渴望、有激情,青春并且有活力的一群年轻人。那首先,谈到了愤青我们最先想到的一些词就是,像他们满怀激情、义愤填膺,然后,年轻气盛、∧有勇∧有……嗯,有勇气应该说是。当然,这个,年轻人也是比较浮躁的,一般比较盲目,比较冲动,容易人云亦云。

在前不久呢,××市换了一个新市长,新官上任三把火,第一把火就是把××市那些植被都换成了森林,在海边把那些∧草坪,包括广场前的那些草坪他都换成植被。当然这个事我当时是在学校,知道这个消息是在校内网上,因为校内网上那阵儿是疯转这个,说这个市长植树造林这个事,然后传的是沸沸扬扬的,但是我回到家,这些日子观察,其实并没有网上传说中的那么严重,有一些地方还是该有∧,啊,该有那个草坪的是草坪,该有树木是树木。然后我就想到了,其实这也是一批愤青的作为,他们只是∧,啊,他们只是∧,啊,可能是在网络上看到这个消息之后,没有经过自己的亲眼所见,只是人云亦云,盲目地去跟风,嗯,这件事,然后在校内兴起了这么∧,这么一股∧,这个叫∧,嗯,∧兴起了这么一股∧,嗯,盲目的转发活动。(提取受阻)

现在这些愤青,我认为基本上就是一些∧,他们只是表达一种对社会的不满,只是抱怨,并没有实际的作为。对于现在的咱这批年轻人来说,不管怎样,看问题应该一分为二去看,对于这个愤青他们表达出自己对社会的不满,这个是可以的,但是表达不满现状的同时,他们应该,学会理智、冷静并且深刻地思考,然后想出一些真正的对策,嗯,不应该盲目地去跟风,特别是现在的这些年轻人都是∧,就是心高气傲的,比较浮躁,嗯,那我认为这些愤青应该是搞清楚问题然后再去发言。

即兴表达中的词语调取有时会出现中断,这是正常的,因为在将思维转换成口语的过程中,思维有时并不是由一个个特别清晰的词语组成,而是一些模糊的、平面化的东西。在即兴口语的内部言语阶段,我们的脑子里只能形成一些"语点",当即兴口语完成时,要把"点"连成"线",将这些"语点"按一定的语法规则选择适当的词语,将简略的信息点快速地扩展、丰富、编码为完整的句子,并清晰地表述出来,顺利完成由"想"到"说"的过程。

(三)语料丰富有利于调取

如果说话者进行口语表达时语料库中无相应的语料,就会造成表达缺失。当人的大脑形成某种命题印象时,个人的语料库中一时找不到相应的语料,这就需要进行搜索,或搜索而得,或即兴创造出来,也可能搜索和创造均无果,此时就会产生即兴口语障碍,造成表达焦虑。

比如,一个表达者要把"美食""流量""渺小""现象""品牌"这一组主题"语点"穿起来,编码成语义完整的一段话,表达者是否有丰富的语料存储和调取经验,对于组织语言至关重要:

无论何时何地,人们对美食的追求总是无限的。大家都爱吃美食,但是美食仅仅限于"吃"吗?动动脑筋,美食可能给制作者带来经济效益,也会给消费者带来更多的快乐和满足。

然而,倒退十年,淄博烧烤可能不会如此迅速地火遍大江南北,现象级传播造成的流量与一座小城的碰撞,是互联网时代赋予的"天时"。互联网将鲜明的地域特色和温情的人文气息完美嵌合,将原本生活中的"渺小"放置于公展台,使得小人物、小事件、小城市都可能被完整展示于镜头下。淄博烧烤抓住了机遇,不过月余,其品牌影响力,就在这样裂变式的传播中,像雪球一样越滚越大。

在这一阶段,要通过扩展、编码,使内部言语转化成外部言语,即完成由"想"到"说"的过程。以上两段话,第一段,说话人语料储备较少,调取的词比较单一,第二段说话人新词比较多,调取相对比较自由,表达也更为新鲜和生动些。要使这一阶段的任务得以顺利完成,首先要丰富自己词语的"仓库"。言不及义、废话连篇、枯燥干涩,是词语贫乏的表现。在即兴表达中词语"仓库"越丰富,选择的范围越大,编码的速度越快,准确度越高,生动性也越强。

## 二、即兴组接

"即兴组接"是表达者在一定的表达结构模式基础上调取语料,并按照一定的符合语言传播和接受习惯的方式组句、组段或组篇的过程。即兴组接有两个层面的需要:

一是为了达意,从语义的角度考虑语义分量的轻重、范围的适当与否,保证组接出的语句搭配适当,表达顺畅,否则就会前言不搭后语。

在2022年9月15日《问政山东》节目直播过程中,点评嘉宾在点评时说道:

……打造高品质民生服务体系。

这句话猛然听起来没有问题,但"打造……体系"这样的组接搭配是否准确呢?"打造""建造""构造""构建""创造"等词语意思相近,究竟哪一个更适合与"体系"搭配呢?《现代汉语词典》中"建造"一般与建筑搭配;"构造"作动词,与"建造"同义;"创造"强调一个"新"字,如"创造新纪录";"打造"我们一般说"打造优质品牌""打造完美形象";"构建"的意思是建立,一般是指建立抽象的事物。所以,最优的组接应当是"构建体系"。

在同期节目中,督办员就短片中的问题向现场领导这样提问:

是不是接下来也应该加大关注和扶持?

直播现场气氛紧张,对话具有随机性和粗略性,这个问句就缺少了宾语成分,句子末尾应该加上"力度"。虽然不影响理解,但在组接上不够规范。可见,即兴组接问题在现场表达中经常出现,需要引起我们的注意。

二是为了获得积极的修辞效果,在遣词造句时从语境适应的角度,做适合交流的选择与变通处理。

比如,面对面交流往往要照顾对方的立场,选取一些委婉的词语来掩饰缺陷或过失,以消减对方心理上的不适感。《杨澜访谈录》在采访王菲时,主持人杨澜有这样一段话:

**杨澜**:其实有很多的有天使印记的儿童的父母会非常想了解他们能为孩子做什么?特别是王菲作为一个母亲。这不仅仅是一个到医院去,你去付个医疗费,做几次手术。这种心理的建设,你怎么样帮助孩子能够完成?

**王菲**:我想就是把她当作正常的孩子吧。

"唇腭裂"是一种身体的缺陷,直接提及可能会令当事人觉得尴尬和不适。主持人在这里将"天使"和"印记"这两个词组接起来,使用了"天使印记"这一具有积极含义的词语来代替直接说出当事人女儿的缺陷,这就是一种具有积极修辞意义的组接。

面对面交流常常会用表示尊敬、肯定、喜爱的词语来代替一些让人产生低贱之感的词语。为了表示恭敬,在称呼他人时一般会用一些带有上扬意义的词语,比如一些敬称词。如将"保姆"称呼为"阿姨",表达了一种亲近关系,这就是为了获取积极修辞效果而进行的即兴组接。

### 三、即兴转换

"即兴转换"是表达者在即兴表达中从一个话题转到另一个话题,或者从一个材料转到另一个材料。即兴转换通常有自然性转换和应急性转换两种情况。

(一)自然性转换

自然性转换是在口语表达过程中自然而然地转换表达的方向,从一个话题转到另一个话题,或者从一个材料转到另一个材料,这种转换是顺势而为的。以下面的语段为例:

1. 小张结婚了,她最后选的还是那个"富二代"。她老公人挺好的,而且家境好,他那个地区家族企业很兴盛,主要是做五金批发的……(从"结婚对象"转换到"家族企业")

2. 这件衣服你穿着特别好看,既显气质又显身材,这还是在商业街买的吧?我明天也去一趟,就骑自行车去吧,这一段修路实在是太堵了,路上多花很多时间……(从"衣服"转换到"路况")

3. 南方空气真潮湿,如果不注意就容易得关节病。我有个阿姨在南方工作了一段时间就得了关节病,只能辞职回家休养。本来她们家就不富裕,这下真是难为她了,都这个年龄了,原来对网络一窍不通,现在也学着在家里开网店赚钱……(从"南方空气潮湿"转换到"开网店")

4. 今天食堂的鱼做得太好吃了,很入味。其实我做的鱼也不错,就在这个暑假,一直在家学习做饭,什么醋熘土豆丝、红烧茄子,都得到了全家的好评。(从"食堂的饭菜"转换到"自身的厨艺")

5. 这部电影的背景是四五十年代的中国,从镜头中可以看出那个时候的中国真是贫穷落后。今天我们在经济上实现了大的跨越,先进的科技带动了各个产业的发展。所以说,科技是第一生产力,是提升综合国力的保障。(从"电影内容"转换到"提升综合国力")

这种转换在日常对话中很常见,有时是随着思路的飘移而转换内容,有时是因为原来的话题聊到头了而自动转换到其他地方。

(二)应急性转换

应急性转换是口语表达者发现调取不当、组接不成时迅速做出的重新调整。在发现言语生成可能受阻时,如果尚能把握自己的表达,组接与转换可能会同步进行;如果在"调取"这一步就出现失误,处于表达盲点,组接和转换只能分步进行,思维与言语就会脱节,这样就容易出现即兴口语表达中的"语流不畅"。以这段关于"高富帅"的即兴演讲为例,时长3分09秒,应急性转换的地方使用下划线标出:

"高富帅"是由三个形容词拼成的一个名词。高是高大,富一般是指家境好,帅是相貌帅气,这个词一般是用来形容男性,是说这个男性在身材、相貌和家庭条件上完美无缺。但是这慢慢地演化成一种择偶标准,成为女性对男性的一种要求。

很多女生只把高富帅作为一方面的要求,但很多人把它作为最重要的要求。如果说作为一方面的要求,那么OK,但是说如果作为一个,嗯,全部的,最重要的择偶标准,这无疑就有一些偏颇。

举几个例子来说,只重视高富帅而忽略了男士身上的,比如说人品、责任心等等,这个优点的一些,嗯,一些择偶的方式吧。比如说我们举一个明星的例子……同样的情况还有我们经常在短视频里面看到的这种恋爱的,嗯,恋爱的故事吧,我们可以了解到一些情况,他们最后的分开也是因为各种其他的原因,男士的责任心、人品是有些问题的。

对于高富帅来说有一个相对的词,是对女士的要求,很多男士要求白富美,比如说我们看《非诚勿扰》这样一些节目,很多男士选的女生大家明显可以看到就是白富美,所以,很多人是为了利益或者是为了长相而选择一个人,那这样的婚姻观念是有偏颇的。

当我们选择一个人的时候不应该只看重他的外表和他的家庭,而应该看重这个人的责任心和人品,还有跟这个人的共同语言、性格各个方面,婚姻不是一个等价交换的物品,不是一个,嗯,攀附或者说是夫荣妻贵这么简单的一个,这样的一种旧的观念下的产物,应该有我们新的一种观念,所以,高富帅,作为一个,嗯,不应该只作为一个标准,而应该也许可以作为一个参照。

这一段中划出的地方是高密度的调取、组接和转换之处,它们是近乎同步进行的。就在第一处"男士的优点"这里,口语表达者首先出现了调取的失误,即没有把"男士的优点"成功地调出来,表达者在瞬间转换了词语,将"择偶的方式"提出来救场,下面就顺水推舟地转到自己熟悉的一个影视明星的例子上去了。在演讲的结尾对"婚姻应有新观念"进行阐述时,也采用了瞬间的调取、组接和转换,以弥补误用长句子所带来的言语失误。

### 四、即兴增补

即兴增补是即兴口语表达中重要的弥补环节。言语生成是将内部言语直接推向外部言语的过程,因为来不及做完善性加工,在表达时难免会出现疏漏,所以即兴口语表达中适度的"追加"和"补说"也是言语生成的重要环节。以下面语段为例,带下划线的是即兴增补的部分:

1. 他发表的那篇关于饮食健康的文章,批评的人很多。哦,我是说"文章中批评的人很多",而不是"批评这篇文章的人很多"。

2. 山上的水宝贵,我们把它留给晚上来的人喝。就是迟一些爬到山上来的人,不是晚上上来的人。

3. 还记得吗?我和你刚认识的时候,还是个十来岁的少年,纯真无瑕,充满幻想。哦,是你还是个十来岁的少年。

4.在毕业前那段,小陈待在实验室里半个月,好像与世隔绝了,做实验做到要吐了,所以他答辩完后回到家,强迫着自己看了《一部法国小说》换换脑子。<u>是这本书的名字就叫《一部法国小说》,是法国人贝格伯德写的一部自传性的作品。</u>

即兴增补还可以作为即兴口语表达的附加技巧,分为不同的使用种类,在第四章第一节关于"追加"部分将进行详细阐述。在以上言语现场生成的四个环节中,"即兴调取"与"即兴组接"是言语生成的基础环节,没有它们就不可能有后面的两个环节。"即兴转换""即兴增补"是为提高和完善"即兴调取""即兴组接"的质量所做的修饰性努力。

## 感悟与训练

### 一、词语调取分析

下面这些话摘自面试考场,分析一下说话者在词语调取上出了什么问题。

1. 我们应该控制好比赛的场面。
2. 我们班上今天发生了不好的事实。
3. 小王通过三年的努力,最终取得了优异的成就。
4. 我的爸爸妈妈是一名光荣的人民教师。
5. 我们坚信,有这么一天,中国的工业和农业会成为发达的国家。
6. 贝多芬的交响曲是一首首雄壮的歌曲。
7. 你在家是用一次性餐具还是多次性餐具呢?
8. 人在喝多了酒以后就会眼花缭乱。
9. 播音员主持人是党和政府的喉结。
10. 他见到了某些骑非机动车的朋友。

### 二、即兴口语组接分析

下面即兴口语中的组接是否恰当,如果不恰当,分析并加以修改。

1. 可惜,这部在他心中酝酿了很久、将成熟的巨著未及完稿,就过早地离开了我们。
2. 企业要积极履行社会效益。
3. 小王不但会唱歌,小李也会唱歌。
4. 应当增加自己的心理排泄压力。
5. 社会也非常稀缺这一系列的人才。
6. 他穿着一件灰色上衣,一顶蓝布帽子。
7. 造纸是我国古代的四大发明。

8. 对雾霾做出我们自己的贡献。
9. 老人们常说,我们走过的路比你们吃过的盐还多。
10. 在考试中,诚信比作弊更重要。

## 第二节 即兴口语的语脉推进

语脉就是口头语言的运行脉络,即语言的条理线索,它是一种线性展开的脉络,是由若干个分支脉结合成的一个语言整体。即兴口语能力就是快速将思维语言转化为口头语言的能力,语言是思维的直接显现,思维的规律就是语脉的呈现规律。在语言表达过程中,很难用某一种"最佳呈现方式"来衡量和规范口语表达,相同的表达者在不同语境也中有着不同的语脉呈现。在某段有固定主题的语言表达如即兴演讲或直播节目中,语脉的运行方式看上去可能是天马行空或跌宕起伏的,但其实都是循规而不逾矩的。像人体分布的动脉和静脉一样,语脉是呈一维性流动的,人们掌握了某种固定的语言聚合习惯就可以从中找到一些规律。

### 一、语脉的线性推进模式

即兴口语语脉的线性推进是言语局部意义单位的线性排列,它体现着语言流动过程中的相互依存、前后一贯的逻辑关系,遵循着形式逻辑的最基本原则,如图 2-2 所示:

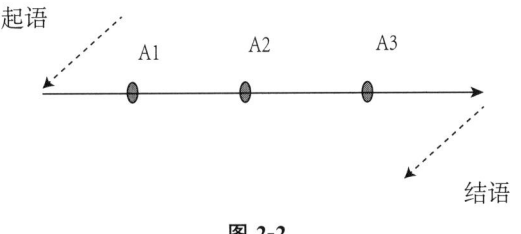

图 2-2

即兴口语中的线性语脉一般体现在话题单一、语意集中的情况下,尤其是在非正式交谈中,一方的自然陈述环节。A1、A2、A3 分别是同一话题中语脉接引时相互依存的承接关系。口语表达者脑子里有清晰的主线,一个层面一个层面地展开,不随意引申,注意在动态语境中控制思维点的随意跳跃,把握语脉的定向推进,按照既定的语言思路展开口语表达。蒋勋在清华大学做过一场名为《生命中的善与美》的演讲,下面就以其中一段视频为例,分析一下这种线性推进。

**起语**：我相信这是一个伟大的文学，其实用不是答案的方法，告诉我们说生命里面应该什么叫作善意这件事。

这是一个话题的开启，是具有概括性的话语，用一句话点出下面要说的主题。

蒋勋在清华大学的演讲片段

**A1**：我在做系主任的时候，已经过了中年，学生给我过40岁的生日，然后回家读到贾瑞。我呢，那时候做美术系的系主任，你就觉得美术系好多漂亮的女生，大概校花都在美术系，她们很自然就觉得，我要去学艺术，我要秀发披肩。她们就常常接到信，然后有时候也被骚扰到很烦，整天信箱都塞满，那时候 E-mail 还比较少的那个时代，那个信箱都塞得满满的……

A1 这个语段用讲故事的方式，娓娓道来，先是介绍了当时的背景，自己当时身为美术系的系主任，美术系有很多漂亮女生，她们有很多人追，为接下来事件发展到带有冲突性场景的描述做好铺垫：

**A2**：有一次我记得我们美术系，大概那一届里面最漂亮的一个女孩子，有多少男生在追她的。我已经在上课，她忽然冲进来，说某某某你那个信我念给大家听，撕开这样念。那个男孩子，我吓一跳，因为他就是刚才我讲的那个，我记不得名字的，永远没有自信、灰扑扑的那个男孩子，然后就低着头，摸摸鼻子就走出去了。

我忽然觉得好奇怪，忽然想到贾瑞，也忽然想到王熙凤，可是我不觉得我们这个校花这么坏，我不觉得她没有善意，我就把她叫到办公室。

A2 是演讲者在交代完故事背景之后，讲了一件具体的事，一名美术系的校花由于常收到求爱信不胜其烦，于是当众羞辱了一名写信的男生。演讲者由此想到《红楼梦》中的贾瑞和王熙凤，贾瑞就是因为"求爱"的对象是"心狠"的王熙凤而丢了性命的。但演讲者并不认为自己的学生是没有善意的，于是将女生叫到办公室给她念了一首诗来进行善意的教育：

**A3**：我说有一首唐诗，我可不可以念给你听。她就坐下来说，好。我说，张籍写过一首诗，他用一个女性的第一人称说"君知妾有夫"，说你知道我有丈夫了，"君"就是你，你知道我有丈夫，"君知妾有夫，赠妾双明珠"，可是你还送我一对很贵的珍珠，就是从荷兰进口的一个大钻石给我。我觉得这个诗很好玩，这前两句其实是一个测验，你要怎么办？所以我现在如果把这个题目丢给在座很多的朋友的时候，你要怎么办？"君知妾有夫"，你明明知道我有丈夫，结了婚，你又送这么重的礼，那当然是表达爱意的，那我要怎么办，打他一耳光吗？色狼，退回，或者给八卦杂志讲一讲，想去报道之类的,有各种可能。我觉得第三句、第四句好有趣:"感君缠绵意",我好感动,我都结了婚,还对我有这么深的情意,所以"系在红罗襦",绑在大红色的裙子上,这是唐朝的女人,"系在红罗襦",就绑在那里,可是绑着以后觉得蛮得意的,我都结了婚,还有人这么爱我,送我这么贵重的礼物,然后走来走去。忽然想说"妾家高楼连苑起",我家里是有家教的,家里家世不是乱七八糟的家世,我们家里面是有身份的人,"妾家高楼连苑起,良人执戟明光里",我丈夫在"中南海"里面,也是有头有脸的人,明光殿是唐朝的一个殿,"执戟"等于是一个卫戍司令一样,我的丈夫也有头有脸。你想这两句话出来什么意思,就觉得说我好像不应该有越轨的行为,可以了解吗,是理性,可是刚才是"感君缠绵意",所以感觉好好,所以忽然觉得理性上好像不能接受。"妾家高楼连苑起,良人执戟明光里",这个时候人家送你一个钻石,你跟人家说我家世很好,我丈夫很有地位,好像又伤了对方。好,赶快转了一句,真了不起,说,"知君用心如明月",我知道你光明磊落,你送我这个珍珠,这么贵的钻石,没有非分之想。我后来就跟很多女学生讲,你一定要学会这一句话,你要跟那个男生说,"知君用心如明月",我相信里面有善意,是说对方真的没有善意也要有善意了,这样可以了解吗?逼他有善意,你如果先确定他是色狼,就麻烦了。你就"知君用心如明月",我知道你一片光明磊落,你没有非分之想,你就是爱我,爱很单纯。"知君用心如明月",可是,"事夫誓拟同生死",重点是我已经发誓,我要跟我的丈夫共生死,我爱他,这个是重点。我觉得不爱,今天以现在的观点,她也可以离婚的,"事夫誓拟同生死",经过感性,经过理性,最后下了两句结论,大家非常熟悉这个诗结尾的结论:"还君明珠双泪垂"。我还是还你,可是哭了,就觉得好遗憾,人生是有遗憾的,"还君明珠双泪垂,何不相逢未嫁时",我没有结婚的时候怎么没碰到你。我不知道大家会不会觉得,这是唐朝,一千三百年前的诗,可是现在社会有多少人可以做到理性、感性这样平衡,而留给别人这么多的善意,留给自己这么多的善意,没有把每一个人打入到色狼、色鬼、坏蛋、性骚扰这个路上去,而是说"知君用心如明月",而且最后还东西。我们知道拒绝都是一个智慧,拒绝可能伤害一个人,拒绝也可能侮辱一个人,可是"还君明珠"底下加了"双泪垂",是说,好遗憾,人生本来就有遗憾,我没有办法,我爱我的丈夫,我对你也遗憾,可是如果你没有结婚以前,你可以跟他竞争,"何不相逢未嫁时"。可是后来比较差的这种八卦式的集子就把它改了,觉得"何不相逢"的"何"字不够狠,就"悔"不相逢,就后悔,我觉得后悔,丈夫看到会不高兴。然后也有人改成更重的字,叫"恨"不相逢,那个有点更糟糕了,就是丈夫会更生气了。

A3是在接下来的一大段演讲,演讲者用现代的语言,生动形象而又不失幽默地解读了唐代张籍的诗《节妇吟》,引导学生从现实的角度加以理解,又结合了学生的当下处境。

**A4**：所以我觉得我们看到好的文学里，其实是善意的拿捏，因为那个善意给人留余地，也给自己留了余地，然后它是一个美的状况。我觉得读到这首诗，觉得好美的一个情景，有人可以爱一个人，不管她结不结婚，送她礼物；也有人可以把这个礼物又还掉，而讲得非常非常的一清如水。然后也关心到丈夫的感觉，因为丈夫一定会读到这首诗，你也不能私相授受，所以丈夫读到"何不相逢未嫁时"，也教育丈夫，没有结婚的时候，他也可以跟你竞争，我觉得这是非常现代、合理的一个社会，可是用"悔"和"恨"，大概就不好了，"悔"跟"恨"里面都太多情绪了。所以我不知道能不能把善意拉回到这些了不起的文学作品，用这些文学作品和我们自己的生命行为去对比。如果今天我打开电视、打开报纸，尤其是台湾的一些八卦的报纸，每天有多少杀人、泼硫酸，各种的事件的时候，你忽然觉得我们是不是少了这首诗。

A4 是演讲者在谈古论今的基础上及时总结，再次点题，逻辑清楚有条理，使听众容易抓住要点，听得明白。"所以我不知道能不能把善意拉回到这些了不起的文学作品，用这些文学作品和我们自己的生命行为去对比"这是一句过渡。演讲者发表了自己的观点，并举了现实的例子证明我们需要这种善意的文学。

**A5**：我跟这个美丽的美术系女孩讲完这首诗，她就哭了，说："老师，我懂了。"可是我想那个摸着鼻子走的"贾瑞"，还是受伤了。可是这个可爱的女孩子，后来就再也不做这样的事，不会把男孩子写给她私密的信在公众面前撕开读给大家听了。

A5 是演讲者再次把听众拉回到现实，回到最初那个美术系女生的场景中，并通过这个例子证明了这种善意的文学存在的必要性。

**结语**：我的意思是说，拒绝也要有很多的余地，留给别人的余地。我相信这是对生命的尊重，它是善意的本质。

演讲的结尾再次回扣主题，使整个演讲结构严谨，重点突出。

在这篇演讲中，演讲者只讲述了一个话题，所以进行的是常用的线性语脉推进，即 A1—A2—A3—A4—A5。演讲者首先确定话题为善意的本质（起语），介绍了话题背景，美术系有许多漂亮女孩（A1）；美术系的校花当众羞辱写情书给她的男生（A2），演讲者把女生叫到办公室，给她讲了张籍的诗《节妇吟》（A3），通过这首诗教育女生理解善意的本质（A4），这段话在女生那里收到了效果（A5）；最后作者进行了简单的总结，点明什么是善意的本质（结论）。整个演讲字里行间都充满真诚切实的感情，而且恰当地使用了过渡句，脉络清晰，整个演讲层层深入，具有很强的感染力。

## 二、语脉的复合推进模式

在话语量较大的口语表达中,话题单一的线性语脉比较少见。当口语表达者在进行一段完整的表述时,语脉的展开一般是层层推进的,用图表示会呈现纵横两个方向。横向是同一意义空间的推移,即同一层面的展开,而纵向是意义、情节、意境的深化,这就构成了语脉的推进模式。

语脉模式的科学依据是,口语表达推进的层次递升和人的思维活动有很多相似之处。神经科学研究表明,人的精神结构是多层次的,它的低级层次显示出很强的规律性,语脉就是按照一定的规律运作的。掌握了语脉的复合推进模式,可以在复杂的即兴口语表达中保持条理分明的语言进程。

即兴口语在动态语境之中存在思维点的跳跃,这就需要把握好语脉的同一意义空间的有序推进。这种"同一意义空间"就是图 2-3 中的 X 线索串起的语脉空间,它是一段话语表述的意义核心。

图 2-3 中的 X 纵线表示语脉生成中的主题导向,也就是语脉推进时所遵循的主体意思。一大段演讲、一期节目、一场报告或一堂课,通常是由几个 X、Y、Z 纵线串起的。图 2-3 就是一个以 X 主题为线索的语脉全程推进模式图。三根横线表示语脉在不同层面拓展的广度,而上下两根横线之间的斜虚线则表明上下两层语意的纵向深化过渡。

图 2-3

以凤凰卫视 2012 年 6 月 29 日的《鲁豫有约·"高考狂人"》这期为例,X 轴是本期节目的话题"高考",我们可以清晰地看出这一段视频中有五个层级的语脉复合推进流程:

《鲁豫有约·"高考狂人"》片段

（起语）

**鲁　豫**：现在这个季节是高考的季节，所以我想做一期跟高考有关的节目。因为凡是参加过高考的人多多少少都会讲出一两个和高考有关的难忘的故事。但我想谁的故事都不会有他多，因为今天的嘉宾，从19岁到39岁，20年的时间里面先后参加过13次高考，可以说是屡败屡战。那在这么长的时间当中，他失去了一些什么，又得到了什么，我们来认识一下他吧。

（A段——高考的爱与恨，略）

（A1）**鲁　豫**：我们来欢迎曹湘凡，他有一个名片，名片是这样写的——"高考王子"曹湘凡。

**曹湘凡**：爱也高考，恨也高考。没有高考，可能就没有曹湘凡吧。

（A2）**鲁　豫**：你喜欢高考还是讨厌高考？

**曹湘凡**：用90后的话来说就是很"纠结"吧。我宁愿复读十年考北大，不愿委曲求全考一半。所以才有13次高考嘛。

（B段——高考的回忆，略）

（B1）**鲁　豫**：当时你的成绩还是不错的，是不是？

**曹湘凡**：我省里预考是第一名，语文。

（B2）**鲁　豫**：那你还记得(19)87年的高考的语文作文题目是什么吗？

**曹湘凡**：《理论对实践的指导作用》。我认为他题目出错了，所以刚好把它写反了，写成《实践对理论的决定作用》。

**鲁　豫**：你认为题目出错了，所以你主动地帮高考的出卷方把题目给改了？

**曹湘凡**：对啊。把它颠倒过来的嘛。我估计我认为我会得高分。

**鲁　豫**：结果得了低分。

**曹湘凡**：对！结果全班倒数第一名，54分。

（B3）**鲁　豫**：所以第一次就这样高考失利了，然后第二次、第三次……可能每一次都会有一些刻骨铭心的经历。但我知道对曹湘凡来说，第四次高考经历特别难忘。

**曹湘凡**：那是最刻骨铭心的一次吧，害了场大病，那一年没考试。

（B4）**鲁　豫**：你指的害了一场很大的病？

**曹湘凡**：1989年到山西太原，高考移民……得了抑郁症，就是崔永元得的那种病。

**鲁　豫**（HB）：崔永元得的那种病，你怎么知道崔永元得的什么病？呵呵。

（HB为语脉中的插话）

**曹湘凡**：就是那个抑郁症嘛，可能比崔永元那种还要重一点点。

**鲁　豫**：又一次提到小崔，好，比他的病还要重一点。

(B5)鲁　豫：那你的那种病的症状是什么？

曹湘凡：躁狂吧，崔永元不躁狂嘛。

鲁　豫：那现在你明白，那时候状态是一种病症，在那个时候，你自己其实体会不到"我生病了"。

曹湘凡：我非常兴奋。

鲁　豫：人很兴奋？

曹湘凡：非常兴奋，……可以指挥千军万马。

鲁　豫：那，那种病症多长时间之后慢慢慢慢消除，慢慢人好起来了又？

曹湘凡：那是又要高考了，我就想起来，我还要高考。就是无意当中醒来了吧。

（C段——高考到底是什么）

(C1)鲁　豫：真奇怪，让你得病的是高考，让你病好的也是高考。高考到底是怎么回事呢？

曹湘凡：高考就是我的救命稻草嘛。是1991年吧，因为"三南"考试嘛，"三南"考试在湖南、海南、云南试点，就是你可以不考语文那一科，所以刚好我那年就认为，我绝对会考上，因为它不考语文。我父亲嘛，叫我去买化肥，因为家里的苗长了，让我去买尿素，我就拿着那个16块钱就去乡政府偷偷摸摸去报名了，所以一回来的时候，爸爸拿着这么长的棍子，打，他说我庄稼现在等着要尿素，要肥啊，你又去考试了，他说你还能不能要回来？我说那怎么能要回来呢，钱都交了。我爸爸从来不打人的，他孩子虽然很多，从来不打人的，因为他那次觉得我太伤他的脑筋了，就是家里面因为给我治病，用了很多的钱，全家人都等着这个稻米吃饭啊，你都拿着这个钱去高考了。

(C2)鲁　豫：现在回过头去想，当年那样做对不对？

曹湘凡：现在回过头来想，我真是太自私了。全家人，一家人，都指望着这个，农民都望着田里的收成，你拿着那个买化肥的钱去报考，明知这个没有结果的事情，刚好那年够上专科线，1991年，好像不怎么值钱了，不像那个1987年，你考个中专都，都值钱……

（D段——家人的态度，略）

(D1)鲁　豫：你流过眼泪吗？因为高考成与不成，你流过眼泪吗？

曹湘凡：没有流过眼泪。"莫斯科不相信眼泪"，所以曹湘凡不相信眼泪。但是我笑的日子也很少。笑不出来，沧桑吧。

(D2)鲁　豫：刚在这期间，你妈妈对你什么态度？

曹湘凡：妈妈就是希望我这个仔不要死掉就好了。妈妈生我的那一天刚好是屈原投江的那一天嘛。

鲁　豫：你的意思你是屈原再生吗？还是什么？

曹湘凡：就是屈原投江的那一天，出生那天是五月初五，五时五分，几个五，我妈说

"我肯定是生了个天子"。

**鲁　豫**：妈妈都是这样的心情……只要小孩好，身体好，在我身边，怎么样都可以。

**曹湘凡**：对，别人说这个老婆和妈妈掉到水里了，先救哪一个，我认为这是个伪命题。要我去的话，我绝对会救妈妈，因为妈妈无法复制，老婆可以复制。

（E段——对婚姻和高考的选择，略）

**曹湘凡**：考上北大接到通知书的那天，我的孩子就流产了。

（E1）**鲁　豫**：在这过程当中呢，有一点我必须要介绍一下，很多人都觉得曹湘凡可能二十年高考挺冤的，花了那么长时间，但我觉得他其实什么都没耽误。该谈恋爱时候谈恋爱了，该结婚时候结婚了，该有孩子有孩子了。

**曹湘凡**：只是在不对的时间结了婚，在对的时间不结婚。

（E2）**鲁　豫**：那到后来结果是对还是不对呢？

**曹湘凡**：那是我的错，不是她的错。

**鲁　豫**：你的错？你觉得错在什么地方呢？

**曹湘凡**：就是高考嘛。我（对我）老婆（说）"老婆，请你放我这一马，等我考完这次，考不好我就不考了。"她说"不行，我不能再等你了，况且说你如果考上了，不要我了怎么办呢？"

**鲁　豫**：这可能是一个女性她内心特别真实的想法。

**曹湘凡**：……她说"我们以12点为临界，你12点以后回来我们就离婚。你是12点之前回来我们就不离婚。"

**鲁　豫**：你那天看着表吗？……因为12点前，你都在准备考试的事情？

**曹湘凡**：对，复习。

（E3）**鲁　豫**：那你这个选择的过程是很难的吗？还是一个很自然的选择过程？

**曹湘凡**：很难的，我要放弃高考很难的。因为一放弃高考，我就是一个，彻彻底底就是一个农民了嘛，就不像现在我是个知识分子了嘛。

**鲁　豫**：那放弃高考很难，放弃那个家呢，也很难吧？

**曹湘凡**：那时候也比较难，因为我已经有了一个女儿了……

（E4）**鲁　豫**：大女儿6岁第一次叫你父亲。你现在有三个孩子，你能知道三个孩子每个人具体的年纪是多大吗？今年。

**曹湘凡**：那搞不清。

**鲁　豫**：搞清楚这个问题一点都不费劲啊，曹湘凡。

**曹湘凡**：我觉得这个不是很重要啊。

**鲁　豫**：这个不是很重要吗？挺重要的，我觉得。

**曹湘凡**：加重记忆负担嘛。

鲁　　豫：加重记忆负担？因为你要记的事情的确是……

曹湘凡：我要记的事情很多，我不能记得我老婆什么时候生日，我孩子什么（时候）生日。当然应该记住，但是我确实记不住，我觉得没有多少必要。

鲁　　豫：因为你要记的东西很多很多。

曹湘凡：对。

（结语）

鲁　　豫：我们知道高考要背的东西太多太多了。刚才我们只是曹湘凡这么多年高考的可能几个画面、几件事情。难忘的肯定太多太多了。他最终是在2007年，就是39岁那一年考上一所大学后，选择要去读书了。他这个过程已经是从19到39岁，20年的时间过去了。高考了13次之后，他终于成为一名大学生。

从这段节目对话中可以看出，围绕"高考"这个主话题往前推进的纵轴，经过五层推进，构筑了节目的逻辑和层次：

A 段——高考的爱与恨；

B 段——高考的回忆；

C 段——高考到底是什么；

D 段——家人的态度；

E 段——对婚姻和高考的选择。

在动态语境之中，双方来自不同立场的对话碰撞始终存在，需要把握好语脉的定向模式。在这个节目中，鲁豫就是按照设定的五个层级，沿着高考的纵轴进行同一意义空间的有序推进。这样，主持人进行即兴表达时，就会不惧嘉宾思维点的跳跃，引领着嘉宾以一种清晰而又错落有致的方式推进节目的展开。

### 三、带插话的语脉推进模式

在动态语境之中，X线索串起的语脉空间，是一段表述的意义核心。不过，在一整段有序的语脉空间中，不可能每句话都是与A、B、C、D、E段话题密切相关的，常常会在思维的跳跃中插入其他的成分。在语脉进程中插入与整个话语主题无关的话语，就是插话。那么，插话在语脉之中是如何出现的呢？它又起到什么样的作用呢？

语脉之中的插话统一命名为H系列。与本段话题A、B、C有关的语脉插话分别标为HA、HB或HC，这属于正常语脉之中的插话，或者是由嘉宾发起的与本段话题无关的插话，也标记为HA、HB或HC。鲁豫说的"崔永元得的那种病，你怎么知道崔永元得的什么病？"就是与话题有关的插话HB，因为"崔永元的病"与节目主题毫无关联，本不该出现在主持人话语中，但它并非鲁豫提起，而是嘉宾曹湘凡首先提起，鲁豫只能顺应话语接一下,因此它是有关联插话。那些由主持人提起的、漫游式的,与话题无关的甚至是惹麻烦的插话,标为 H。如图 2-4。

图 2-4

出现在 A 段语脉中的有关联插话标为 HA,B 段、C 段中的依次标为 HB、HC。以 2012 年 1 月 9 日天津卫视求职类节目《非你莫属》为例,这期节目在网络上争议较大。本期主话题是"求职",求职嘉宾是高中在新西兰留学,又回国读自考和求职的刘俐俐。下面是节目的一段语脉分析:

《非你莫属》之
刘俐俐片段

(起语,主持人介绍求职者的基本信息,求职者刘俐俐自我介绍)

**张绍刚**:刘俐俐,24 岁,湖北人,北京外国语学院,自考英语本科。

**刘俐俐**:大家好,我来自"将船买酒白云边"的湖北松滋。我是 80 后,我也喜欢臭美,但是我更喜欢读莎士比亚。我喜欢打魔兽,更喜欢上微博。我是个工作狂,但也是个乐活族。谢谢大家。

(A 段:关于求职者的文学爱好——莎士比亚)

(A1)**张绍刚**:喜欢莎士比亚的什么?

**刘俐俐**:喜欢他的<u>英雄双行体</u>。

**张绍刚**:莎士比亚?

**刘俐俐**:对,莎士比亚的一个英雄双行体。

**张绍刚**:是?

**刘俐俐**:是一个写作形式,是一种诗的写作形式。

**莫华璋**:你是说,你是说十四行诗是 Sonnet 么?

**刘俐俐**:It's very kind of like……哦,我不是故意的。

(A2)**张绍刚**:不,你可以不在乎。我无所谓听懂听不懂。但是你说到莎士比亚,创制了一个文体,叫英雄双行体。

**刘俐俐**：不，不是他创制的。这个是他有写过。但是一般人很少读到过。

(A3)**张绍刚**：是很少有人读到，那你能通俗地跟我们分享一下能读到的事儿吗？

**刘俐俐**：可以。

**张绍刚**：莎士比亚的戏剧读过些什么？

**刘俐俐**：演过 Much Ado about Nothing（《无事生非》）。

**张绍刚**：啊嗯，还读过什么？

**刘俐俐**：Macbeth（《麦克白》）。

**张绍刚**：《麦克白》里面你演的是？

**刘俐俐**：我演的是那个巫婆，三个巫婆当中的一个。

(A4)**张绍刚**：你的主业是戏剧演员？

**刘俐俐**：不是，我前一份工作是英语老师。

**张绍刚**：你前一份，那你说到的演是？

**刘俐俐**：是我上高中的时候学校的话剧团。

推进一：主持人一开始对求职者提问，问的就是喜欢的读物。求职者提到英雄双行体，这是一个重要信息点，然而这个信息点没有获得赞赏，因为它并非大家对这个问题所期待的回答，原因有三个：一是这是个听上去过于专业的回答，主持人张绍刚说过自己英语不好，而求职者选了一个并不讨好主持人的表达方式；二是求职者提到的英雄双行体是一个过于小众的信息点，可能让现场大多数人感觉不快；三是一个题外话，求职者对英雄双行体的评价并不准确，莎士比亚的创作跟英雄双行体没有什么关系。

A1—A2：对"英雄双行体"的概念纠结，导致场上整体气氛的紧张与不快。A3：求职者调整了双脚位置和站姿，回答"可以"，配合点头、微笑，这个转场让双方从前面的概念纠结中略微松弛了下来。A4：主持人问"读"，而刘俐俐答的是"演"，根据主持人对选手的个人信息掌握情况，加上张绍刚看手卡的动作，可以判断 A4 部分主持人的提问中已带有一点讽刺意味。

(B 段：关于求职者的学业——高中和大学)

(B1)**张绍刚**：你是在什么高中啊？

**刘俐俐**：在新西兰的国立昂斯洛学校。

**张绍刚**：读了几年？

**刘俐俐**：3 年。

**张绍刚**：随后呢？

**刘俐俐**：随后就回国读的自考。

(B2)**张绍刚**：为什么不在那块升大学？

**刘俐俐**：因为在那边，就是说费用稍微有一点高。然后我在新西兰待了3年，3年之后才回国。那个时候我就觉得，哇，中国变化好大啊，我要是再在新西兰待，我会傻掉的，因为它那边的节奏太平缓……

**张绍刚**(HB)：稍等，稍等，稍等，刘俐俐，为什么我和你在沟通的时候，我浑身一阵一阵地犯冷呢？

**刘俐俐**：在生我的气吗？

**张绍刚**：我很少会和我的朋友沟通说"hello，你觉得中国怎么样？"这是我们自己的国家，我们待在自己家里面，还需要用大写来称呼吗？

**刘俐俐**：那请问你跟别人说的时候，都说我的祖国么，祖国也是个大写啊？

**张绍刚**：我说我们这儿。

**刘俐俐**：我以为在这儿要说很书面的语言，这是为什么我才用敬语的。比如说我跟您称"您"。

**张绍刚**：你刚才的这个交流方式，又让我开始觉得有点冷。第一，放松。第二，正常聊天，正常聊天。

(B3)**张绍刚**：好，接着说你的经历。从新西兰回来之后，为什么选择自考？

**刘俐俐**：因为高考很难啊，数学根本不会啊。

推进二：伴随HB插话的出现，场上第一次冲突出现。导火索是因为对国家的称呼，导致求职者和主持人之间第一次矛盾激化。从这里开始，求职者的态度也有了很大的转变，情绪中也渐露烦躁。

(C段：关于求职者专业的选择——深层考查)

(C1)**张绍刚**：然后自考为什么又去考一个英语专业？因为你的英语已经在那儿待得很好了。

**刘俐俐**：那为什么我们要学语文呢？

**张绍刚**(HC)：我不知道，是我的问题你听不太懂呢，还是我哪个问题伤害到了你，使得你开始具有了攻击性。

**刘俐俐**：老师，我觉得是您具有攻击性，不是我具有攻击性。

**张绍刚**：我是从哪个问题开始有了攻击性？

**刘俐俐**：就是从祖国那个问题开始。

**张绍刚**：我真的非常不喜欢听你那样聊中国的事儿。

**刘俐俐**：但是您不了解我，我就是觉得我中文太差了，所以我才回国读的大学。

(C2)**张绍刚**：所以你在选大学的时候选英语。

**刘俐俐**：那是为了混张文凭。

推进三:伴随 HC 插话的出现,主持人和求职者之间的矛盾进一步激化。从这段对话可以看出,求职者已远不如刚上台时从容,表达上开始"不合作",言辞间流露出火药味。在"攻击性"之争上,求职者处于被动状态,且不能控制情绪,最后说出了"为了混张文凭"这样对自己不利的负面信息。

(D 段:关于求职者的职业背景——从业经历)

(D1)**张绍刚**:做过什么工作?

**刘俐俐**:翻译和老师,英语老师。

(D2)**张绍刚**:在哪儿做翻译?

**刘俐俐**:类似于中介一样的,一个翻译公司。比如说它有活儿,叫你去干,然后就去做笔译。

**张绍刚**:所以是兼职。

**刘俐俐**:对,兼职。

**张绍刚**:不是一份专职。

**刘俐俐**:专职的话也就是做过英语老师。

(D3)**张绍刚**:在什么样的地方?

**刘俐俐**:华尔街英语。

**张绍刚**:在华尔街英语?

**刘俐俐**:对。

按照节目的流程要求,D 段对话从求职者之前的工作经历谈起,围绕这一话题展开。这一段双方对话比较平静,按部就班,未出现插话现象。

(E 段:关于求职目标——今天想找的工作)

(E1)**张绍刚**:今天想要找什么类型的工作?

**刘俐俐**:今天想找一份关于咬文嚼字的工作。

**张绍刚**:这是一份什么样的工作?

**刘俐俐**:嗯,媒体,媒体的编辑,文字编辑。中英文的都可以。

**张绍刚**:是平面、广播、电视、网络?哪个是你更了解的?

**刘俐俐**:嗯,说句实在话,我更偏向于平面媒体。

**张绍刚**:更偏向于平面媒体。

**刘俐俐**:对。

(E2)**张绍刚**:对平面媒体了解多少?

**刘俐俐**:了解不是很多。

**张绍刚**:你想做平面媒体的哪一类?报纸?

**刘俐俐**：杂志，因为马克思说过，杂志比报纸更能够传递信息。

**张绍刚**(H)：嗯，OK，我没听说过，反正就这样吧。

(E3)**张绍刚**：你的优势是什么？你做这一份工作的优势是什么？

**刘俐俐**：文笔还不错，脑子转得快。

**张绍刚**：怎么证明自己的文笔还不错？

**刘俐俐**：你可以给我出题啊！

**张绍刚**：怎么证明自己的脑子快？

**刘俐俐**：刚才脑子就很快啊。

**张绍刚**(H)：我很少彻底对一个求职者失去兴趣，各位请提问。

　　了解求职目标的 E 段部分，起初双方的对话还处于合作状态，但当求职者引用马克思的话之后，主持人的"我没听说过，反正就这样吧"插话是与话题无关的，是负面的，又激发了求职者的抵触情绪。接着主持人问求职者如何证明自己文笔好、脑子快的时候，求职者的两个回答都让主持人有下不来台的感觉。于是主持人再次出现无关联插话"我很少彻底对一个求职者失去兴趣"，严肃又无奈地结束了对话，转而进入各位老板提问的环节。

　　从语脉分析可以看出，主持人和求职者逐步从合作走向对立，场上气氛也从融洽走向紧张。不知是不是因为这个原因，最后求职者遭遇全灭灯（淘汰）。图 2-5 是刚才这期节目片段的语脉图：

**图 2-5**

从语脉图中可以看出，主持人是通过五步语脉推进逐渐把对话向纵深处推开的，但其中主持人有两段"有关联的插话"——HB、HC 和两段"无关联的插话"——H，通过图示可以清楚地看到这几段插话对双方走向不合作起到了关键作用。这给我们的启发是，在话语进程中，减少"无关联插话"是保持语脉顺畅推进的重要一环，尤其在较为正式的即兴口语表达中，应控制"有关联插话"，避免"无关联插话"。作为一位有个性的主持人，合理运用"有关联的插话"是构成其主持个性的一部分，但规避"无关联插话"又是主持人心理稳定成熟的重要标志。

**感悟与训练**

**一、"孟非版"《非你莫属》虚拟语脉对照分析**

在看了《非你莫属》刘俐俐一期之后，有网友对主持人张绍刚的主持语脉提出异议，认为在求职类节目中主持人过于强势，如果换了服务类节目就不一样了。下面就依照《非诚勿扰》主持人孟非的风格模拟了一期"孟非版"《非你莫属》。

第一，请用语脉图做一下分析，着重体会带下划线的地方，对照一下两版的不同之处。

第二，讨论一下这种孟非版"服务风"的求职类节目效果如何。

孟　非：欢迎刘俐俐，喜欢莎士比亚的什么？

刘俐俐：喜欢他的英雄双行体。

孟　非：英雄双行体？<u>是银行的行吗？</u>

刘俐俐：对，是一个写作形式，是一种诗的写作形式。

孟　非：<u>大家记着点啊，行(háng)也念 xíng。继续，什么体？我听不太明白，你能给我们介绍下吗？</u>

刘俐俐：就是一种文体！

孟　非：<u>就像我们的议论文、自传或者诗歌对联什么的吗？</u>

莫华璋：是十四行诗吧？Sonnet？

刘俐俐：It's very kind of like…sorry.

孟　非：<u>没关系，反正我也听不懂，我高中都是睡过来的。</u>咱们换个能沟通的话题，比如莎士比亚的戏剧读过些什么？

刘俐俐：演过 Much Ado about Nothing（《无事生非》）。

孟　非：啊，看出来，真的是<u>留学回来的</u>……还读过什么？

刘俐俐：嗯……Macbeth（《麦克白》）。

孟　非：那好吧，《麦克白》里面你演的是？

刘俐俐：演的是那个巫婆，三个巫婆当中的一个。

孟　非：是骑着笤帚那种的，还是去蛋糕店老板那儿把塑料袋给套脖子上那种的呢？

刘俐俐：……

孟　非：所以你以前是做演员的？

刘俐俐：不是，我前一份工作是英语老师。

孟　非：你前一份，那你说到的演是？

刘俐俐：是我上高中的时候学校的话剧团。

孟　非：明白了，合着就是那种兴趣小组。小时候我也参加过，但人家哪个组都不要我，嫌我又笨又难看还老挤兑人。你是在什么高中啊？

刘俐俐：在新西兰的国立昂斯洛学校。

孟　非：读了几年？

刘俐俐：3年。

孟　非：随后呢？

刘俐俐：随后就回国读的自考。

孟　非：为什么不在那块升大学？

刘俐俐：因为在那边，就是说费用稍微有一点高。然后我在新西兰待了3年，3年之后才回国。那个时候我就觉得，哇，中国变化好大啊，我要是再在新西兰待，我会傻掉的，因为那边的节奏太平缓……

孟　非：稍等，稍等，3年你就不懂读和演的区别了？那回国后适应国内的快节奏了吗？

刘俐俐：在生我的气吗？

孟　非：不不不，我的原则一向就是先学不生气，再学气死人……你放轻松点，也不用拿自己当外人，咱就说回来，以后一看这儿还不错就行。说"中国"太正经了。

刘俐俐：那请问你跟别人说的时候，都说我的祖国么，祖国也是个大写啊？

孟　非：我有时候是这么说，那就是假正经的时候。

刘俐俐：哦，我以为在这儿要说很书面的语言，这是为什么我才用敬语的。比如说我跟您称"您"。

孟　非：好，从现在开始咱都说您，是吧，这个我接受，说得对就得接受嘛！好，接着说您的经历。从新西兰回来以后，为什么选择自考？

刘俐俐：因为高考很难啊，数学根本不会啊。

孟　非：然后自考为什么又去考了一个英语专业？因为你的英语已经在那儿待得很好了。

刘俐俐:那为什么我们要学语文呢?

孟　非:哦……明白了,所以我学的是印刷,现在能主持节目了。

刘俐俐:我觉得是您有了攻击性。

孟　非:我是从哪个问题开始有了攻击性?

刘俐俐:就是从祖国那个问题开始。

孟　非:看来我还是更适合去干印刷。

刘俐俐:我就是觉得我的中文太差了,所以我才回国读的大学。

孟　非:不不,你出场时候李白的那句诗用得就很好啊,一点儿看不出来中文差。所以你就选了英语?

刘俐俐:那是为了混张文凭。

孟　非:哎哎,这个咱能不在这儿说吗? 做过什么工作?

刘俐俐:翻译和老师,英语老师。

……

孟　非:今天想要找什么类型的工作?

刘俐俐:今天想找一份关于咬文嚼字的工作。

孟　非:我语文是真不好,你得说说"咬文嚼字"这是一份什么样的工作。

刘俐俐:嗯,媒体,媒体的编辑,文字编辑。中英文的都可以。

孟　非:是平面、广播、电视、网络? 哪个是你更了解的?

刘俐俐:嗯,说句实在话,我更偏向于平面媒体。

孟　非:对平面媒体了解多少?

刘俐俐:了解不是很多。

孟　非:你想做平面媒体的哪一类? 报纸?

刘俐俐:杂志,因为马克思说过,杂志比报纸更能传递信息。

孟　非:马克思是那个大胡子吧? 你的优势是什么? 你做这一份工作的优势是什么?

刘俐俐:文笔还不错,脑子转得快。

孟　非:怎么证明自己的文笔还不错?

刘俐俐:你可以给我出题啊!

孟　非:我还以为你要说《后宫·甄嬛传》是你写的呢。怎么证明自己的脑子快?

刘俐俐:刚才脑子就很快啊。

孟　非:是是是,快得我一直就没跟上趟儿。

**二、《非你莫属》"晕倒哥"事件语脉推进实例分析**

下面是2012年5月20日《非你莫属》"晕倒哥"事件现场对话。从法国回来的求职者郭杰因现场被指出有"作假"嫌疑而当场晕倒。有意思的是,事后核实结果是:求职者的证书并没有造假。

第一,请根据本期视频对话做一个语脉图。

第二,根据对话,分析本期现场语脉是如何推进到"打假"的。

《非你莫属》之"晕倒哥"片段

(起语)

**张绍刚**:郭杰,32岁,山西人,法国蒙彼利埃大学国际旅游专业硕士。

**郭 杰**:大家好,各位评审好,我来自山西,我叫郭杰,今年32岁,在法国生活10年,专业是电影导演专业,今天想招(应)聘的职位是跟影视有关的,或者是视频,或者是艺术创意,舞台表演也可以,谢谢大家。张老师,您好。

(A段 关于求职者的留学背景)

**张绍刚**:欢迎郭杰,郭杰今年32岁,有10年的法国留学经历。

**郭 杰**:对,去了以后先是学的语言。

(A1)**张绍刚**:学了多久?

**郭 杰**:学了两年左右。

**张绍刚**:两年左右。现在法语是什么程度?

**郭 杰**:挺好的程度。

**张绍刚**:挺好的,来,文颐帮我们考一下法语,谢谢。

(文颐、郭杰法语交流)

**张绍刚**:虽然我听不懂,但是他好像说了4遍了。他是个什么状况?

**文 颐**:其实我只是问他,因为他学的是高端旅游嘛,所以我问的是在这个高端旅游的市场,中国和法国的市场有什么不同,但是他刚才就跟我讲到一些自由啊什么,所以我在讲的是市场,不是文化的东西。

(A2)**张绍刚**:他的语言怎么样?

**文 颐**:我是觉得他在法国生活10年的话,确实我觉得(一般),好像我只生活了那么几年,好像(差不多)。你一直是在巴黎,还是在南部,还是在什么地方?

**郭 杰**:我是在巴黎大约待了3个月时间,然后又去的亚眠,在那面读了3个月时间,然后又去的兰斯那面的语言学校,学了一年时间,我走过很多地方,后来又去的斯特拉斯堡,在那面读了两年,然后又去的蒙彼利埃,很多地方都走遍了。

(B段 关于求职者的学历专业)

(B1)**张绍刚**:你是好好念书来着吗?

**郭 杰**:没有,因为我的专业是有三个的吗,对吧?

张绍刚:哪三个专业?

郭　杰:一个是国际贸易偏旅游管理,第二个专业是社会学,第三个是导演。

(B2)张绍刚:你这三个专业用了几年?

郭　杰:8年时间。

张绍刚:你这8年都是本科吧?

郭　杰:不是,有一个硕士。

张绍刚:哪个是硕士?

郭　杰:就是国际贸易。

张绍刚:国际贸易是硕士,第一个?

郭　杰:对。

(B3)张绍刚:第二个又学了社会学的本科,你念了几年?

郭　杰:一年。

慕　岩:你一年学了多少门课?就那社会学专业?

郭　杰:5门课吧。

慕　岩:5门课就给你一个本科的证书?

郭　杰:算是吧,这样子。

慕　岩:还有这么美好的学校。

文　颐:请恕我直言。如果你要是读哲学或者这一类,它要求法文的基底是非常非常高的,而且它有很多的东西,你要非常熟知它的这种背景啊,包括文化,而且很多是很难读,因为我有朋友读这个,读了很多年都还没有毕业,所以我不知道您能够在法语这种状况下,这么快就能轻松毕业……

张绍刚:一年就拿到了一个社会学的(本科)。

文　颐:对,这是一个不可思议的事。

郭　杰:它是这样子,社会学它不是一个哲学。

(C段　关于社会学专业的细节)

(C1)张绍刚:这儿有学社会学的,Frank。

Frank:我是学社会学的。法国的社会学是非常好的,很多大家。你跟我说法国最有名的几位社会学家的名字,一位都可以,就说一个。

郭　杰:不知道,我不知道。

Frank:那我就觉得很奇怪了。最起码教科书提到的。

郭　杰:忘记了,当时确实有背过。

Frank:我觉得念社会学的人,至少都会学到一个埃米尔·杜尔凯姆,他是一个法国人,这是大家都知道的。

郭 杰：我知道他是那个……对对对，是，没错。

张绍刚：他是哪个啊？

郭 杰：一个是德国的，我真的忘记名字了，一个是德国的，一个是法国的。

Frank：德国的是韦伯对不对？

郭 杰：对。

Frank：但法国的理论家，你竟然没记得，我觉得蛮奇怪的。

……

(C2)张绍刚：这样，郭杰，我又说不该说的话，我强调一遍，我不愿意在这个平台上做一个很费劲的工作叫打假和辨真伪，那个过程将使得咱们双方特别不坦诚地处于彼此试探的状态，你也不舒服，我也不舒服，但是现在我愿意把这层窗户纸捅破，原因是社会学很难念。

郭 杰：是，确实很难念。

张绍刚：你告诉我，你一年拿到了一个社会学的本科，你刚说的，你不知道社会学法国的大家的名字……

Frank：法国的学制有时候，据我所知是这样子的，你念书是归你念书，但是你有一个毕业考试，那考试如果通过了，它是可以给你毕业证的，这个我了解。但是问题在于，你也不可能在一年之内把那些学完，完全没有基础下你完全学完，甚至还通过那个考试，因为据说法国大学的那个毕业考试是非常困难的。

文 颐：对，很难。它因为有平时的学分，它是等于说入学很简单，但是尤其是你要读好的学校的话，你毕业会很难，它要修学分的。

(C3)张绍刚：学了些什么课程？

郭 杰：有些法律的课程或者有一些……

张绍刚：社会学的课程有什么？

郭 杰：比如说是美国的保险制度、日本的保险制度。

张绍刚：稍等，稍等，稍等。

Frank：美国的保险制度或者日本的保险制度绝对不会是在社会学的范畴之内。

郭 杰：那我就是翻译错了，我自己翻译错了，那可能它不是个社会学。

(D段 关于学位证书)

(D1)张绍刚：我们先看一下他的证吧，这个证是三个证，反正我一个也看不懂。把这个证帮我传给文颐，让文颐看一下他的三个证书，谢谢。

Frank：说实话有很多，你也应该知道，有很多中国留学生在法国念书有时候真的拿不到学位的，因为比较困难，但很少一个人上来说我拿了三个，不只拿到而且(还)三个，所以说为什么我会产生这个疑问。

张绍刚：而且关键是反差都特别大，一个是国际贸易，是硕士；一个是社会学，是本科；还有一个叫导演，导演也是本科。这个速度颇快，导演是怎么拿到的？

郭　杰：导演是申请，一个学校通过面试。

张绍刚：你申请进去了？

郭　杰：对，它通过面试，一个考试，然后对电影本身有一些了解。

(D2)张绍刚：给我介绍一下，法国的一个著名的导演叫戈达尔。

郭　杰：他拍过什么片子，你能告诉我吗？

Frank：他是法国新浪潮最有名的一个导演啊！

郭　杰：你能告诉我一下，他拍过什么片子？

(D3)张绍刚：这样，给我们介绍一下法国一个很著名的电影叫《四百下》，有的翻译成《四百击》。

郭　杰：我没有看到，没有看。

张绍刚：你在法国学电影，不看《四百击》？

Frank：《断了气》？

张绍刚：《断了气》太难了，如果连《四百击》都没看的话，《断了气》就太难了，你在法国学电影看什么？

(D4)张绍刚：来，文颐说一下。

文　颐：我觉得他这个不算毕业证了，因为在法国有很多比如短期的培训，然后我可能看到唯独有一个你在旅游专业，就是学旅游的这个，在2007年的6月份毕业，它算一个Bac5（短学制职业教育）的这么一个级别。

张绍刚：能到本科吗？

文　颐：这样算技术学校专科吧，大专的这一个。因为如果你是的话，法国会是master，他给你的证书里面会有master，而且那上面写得很清楚。你自己读法语的，你自己应该看得很明白、很清楚的。

Frank：另外，那个小伙子，你刚才说的那个专业里面没有……

（求职者晕倒）

（结语）

张绍刚：你是在表演吗？

郭　杰：没有，不好意思，不好意思，我真的是晕倒了。

张绍刚：来各位，现在请我们12位做一下选择，来决定这位求职者是去是留。

**三、语脉推进分析**

找一段你感兴趣的电视节目中的对话，做一个语脉图，按照语脉推进模式进行分析，体会这段语脉推进是否合理，是否有不妥的地方。

## 第三节 即兴口语顺利生成的核心

通过语脉分析,即兴口语的奥秘已逐步展开。在语脉模式图的启发下,我们可以得出这样的结论:只要按照一定规程进行即兴口语的把握,表达者在特定的现场就可以达到即兴口语表达的目的。即兴口语表达者要达到言语的迅速、完整、顺利生成,重要的是抓住推动言语顺利生成的四个核心要素。

### 一、话语限制在一定范围内

任何散点的东西都会使即兴表达陷入无法控制的境地,因此,即兴口语表达者是否有语脉清晰的表达首先依赖话题的范围限制。语脉模式中的 H 符号似乎是一个有点危险的标记,但没有 H,话语可能是无趣的;有了搭配着 A、B、C、D、E 的"有关联插话",话语可能会比较生动,但一个孤独的 H——"无关联插话",可能就会使言语进程出现败笔。《鲁豫有约》采访陈奕迅这期节目中,主持人鲁豫让陈奕迅谈谈他的哥们儿:

《鲁豫有约》之
陈奕迅片段

鲁　豫:哎,说说你生活中几个很重要的人呗,先说你的哥们儿,你知道什么叫哥们儿么?

陈奕迅:哥们儿?

鲁　豫:好朋友,对,说说你的哥们儿呗。

陈奕迅:我的哥们儿。

鲁　豫:谢霆锋。

陈奕迅:谢霆锋,那个药嘛,泄停封。

鲁　豫:哈哈哈,你也知道啊这个,他很生气吧,他是不是很生气?

陈奕迅:没有啊,他,其实你知道,他其实私底下很搞笑的。你看他爸爸的以前的那种我们叫粤语长片,其实是很有幽默感的一个人。你看谢贤,谢贤永远是这样嘛现在(摆姿势)。

鲁　豫:哦,他爸超酷,那个样子。

陈奕迅:对,很酷,而且是很健康。

鲁　豫:挺有型的样子,对,没错。

陈奕迅:但是他以前拍的片,就是你可以看得出,谢霆锋其实有他的那个 DNA 的。其实他,他平常不是那种(摆姿势)……就动作不会很多嘛……我觉得他……心地好啊,我跟他,对呀,很久了,认识很久了,还有梁汉文吧,还有苏永康。

鲁　豫：你们几个在一起谁被别人捉弄得比较厉害的？

陈奕迅：就是整他(谢霆锋)啊。

鲁　豫：对呀，一般都整谁？你们。

陈奕迅：谢霆锋啊，就不用整啊……

这一段对话中，围绕"好朋友"这个话题，陈奕迅连说带比画极尽搞笑，当说到谢霆锋的爸爸谢贤时，不免让人捏了一把汗：带下划线的话语似乎有跑题之嫌，因为谢贤并非陈奕迅的哥们儿。然而陈奕迅在三个话轮之后就转回到了谢霆锋的身上，谈到谢霆锋有他爸爸的DNA，使这些话限定在原来的话题范围内，而不是漫无边际了。许多即兴说出的话语，包括老师讲课过程中的大面积跑题、电视台嘉宾采访中的话语跑题、日常工作中的扯皮言辞等，也大多是由话题漫无边际、语脉散乱造成的。

## 二、牵住线索，把握语脉走向

口语表达者应当在有限的时间内对即兴表达的话题做快速反应，准确地牵住语脉线索，使思维与表达同步进行。现场言语生成应该清醒地把握语脉走向，既要注意不同意义层面的展开，又要注意纵向的语意深入，做到言之有物，有一定的信息密度。

较为成熟的口语表达者，会有自己的表达个性；在单位时间内，话语有较大的信息含量。作为经常使用语言的口语表达者，如教师、主持人、管理者、导游等，牵住语脉线索，把握语脉走向是非常重要的。口语表达的语脉线索应该是一根线串到底，抓着线的开头一松手就能溜到线的末尾，整个内容都应该在一条线上，口语表达不能讲成一个平面摊开、一盘散沙的东西。

## 三、表达实现与语境的同化

当语言表达进入动态语境时，人的思维流畅性、心理稳定性和言语知觉的清醒度都会受到影响。动态语境适应力弱的人，更容易因语境的干扰而语无伦次、言不达意。在动态语境中为了适应这种变化，口语表达者首先应稳定心态，否则很容易出现思维与表达脱节的情况。性格比较急躁的人，如果动态语境适应力弱，就会急于说话，担心一停就忘掉下一句要说什么，因此用一种和思维抢时间的方式说话，这是一种不好的表达状态，既不利于语言的流畅，也不利于良好表达习惯的养成。在比较重要的即兴口语使用场合，我们应当适当放慢语速，尤其在一个语段和另一个语段之间应有明显停顿，以争取一些调整思路的时间。

口语表达的本质是沟通与交流，相对于书面语言和心理语言来说，它更需要与语境的"同化",口语表达者需审时度势,随时予以应变性调整,才能获得顺畅、成功的即兴表达。

### 四、强化言语知觉

具有较强的言语知觉,有助于构建即兴表达的良好语感。"心里有话千万句,就是不知如何告诉你",许多人都有过这种经历,从"想"到"说"有一个转化的过程,"心里有"为"说"提供了必要条件,但口语是靠流动不息的语言链来表达的,这种前后相连的语言链就是语流。如果言语知觉迟钝、内部言语编码不顺、言语表达定式没有形成、动态语境适应力弱,就会在即兴表达时出现前后脱节等语流失畅现象。语流失畅一般有两种情况:

一是语料提取跟不上话语产生的速度。这样就会出现语流断档,表达者为了消减表达断档带来的焦虑,就会使用超限的"附加语"或"口头禅"延宕时间,一边"填补"一边"找话"。这就是即兴口语中出现大量语言垃圾的重要原因。在2021年南京疫情发布会上有这样一段对话:

**记者**:目前定点收治的180多例的病例里面两针疫苗全部接种的情况是什么样子?从我们的专业性角度来讲,是否存在突破性感染的情况?谢谢!

**发言人**:你问的是疫苗接种的问题是吧,啊,疫苗接种这样,最近呢这个正在研究,这个很快呢马上就要做出这个安排,到这个安排定下来之后,一个呢我们是通过发布会或者是通过其他的形式呢再向社会公布。

发言人讲话中出现了较多的冗余字眼,就是比较典型的语流断档现象。

二是语料库中无相应的语料。当人的大脑形成某种命题印象时,个人的语料库中一时又找不到相应的语料,这就需要进行搜索,或搜索而得,或即兴创造出来,也可能搜索和创造均无果,就会产生即兴口语障碍,出现言语缺失,造成表达焦虑。在《中国诗词大会》第四季中有这样一段对话:

**选　手**:欧阳修为颍州西湖写了20多首……那个词牌名叫什么来着?
**主持人**:《采桑子》。
**选　手**:对,《采桑子》。各种不啦不啦西湖好,写了20多首。

这两种情况的根源就是言语知觉迟钝。"言语知觉"是接受触媒刺激后的言语反应。即兴口语表达较差的人有一个共同的特点,就是很难快速地把看到的、听到的客观事物,或脑子里想到的意思顺畅地说出来。从心理语言学角度来说,在这些人的感觉和认知系统中,语声联觉、关系统觉都比别人慢半拍,思维语言编码的速度缓慢,是言语知觉迟钝的表现,严重的就会出现我们平常所说的"脑子空白""言语缺失"。

(一)言语知觉建立即兴表达的语感

如果把我们的大脑看成一台计算机,感觉系统每秒钟平均向它输送约 1 100 万字节的信息,但它的实际处理能力只有 16~50 字节,95% 的时间我们是依靠潜意识而不是认知功能来判断的。如果对每一条输入信息都计算后再做出应对,那么我们的大脑一秒钟之内就会"死机"。口语表达也是如此,如果每一句话都经过周密思考,人就会出现语言障碍。对语言使用的一种灵敏的感觉就是语感,凭语感说话才是即兴口语表达的正常状态。

知觉是我们对作用于感觉器官的客观事物各种属性、各个部分的整体反应。即兴口语表达是一个复杂的思维过程,也是一个综合的实践过程。加强言语知觉训练,对促进即兴思维的发展、提高口语表达能力非常有效。

(二)回映训练强化言语知觉

我们可以通过一些有效的方法来训练言语知觉。

一面镜子可以回映一个物体的形象,如果人的话语也能像镜子回映物体一样,快速地说出所见所闻所想的具体内容,那就是言语回映。当然,这个言语回映只是基本不变形地做出表述。人们大都具备这个能力,但水平各有不同,因为人的感觉器官在受到外界刺激后,瞬间在大脑"屏幕"上出现的只是一些零碎的物象或词语,能否将这些散乱、断续的思维语符迅速地转换为完整、准确的言语表述,就体现出不同人的不同言语表达能力。缺乏回映能力的人,心口误差比较大,容易口不择言。

视觉材料回映训练,是对言语知觉的简便易行的训练方式。

看图讲述是具有一定灵活性的言语训练活动,有很大的想象空间。传统的学校教学活动普遍重写不重说,容易把学生的思维局限在较简单的情节之中。在即兴表达训练中,如果教师缺少适时的引导,训练者可能几个词语、几句话就讲完了,或者走向另一个极端,能说"流利的废话",话语量充足但既无逻辑也无重点。这就需要我们加强专门的训练,给训练者拓展开较大的思维空间。

闪像讲述是视觉形象快速转化为直观性口头语言的强化训练,可以从易到难地进行训练。先通过静态的单幅画面,让练习者作轮廓性回映,然后对其形态、方位、色泽、意境等进行细致描述。接着可以进行动态的闪像讲述训练,这是言语知觉的限时性训练。心理学研究证明,成人在 1/10 秒钟内能注意 4 个不相关联的对象,但这个"潜在注意力"是会退化的,而且只有心绪稳定时才可能开掘出来。要正确回映,训练者还应培养自己注意力的稳定性和注意分配能力。训练者在看到一个现象、一个场面时,要求只看一眼就要说出自己看到了什么、感受到了什么,未来的体育解说员尤其需要做大量此类的训练。

## 感悟与训练

### 一、看图练习

第一,下面有 4 幅图,根据每一幅图编一段故事。

第二,对每一幅图中的现象做一段评论。

图 1

图 2

图 3

同舟共"讥"

图 4

## 二、无标题图片编故事练习

根据下面这两组无标题图片的人物形态,各编一段故事表达出来,内容要有意义。

图 1

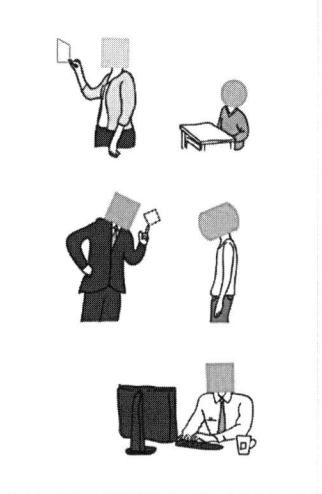

图 2

## 三、故事续讲训练

下面是一些故事的开头,设置了场景,人物也出场了,请接着往下讲,使其成为一个完整的故事。如果是一组人一起做练习,也可以采用接龙的方式,相应地增加难度,比如第一个人讲出一个恐怖故事,第二个人接龙,需要在恐怖故事的基础上继续发展情节,演变成一个温情故事。

**材料一**

夜深了。渔夫的妻子桑娜坐在火炉旁补一张破帆,在挂着白色帐子的床上,两个孩子安静地睡着。屋外寒风呼啸,海上正起着风暴。丈夫清早驾着小船出海,这时候还没有回来。桑娜听着波涛的轰鸣和狂风的怒吼,感到心惊肉跳。

古老的钟嘶哑地敲了十二下。突然……

**材料二**

刘医生搬进了陶居巷18号,安排妥当后他就带着儿子小童挨家拜访邻居们。最东头那家陶居巷4号的门怎么也敲不开,一连几天都是这样,可小童说那家明明有玻璃瓶子碰撞的声音传出来。隔壁的春大娘告诉刘医生,她在这里住了十来年了,对4号住户的情况一无所知,但那里确实有人住。春大娘还关切地嘱咐小童离那家远一点。

一个雨夜,时针指向12点时,刘医生接到病房紧急电话匆忙出门,骑电瓶车的他,透过被雨打湿的头盔面罩,模模糊糊看到最东头那家的门开着,一个人影戴着手套,披着一件老式塑料雨衣,正在吃力地往门外推着三轮车。

**材料三**

苏珊大学生毕业后当过家庭教师、餐厅服务员、医院护工等,她喜欢这些与人打交道的工作。这天,苏珊接到一个特殊的电话,有一份收入颇高的工作,但是地方比较偏僻,是去看护和陪伴眼盲的老妇人奥莱太太,奥莱太太的老伴儿年前刚刚去世,没有儿女。奥莱太太独自一人住在郊外的大房子里。苏珊收拾好行李,经过将近5个小时的七拐八绕,最终停在一所二层小楼前。

从来到奥莱太太家的第一天起,苏珊总觉得在这个寂静的大房子里,有人躲在暗处偷看自己,之前可从来没有过这种感觉。渐渐地,她怀疑房子里还有一个她看不见的人,这使她非常不安,然而这里生活安静,奥莱太太非常和蔼,工作轻松,薪酬又相当丰厚,苏珊还是决定留下来。一个月后的一天夜里,苏珊醒来,突然发现无法感知白天黑夜的奥莱太太房间里竟然亮起了灯……

**材料四**

镇中心小学四年级二班的吴南得了白血病,因他家境贫寒,学校组织了捐款。教导处的李老师负责汇总全校学生的捐款,但在收上来的捐款中,发现了一张百元假币。李老师越想越生气,忽然,他发现来自学生的捐款中只有这一张百元大钞,其他的都是五元、十元的。李老师赶紧查登记表,果然,只有一位叫王小梅的同学捐了一百元。这是怎么回事呢?

**材料五**

因远离市区,常春藤小区的入住率很低,一到夜幕降临,大部分楼层黑漆漆的。偏巧,小C住的这幢楼电梯的顶灯还不好了,隔一秒就闪烁一下,估计快坏了。因公司的一个分部设在这附近,小C每周来住一晚,其余时间都住在市区的房子里。估计这个楼道中还没有别的住家,因而无人发现电梯顶灯的问题。小C虽然发现了,但是白天忙没顾上打报修电话。等她加班回来时,已经晚上11点多,小C走入电梯就发现今天的灯更加昏暗,闪烁得更加频繁。小C心中祈祷着,按下了11层的按钮,电梯上行,然而,灯突然全灭了。

### 四、话题即兴接龙

一组练习者就下面的话题每人讲两分钟,要求后一位接着讲的内容能够承接前言,前后照应,尽量言之成理,且使话题有所拓展。

1. 你的梦里藏了多少秘密

2. AI 生活
3. 苹果的出现改变了世界
4. 共情是人类最高级的情感
5. 快餐时代
6. 忧郁气质
7. 天花板
8. 精神内耗
9. 沉浸式
10. 烟火气

## 第四节　即兴口语的模块连缀技巧

即兴口语表达有现想现说、稍纵即逝的特点，表达者没有时间查找资料，口语表达所需材料只能从记忆的仓库中寻找。表达者要想出口成章，有个现成的储备丰富的语料库很重要，"记忆仓库"备货齐全，即兴表达才可能运用自如。表达者可以预先做一些有效的准备工作来扩充语料库，整理语言格，其中进行语料模块的有意储存和有序摆放是重要的手段之一。

即兴口语是快速组织语言进行即兴表达的过程，也是思维流动的过程。人的内在思维语言有两种初始形态：图形状态和模块状态。运用思维语言模块可以快速地构建表达的结构，我们说话时只要把思维语言模块加以组接，充实适当的内容就能组织起即兴口语。

大部分说话的语料来自我们的日常经验，它们就存储在我们的脑子里。但有时我们要陈述一些专业的经验，描述一些成型的事物，叙述一些长长的流程，这时就需要有意识记。为了某个目的，采取一定的方法，经过必要的意志努力进行识记以取得记忆的结果，叫作有意识记。在对语料模块进行有意识记过程中，我们把这些现实生活中的事件、资料、理论、感悟按照大小重新进行组织，形成各种模块，这就是即兴口语语料模块可用和有效的依据。

### 一、信息模块的特点

(一) 扁平化

即兴表达既怕话说得没要点，又怕时间控制不好，还怕说着说着就无话可说了，但对信息模块进行扁平化和要点化处理就可能避免这些。信息扁平化就是把粗略的信息归拢凝练,按照不同长短的时间要求来表述它,突出它的精髓。

(二)要点化

信息要点化最简单的方法,就是对每个单元冠以主题词或者主题句。把每个信息单元都起个名字,好让走神的听众也能抓住信息要点。这就好比坐火车,为了便于找到在不同位置的亲友,我们可以为每一节车厢写上编号,每一节车厢开过,都报一遍号。信息精炼后压扁,装入车厢,然后编号,这是进行信息模块连缀的重要一环。

如果用"要点清晰"这个标准来衡量我们平时的表述,可能有 90% 不合格。可有可无的絮絮叨叨无重点的语句对即兴口语表达伤害很大,从这个角度来说,提取信息模块的要点,合理有效地使用大小模块,可使我们的即兴口语表达能力有飞跃式的提升。语料库内积攒的一组信息模块可以是像图 2-6 这样存在的。

图 2-6

这组语料模块可以是一组关于水稻专家的事迹,可以是一系列关于城市白领生活压力的调查,还可以是一个关于小学生校车安全的警示例子。一个例子作为模块保存通常有三种形式:浓缩模块、中等模块和大型模块。它们的表达时长分别为 10 秒、30 秒和 60 秒,分别对应着表达中的"浓缩模块""小型模块""完整模块"。这样的模块平时多积攒一些,便于我们在较为正式的即兴口语表达中出口成章。

这是一个 300 多字的完整模块,是对一件事情相对完整的讲述,用自然语言来表达大概需要 60 秒:

假如你是一个山西的考生,在报考志愿的时候特别想报计算机专业,但分数又不够给力,不能报考 985、211,也不能报考四电四邮,你的分数仅仅就够二本线上下,那么位于山西长治的长治学院,你想去吗?

你原本以为这学校就那样了,但是你惊奇地发现,简游科技创始人张佳旭就是长治学院毕业的,就是"羊了个羊"这个爆火游戏的创始人,他毕业于计算机系网络工程 1101 班。就在 2022 年 9 月迎新季中,母校为其制作了长两米、宽一米五的大型展牌,宣传语和设计元素重点突出了此前大火的游戏,引来无数学生围观。据该校学生说,羊了个羊游戏最近十分爆,得知是学长做的,很骄傲,学校这样做能让新生了解到学校的实力。

它鼓励我们只要选择了热爱的专业并为之奋斗，就一定会有逆风翻盘的机会。

换成小型模块，100字左右，用时大约30秒：

2022年最后一个季度最火的游戏是什么？很多人都会说是"羊了个羊"，据说这款游戏一个季度挣了20万。这款爆火游戏的创始人张佳旭毕业于山西长治学院计算机系，在9月的迎新季中，母校为其制作了巨大的展牌，为招生做宣传。

浓缩模块只用10秒就可以把主要意思表达出来，30字左右：

"羊了个羊"游戏火了，创始人张佳旭毕业的山西长治学院也火了。

对信息模块进行扁平化和要点化处理，口语表达者就有可能提前对信息模块进行预制，也有助于控制说话的时间。

## 二、语料模块的分类

即兴口语表达忌讳用语单一和满篇空话，对积攒的材料模块进行有意识的选择和分类存储是提高即兴口语表达水平的捷径。语料模块顾名思义就是用某个语言材料组成的小块语篇。我们平时可注意积累，积攒多了就分门别类地放进自己的语料库。语料模块的重要作用表现在：成语迅速，调用方便，效果显著。根据语料来源的不同，可以分为亲历语料模块和间接语料模块。

(一)亲历语料模块

亲历语料模块是口语表达者总结亲身经历所获得的材料模块，它具有独特而又真实的特点，是有创造性的语言材料。每个人都有自己独特的生活工作经历，将有意思或有意义的经历整理成一个个小模块，有利于即兴表达时语言的及时调用。

(二)间接语料模块

间接语料模块是口语表达者通过总结间接获得的材料而得到的模块，这些材料可能是通过课堂、聊天、广播电视、报刊、书籍、文件、网络等获得的有价值的资料。由于时间和空间的限制，一个人不可能事事处处都亲自体验观察到，这就需要拓宽其语料来源，获取大量的间接材料。这些间接的材料，从某种意义上说更有权威性、艺术性；通过间接方式，口语表达者同样可以获得生动的例子，一些美文、名言甚至还会在口语表达中起画龙点睛的作用。

间接语料来自大千世界，可以归类做成模块以备不时之需。互联网的发展使得人们键入关键词，便可迅速获得关于某一主题的大量材料。

## 三、语料模块的选择

听起来枯燥乏味,或听了半天也不知所云,一个重要原因往往就是口语表达者不会鉴别和选择语料。收集语料和选择使用语料不是一回事,选用语料的基本原则是根据话题的需要,在这个基础上挑选典型、生动、新颖、有针对性、数量长短适当的材料。具体可以有四种选择的方法:

(一)以个人语料代替他人语料

个人经验总是受欢迎的。当亲历语料模块和间接语料模块并存时,亲历语料模块由于具有独特性和创造性,往往会带来更好的表达效果。同一件事,当有人说"我亲眼所见"和"我亲身经历"时,对听众的吸引力会更大些,这就是为什么在一些主题演讲中,某个对个人生活造成强力冲击的单一事件会有超强的宣传和感染效力。体会一下表 2-1 两段讲述的不同:

表 2-1

| 主题 | 他人语料 | 个人语料 |
| --- | --- | --- |
| 回忆战争年代 | 郎春告诉记者,爷爷的老家在上海松江。1942 年,爷爷黄埔军校毕业后分在了陆军第 76 军新编第 24 师 70 团 3 营 9 连,任少尉排长。对于爷爷为何会在动荡的年代,选择走进军校学习,朗春说这是一份保家卫国的深厚情怀……<br>在郎春的记忆深处,爷爷常会描述第一次使用美式武器装备打鬼子的壮烈场面。1945 年 7 月,抗日战争进入全面大反攻的阶段,爷爷所在的 76 军赶到湖北宜昌一带接替 75 军的任务,准备对日作战。部队到达宜昌后,渡过长江进入宜昌与当阳一带设防。当时爷爷举起望远镜一望,只见五六十个鬼子骑兵正气势汹汹奔来,爷爷立即命令战士们沿小路散开,形成一个狭长的伏击地带。待鬼子进入伏击地带后,爷爷所在的连轻重火器一齐开火,机枪、卡宾枪一齐喷射出复仇的子弹,鬼子应声倒下一大片。爷爷说:"在当阳附近打的这场遭遇战,不仅长了部队的志气,灭了鬼子的威风,还赢得了当地百姓的爱戴。"<br>(2015 年 9 月 6 日《萍乡日报》) | 1953 年正月二十二日,当时我们同去参军的有七八个人,我们这些人都没有分在一起,我被分配为铁道兵,跟着部队进前线。中国和朝鲜是以鸭绿江为边界的,我们入境朝鲜时必须先跨过鸭绿江,再过清川江,然后是大同江,经过平壤,最后到临津江,我们一共走过了 4 条大江。<br>记得那时候刚下车,就被美国鬼子飞机上的炮弹轰炸着。我们带的都是步枪,飞机上的炸弹一个接一个地往下扔。旁边的大桥上,十几个桥墩子全被炸平了,炸死了不少我们的战士,一个个的都是血肉模糊的,当时我们没地方躲,死伤惨重,我当时也被炸弹给埋在土里了,我以为我再也回不了家了……<br>(中安在线,黄家胜口述,潘春燕整理) |

(二)以新语料代替俗语料

新颖的语料模块是指对听众来说感到陌生的语料,通常是一些鲜为人知的材料或一般人不说出来的经历。下面是一篇讲述身边先进人物事迹的演讲,对照一下表 2-2 中的两个讲述材料:

表 2-2

| 主题 | 俗语料 | 新语料 |
| --- | --- | --- |
| 我身边的优秀劳动者 | 在春节阖家团圆之际，他舍小家为大家，再一次离开家人和孩子，毅然奔赴最前线支援冬奥保障工作。在冬奥会开幕式外，他一个人度过了32岁的生日。越是万家灯火的团圆时节，越是网络安全防护的关键时刻，不能有半点掉以轻心。他经常奋战到半夜，有时眼睛熬得通红，累得瘫倒在地。长期的高强度工作，饥一顿、饱一顿，让他年纪轻轻就患上了严重的胃病，人们经常能看见他在岗位上疼得直不起腰来，但他不顾医生长期休养的叮嘱，还是一如既往奋战在最前线。对他，我最直观的感受就是"哪里需要他，他就出现在哪里"。 | 你知道三万六千小时，是什么概念吗？<br>今天，我要讲讲一位投入网络技术工作三万六千小时的90后。他，入职6年，年均出差250天。<br>他，是24小时不能关机的重要人物。<br>他，是一天12小时盯着屏幕的高度近视者。<br>他，是主要吃盒饭和外卖的快餐族。<br>他，是有严重胃炎、肠炎的病人。<br>他，是一个有9岁儿子，但从孩子3岁起就没顾上过孩子的父亲。 |

老生常谈的东西没有吸引力，讲述者自己都可能觉得无趣，更不用说感染听众了。语料陌生化程度越高，新颖度就越高。新颖别致的语料能满足听众的好奇心，从而产生强大的吸引力和感染力。

(三)以实语料代替虚语料

语料的以实代虚就是口语表达中要多讲具体细节。一场面对普通大众而非专业人士的演讲，实语料和虚语料的比例应该大于3∶1，因为人的天性就是喜欢形象的而非抽象的东西。善于描绘细节是口语表达者一个重要的讲话技巧，讲到抽象的东西，语言本身就会乏味和打结。当观察到听众表情麻木、反应迟钝时，口语表达者插入一个有趣的故事就会立竿见影。比如，一场劳模事迹汇报，对比下面两段语料，体会一下具体材料即"实语料"的好处：

表 2-3

| 主题 | 虚语料 | 实语料 |
| --- | --- | --- |
| 劳模工作事迹汇报 | 相信很多人都看过电视剧《亮剑》，剧中的主人公李云龙曾说过"无论对手有多么的强大，明知不敌，也要毅然亮出自己的宝剑。即使最后倒在对手的剑下，也要成为一座山、一道岭，虽败犹荣，这就是亮剑精神。"正是凭着这股不怕牺牲、不畏强敌、充满自信、迎难而上的精神，他们在战场上所向披靡，赢得了一个又一个胜利。虽然战火纷飞的战争年代已经过去，但"亮剑"精神当永存并发扬光大，成为推动我们事业不断进步的强大力量。在我周围就有那么一群敢于"亮剑"、敢于直面困难、永不服输、锲而不舍的人，我有幸作为其中的一员，见证这个优秀集体取得的每一个成绩、获得的每一项荣誉、赢得的每一次胜利。 | 在开始演讲之前，我想问大家一个问题：您的手机多久响一次？可能大家的时间有长有短，但估计都不如我的间隔时间短。我的手机平均2分钟响一次，在演讲的15分钟时间里，我的手机会响超过6次。如果您给我打电话显示占线，那再正常不过了。因为我这里的电话，是一条奉献给客户的永不停歇的热线。<br>在我每天工作的8小时内，我平均一天要接60个电话；工作外的8小时，我也几乎每天要处理30多个客户来电。从2000年8月参加工作至今，我在这个岗位上已经工作了15年。15年来，我的电话已经变成了一条永不停歇的热线。它，不仅仅是一部手机，更是我从业多年来经验的总结和见证。 |

从表 2-3 两段语料的对比中可以看出,讲述一段现实生活中的实事,比空发议论和泛泛而谈更加吸引人。

不过,细节是一柄双刃剑,想用得好就要做到切题和适度。如果一段表述中出现太多无关紧要的细节,也容易冲淡主题。所以,我们只能选用那些有助于表达主题的细节,并且注意语言的凝练和得当。

围绕话题重点用细节来渲染故事,可以重现当时的场面,使听众身临其境。如果口语表达者把自己感到惊心动魄的经验转化为语言,使用丰富的词语传达切身的感受,那么就更容易把这件事刻画在听众的心里。

(四)以精语料代替粗语料

口语的语料是放在即兴表达过程中的,因此,我们前期在制作语料模块时就要做好简洁化处理,即把一个模块以简短而高信息含量的方式表现出来。例如,现在网络上请求献爱心救助病人的活动很多,你如何看这些问题?围绕这个话题可以有以下模块:

1. 表现了我们社会互助互爱的优良品德。
2. 讲一件大家踊跃捐款救助得病同学的事情。
3. 有人夸大其词、虚构信息,利用人们的爱心,将筹款当作敛财的活动。
4. 一些网络平台会收取手续费,其本身的公益性质值得怀疑。
……

在这些模块中,有泛泛而谈的,有联系个人实际的,还有独到见解的。当口语表达时间有限时,我们应从这些可行的语料中找寻最"精"的,代替泛泛而谈的"粗"语料,以取得良好的表达效果。

### 四、语料模块的串接套路

单纯要把话语填满,进行即兴口语模块串接有很多方法,可以简单分为纵式分模块串接法和横式分模块串接法。把这些模块大致围绕一定话题意向按照一定的规律组合、展开,就可以形成一段完整的语篇。这些表达意向归纳起来可以做成一个"总模块"。我们按照这个即兴模式做成直观的表格,就可以展开即兴话语表达,见表 2-4:

表 2-4

| 模块名称 | 模块内容 | 模块举例 |
| --- | --- | --- |
| 起句 | 开场白 | 今天我发言的题目是…… |
| 概括 | 对要讲的内容做集中概括 | 这个事情是…… |

续表

| 模块名称 | 模块内容 | 模块举例 |
|---|---|---|
| 判断 | 对现象作分析判断 | 我的观点是…… |
| 分析 | 列举所持观点的理由 | 原因有四个方面,分别是…… |
| 反议 | 如果不这样就会如何 | 假如不是这样,就会出现…… |
| 指示 | 应该从哪几方面去做 | 可以这样来做…… |
| 佐证 | 用事例对观点作实证 | 某某说过……,有这样一件事…… |
| 驳异 | 反驳与之相反的见解 | 有人说……但这是错误的…… |
| 归纳 | 全面总结、回应论题 | 因此,只有……才能…… |
| 预示 | 展现持某主张的前景 | 这样之后,我们也期待着未来有…… |

接下来对纵式分模块串接法和横式分模块串接法进行阐释。

(一)纵式分模块

即兴口语中的纵式分模块,是口语表达者各种思维点的串状连缀。口语表达中将事物发生的顺序按时间排列起来,就会形成一种线性的表达结构模式,这种组接方式就是纵式分模块。

纵式分模块的表达方式以线性的运动方式为主要特征,通常以时间的先后顺序为语言表达的主要衔接形式,适用于在即兴表达中讲述经历或故事。如对某事展开的说明或讲述的顺序可以是这样的:

前—后  左—右  小—大  过去—现在  历史—未来  低级—高级

从纵式分模块的语言导向趋势中可以看出,这种表达模式按照一定的线性动程运行。它通常有固定走向,从低到高,或者从前到后,或者从旧到新。在某个即兴演讲需要填充一段叙述时,纵式分模块非常有用,因为它特别适合对某段现实的描述和解释。

(二)横式分模块

即兴口语中可使用的横式分模块,是口语表达者各种思维点的片状连缀。它将大致相等的事物或观点聚合排列起来,形成一种以逻辑为中心的表达结构模式。

与纵式分模块相比,横式分模块并不是分散的,而是大致围绕一定的话题意向组合起来。横式分模块还可以分成判断模块和论证模块两种小模块形式:

**1.判断模块**

对一种现象进行判断时,可以采用判断模块组接形式。判断模块有如下几步:

- 是什么:摆出所要表达的事物的现象。
- 做判断:对现象进行判断概括。

- 正面说：正面提出自己的观点。
- 反面议：从反面进行论述。
- 为什么：列举理由。
- 怎么办：提出解决建议。
- 做归纳：进行整个话题的总结。

**2. 论证模块**

在对一种观点进行论证时，可以采用论证模块组接形式。论证模块可分为"老三样""三段论""八股文"三大类：

老三样 { 提出问题 / 分析问题 / 解决问题

三段论 { 叙述事实 / 说出感受 / 升华主题

八股文 { 当前现状 / 几种看法 / 阐述论点

### 五、语料模块的评估

语料模块制作完成之后放入语料库备用，备用的材料一旦被提取就进入使用阶段。在模块的使用中，一段话都是围绕一个主题进行的，口语表达者评估自己的一段讲话是否高质量，能否引起听众的兴趣，是否有效，可以从以下几方面来测评：
- 是否有新鲜的告知信息。
- 是否做出了重要指示。
- 是否提出了有效建议。
- 是否提供了强有力的情感支持。
- 是否有引人入胜的细节情节。

一段围绕一定话题展开的成形的口语表达中，可能不会涵盖以上所有方面，但至少要有其中的某一两点，才具备"可听性"。有的话语中有新鲜的未知信息吸引听众；有的话语中提出了重要指示和有效建议，因而值得一听；有的话语虽没有这些，但给听众提供了情感支持,有美好的语言和感人的语句,令人听后仿佛做了一次"精神按摩";还有的是描述了一些有趣的细节,给人带来了欢笑和乐趣……一段讲话中,这五个方面涉及越多,话语的有效性越大,也越有价值。

**感悟与训练**

**一、模块组织练习**

把以下每个材料模块整理好,每个模块分别用10秒、30秒、60秒说出来。

1. 我最难忘的一个经历

2. 与最难相处的一个人的一段故事

3. 与最难忘的一个人的一段故事

4. 我最得意的一件事

5. 我最后悔的一件事

6. 我最骄傲的一件事

7. 我取得过的一次巨大成功

8. 难忘的一个场景

9. 我参加过的一次有意义的活动

10. 我到过的一个地方

11. 我最紧张的一个经历

12. 我吃过的最难忘的一顿饭

13. 我的第一次下厨

14. 我最擅长的

15. 我最不擅长的

**二、模块构思组接成篇训练**

请以常见的表达模块作为句群组合的提示,做即兴成篇练习。

第一,以"纵式分模块"构思做即兴成篇练习。

1. 你是我的骄傲

2. 我的成长历程

3. 特别的爱给特别的你

4. 我想跟爸妈说

5. 让你猜猜我是谁

6. 那一年我十五岁

7. 在那特殊的几天

8. 我和图书馆

9. 去年的我

10. 出路

11. 刚刚过去的这一年

12. 我这三年的学习生活

13. 给我的未来画一个饼

14. 一个不可能实现的梦想

15. 我走过的那个城市

第二，以"横式分模块"构思做即兴成篇练习。

1. 我们的生活中缺少什么

2. 偏见比无知离真理更远

3. 留白天地宽

4. 你为什么不快乐

5. 我们只有一个地球

6. 音乐与生活

7. 假如我有一百万

8. 梦想能带来什么

9. 有一种责任叫活着

10. 如果可以回到唐朝

11. 记忆

12. 碎片化学习

13. 分享一本书

14. 我的做人底线

15. 我对幸福的理解

### 三、体会"魔力短语"并做练习

即兴演讲有三个"魔力短语"，会用这三个短语，语言的即兴组织能力会得到很大提升。这三个有魔力的短语就是：设想一下、就像和例如。合理运用这三个短语，你的言谈就能在第一时间引起听众的注意，并会使听众顺着你的思路来思考。一位美国科学家在演讲时，向公众讲解探测飞船的飞行速度：

它能以每小时17万公里的速度飞往木星。

很多人对这个速度是没有任何概念的，直到他说出下一句话：

这就像在1分半钟里从纽约飞到圣弗朗西斯科一样。

有了这个"就像"，抽象的表述马上就成为一幅形象的画面，可见魔力短语有多大的威力。如果经常用"例如"这个短语,以一种更形象直观的方式来说明你的意图,听者的兴趣也会被调动起来。当然,有魔力的短语不只是这三个,更多的魔力短语需要你从工作生活中去发现。

对照表2-5中的不同表述,体会魔力短语的妙处。在各种类型的即兴表达中找到更多的例子。

表 2-5

| 魔力短语 | 举例 | 普通表述 | 魔力短语表述 | 更多练习 |
| --- | --- | --- | --- | --- |
| 设想一下 | 关于"义务献血"的演讲 | 我省一年约需5 000多万毫升鲜血,按去年无偿献血16.85万人次、每人平均献血200毫升计算,也只有3 370万毫升,大部分需用血者无法得到满足。 | 设想一下,当你的家人遭遇了事故需要马上输血,却发现血库的鲜血不够用了。 | |
| 就像 | 关于"等一个不爱你的人"的描述 | 等一个不爱你的人,是徒劳和无效的。 | 等一个不爱你的人,就像在机场等一条船。 | |
| 例如 | 关于"善意的谎言"的观点 | 善意的谎言是应该存在的,只要它不导向一个负面的地方。 | 例如,一个患绝症的病人,医生通常会和家属联合起来,告诉病人他得的不是什么大病,以免他知道后精神垮掉,更不利于治疗和康复。 | |

## 第五节　即兴口语的话轮转换策略

对话性的即兴口语表达是双方言来语往的过程。在这个过程中,上下话语之间有密切联系的最小单位称为话轮(turn),话轮是人们日常会话的基本结构单位。话语在围绕话题的前提下可以关联和更替,称为话轮转换。娴熟的话轮转换是人们交际能力的重要组成部分,也是即兴口语表达者需要着重训练的一项技能。话轮是20世纪70年代美国社会学家哈维·萨克斯(Harvey Sacks)等提出的概念,用这个术语来表示两个方面的意义:一是指在会话过程中的某一时刻成为说话者的机会;二是指一个人作为讲话者时所说的话。衡量话轮的标准有两个:一是说话者是否连续,即在一个语法语义完成序列的末尾有无沉默。如有沉默,那么说话者的话就不止一个话轮。二是是否发生了说话者和听话者的角色互换。如果发生,就标志着一个话轮的结束和下一个话轮的开始。

对话性表达的一个基本特征是:说话者和听话者的角色不断转换,却很少出现重叠或冷场现象。在自然会话中,人们通常会遵循合作原则,如问题期待答案,建议期待意见,命令期待执行等;也会遵循礼貌原则,如不打断别人说话,一个人不长时间控制话轮,对他人的话语做出反应并进行合作等。

实际对话中常会有一些变异现象,如独占话轮、打断话语和答非所问等。话轮转换揭示的是对话性语言的动态特点,表面上十分轻松的闲聊也蕴含着由话轮转换模式所决定的竞争。如果不是因为特定的语境或权利关系制约,会话参与者并没有理所当然的发言权,发言权的分配以及发言的长短取决于说话人与听话人在话轮转换规则制约下的竞争与协调,而由此产生的话轮分布反映了会话人之间的关系、性格特点以及当时的情绪。话轮转换模式表现了会话行为的潜在规则,下面就探究一下对话中的话轮转换策略。

## 一、话轮分配与更迭原则

2012年10月17日,美国总统大选候选人第二场电视辩论统计结果显示,奥巴马的成绩高于对手罗姆尼。在场媒体表示,罗姆尼在前三个问题上两次与主持人高密度抢话,有失风度。这种"高密度抢话"就是对话轮的争夺。夺取话轮是对的,但以何种技巧和方式来夺取则尤为重要。

对话性话轮转换的基本模式是:A—B—A—B—A—B……

话轮分配即发言权的分配。在一个话轮结束时,说话者对下一个说话轮次有三种不同的控制:一是说话者通过提名选定下一个说话人,同时指定说话人的话语类型;二是说话者不指定下一个说话人但指定其说话类型;三是说话者既不指定下一个说话者,也不指定话语类型,完全由其他人自选。

会话过程中参与者轮流说话的现象称为"话轮更迭"(turning-taking)。话轮更迭遵循以下四个规则:

(一)指定话轮接替者

指定话轮接替者是进行对话性话轮交替的重要方法。如果说话人选定了下一位说话人,当前的说话者必须停止说话,由被选的下一位说话人接着说。在课堂、会议以及电视节目中,这种指定话轮接替者的情况经常发生。在齐鲁电视台《齐鲁开讲》栏目中,双方嘉宾和观众讨论1983年版和2003年版《射雕英雄传》哪一部拍得更好时,有这样的对话:

**主持人**:这里有一位远道而来的朋友,是从淄博来的,再给您一次说话的机会。

**观众一**:作为一个故事来讲,它要有……比如说吧,《射雕英雄传》里面不可避免地就有东邪西毒南帝北丐,现在是东不邪西不毒……所以说在这方面它达不到东邪西毒南帝北丐的效果,在这方面我阐述这一个观点;再就是……

**主持人：**您只能有机会阐述这一观点，因为这边我们也有一位远道而来的朋友，是从惠民过来的，请……（指定接替）

**观众二：**我认为(19)83年版的人物漏洞百出，你像包惜弱，(19)83年版把她刻画成一个地道的农村黄脸婆，金国的王爷完颜洪烈怎么能看上她呢……

**观众三：**理解上的错误。(19)83年版演包惜弱的是李思齐，当时号称无线四大花旦之一，那是一位非常优秀的演员，不是一个农村妇女的形象……再就是我们刚才一直在讲，为什么金庸作品吸引人，就在于有许多优秀的人物，技术手段只是为了烘托这些人物，技术再高明没有突出的人物就没有用。比如说杨康……我们都是金庸迷，请我的这位朋友一起来讲这个问题……（把话筒递给旁边的观众四）（自选接替＋指定接替）

**观众四：**我想说的是对方一直在反驳我们有先入为主什么的……我可以很清楚地说，如果没有(19)83年版，我们一样不会接受(20)03年版的。首先人物造型，江南七侠也叫江南七怪，他们是武林侠士，不是乞丐，……这是人物造型，我想说的太多了……

**主持人：**太多了你就暂停。这位小姐，请。（指定接替）

这一段参与会话的人较多，但话轮转换非常自然和谐，说话人中既有指定接替者的，也有主动出让话轮的，主持人掌控得既恰到好处又不露痕迹。

(二)自选话轮接替者

如果当前的说话人没有选定下一位说话人，那么会话参与者中的任何一位都可以自选，第一位自选者获得了发言权，成为下一个话轮的掌控者。这种情况常出现在日常谈话中，在会议讨论环节也比较多见。例如：

A：我们下面就来讨论一下这个选题方案的可行性吧。
B：那我先说吧。

这里，B就是自选话轮接替者。

(三)原话轮掌控者继续构建新话轮

如果当前的说话人未选择下一位说话人，同时又没有其他人参与，说话人可能会继续讲话，也就是拥有了进一步确定话轮更迭构建的权利。

A：我们下面就来讨论一下这个选题方案的可行性吧。
……
A：当然，如果大家觉得这个方案还有要完善的地方也可以提出来，咱商议一下。

A 的提议没有得到其他人的响应,于是在短暂的沉默之后,A 自己又打破冷场,提出了新的建议。

(四)不重叠、不冷场

在话轮更迭中,所有参与者都会遵从"不重叠、不冷场"的规约。重叠大多发生在话轮过渡的位置上,通常由参与者"争夺"下一个话轮而引起。当重叠发生的时候,一般某一方就会停止发言让出话轮。

打断别人说话或者抢话说都是不礼貌的行为,因此当出现重叠的时候,总有一方主动退出,把话轮出让给对方。白岩松在给清华大学"海外巡回辩论队"选手海选做评委时,遇到了卢姓大一新生,这位新生一上来就向白岩松提了两个问题,并且在两个问题中间还给白岩松提了一个意见:

学　生:第二个问题就是说……

白岩松:啊?你刚才不都问完了吗?

学　生:我就是说两个问题中间加了个意见而已。

白岩松:哦。

学　生:第二个问题就是说,你刚才说你没有直接回答问题,你没有说是快乐还是不快乐,但是我第二个问题是想说你是以怎样的方式来表达自己的快乐的?

白岩松:我没明白你的问题。快乐是感受的,不是表达的。所以我不明白<u>你问我的问题。</u>

学　生:　　　　　　就是说……　　　　　　但是一个人的快乐……

（话语重叠）

<u>是你在以什么样的方式来表达你的快乐,我没说我工作特别快乐啊,我也没说它不快乐啊……</u>

（按:此句话语接上白岩松语)（话语重叠）

白岩松和学生进行话轮抢夺,两次出现话语重叠,两次都以学生的出让话轮为结束。第二次重叠时,白岩松为了确保抢到话轮,在有下划线的话语部分采用了提高音量的方式来把持话轮。这是在话语重叠时以强势逼迫对手退出的方法。

冷场往往是由听话人不接说话人的话题引起的,是个容易让说话人感到尴尬的场面。这种情况经常会出现:冷场突然发生了,接下来就会出现好几个人一起说话导致重叠的现象,这就源自人们对话轮使用"潜规则"的遵从,自觉对冷场进行规避。在冷场发生的时候,可以使用重复策略,通过重复说过的话缓解冷场带来的尴尬:

A:我说,我长假的时候一定要……要去南京。

……

B:对,去南京。这个想法很好。

说话者也可以使用搪塞策略,利用诸如"嗯嗯""是啊""这个"等搪塞语充当冷场时的临时"填充物"。

## 二、夺取话轮的策略

从当前说话人那里抢夺发言权,即夺取话轮。夺取话轮并不意味着不礼貌,话轮更迭本身就是一个夺取和出让的过程。一个善于夺取话轮的人具有对即兴口语较强的控制性。夺取话轮的策略包括:补充加尾、尾部建议、随声附和、礼貌插入语等。

(一)补充加尾

在听话人估计说话人马上要结束谈话的时候,不留间歇地给说话人已经完整的话语加一个恰当的结尾,就可以成功地抢过话轮。例如:

A:我不知道一些现代诗为什么这么难懂……
B:而且这么神经质。

在这段对话中,A 的话语本身已经完整了,而 B 巧妙地给 A 的话语加上了一个完整的结尾"而且这么神经质",以此成功地夺过了话轮。有的时候补充加尾能起到完成、补充或总结语义的作用,借机延续自己的话轮。以主持人朱军在《艺术人生》中对演员赵雅芝的采访为例:

**赵雅芝:**工作方面可能从我爸爸(那里遗传的)。他太认真了,他希望做事情做到最好啊,宁可人负我,我不负人。

**朱　军:**<u>这都是父母给你的影响。</u>那父母对你最大的期望是什么?

主持人朱军在这里接着对嘉宾话语里的一句话进行评价,借机获得了话轮,提出了新的有效问题。

(二)尾部建议

在恰当的时刻,为一个尚未结束但已接近结束的话语加上个提建议性质的结尾,也是趁机夺取话轮的方法。例如:

A:他不过是说了自己的想法而已。
B:别停下来,继续吃继续吃!

这里的"继续吃继续吃",正是通过提建议的方式借机夺取话轮的策略。

(三)随声附和

随声附和表现在话轮中为异口同声。听话人能够预测一句话的结尾部分,从而和说话人同时说出同样的内容来结束一句话,这样就顺理成章地接过下面的话轮。

(四)礼貌插入语

有时说话人没有任何结束谈话的迹象,而听话人又急于插入,或者想说完某些内容后尽早结束谈话,这时就可以寻找安全的插入口。例如在话语可能结束之处,使用一些传达礼貌意义的插入语。例如:

抱歉我插一句……

有时,迫于线性话语的流动性,来不及使用礼貌插入语,出现较为强势的"打断"。在《艺术人生》中嘉宾赵雅芝说话时,主持人朱军就采用了"打断"的方式:

**赵雅芝**:喜欢一个人并不是说特别喜欢他什么,喜欢一个人就可以喜欢他的一切,包括他的优点,包括他的缺点,其实我有很多缺点的,也许他们还没有发觉……

**朱　军**:(打断)你觉得你有什么缺点?

朱军打断赵雅芝正在说的话,是为了捕捉她话语中的一个主要信息点。赵雅芝是很多影迷心中完美的"不老女神",她话语中说到"其实我有很多缺点的"是个重要线索,顺着问下去有可能挖到有价值的信息。如果放过去,可能后面就找不到合适的机会再来问,因此这个打断是恰当的。

当然,打断别人通常是不礼貌的,应尽量等待对方话语的停顿处,变"打断"为更加安全的"插话",这样更符合对话的礼貌原则。

### 三、把持话轮的策略

在说话人不愿意停止,希望继续把持话轮时,通常会使用话轮自我限定标记语。这是说话人用来表示言谈内容长短、信息范围或信息量的一种语用策略,它对说话人的言语范围及表达内容的数量、要点、条目进行明确标示,从而对所持话轮进行一定程度的自我限定。具有类似功能的结构包括"我有三点看法""下面谈两方面的问题"等,它们的出现有助于说话人把持话轮,因为此时听话人一般不会强行插话,除非他的社会地位或身份明显高于说话人。说话人使用具有话轮自我限定功能的语言标记可以防止话语被打断,进而把持话轮。

2008年在凤凰卫视《一虎一席谈》中,对四川汶川大地震中的"范跑跑事件"所引发的"先跑老师应不应该受谴责"这一话题,双方嘉宾各自阐述各自的观点。嘉宾周孝正出场时节目已经接近尾声,时间有些紧张,因而出现嘉宾和主持人的话轮抢夺:

胡一虎:当我们一个人面对……

周孝正:但是对这件事情我的观点是这样的。第一,对于范美忠先生应该是宽容、宽恕的态度,对于范美忠老师是批评,我批评的是范美忠老师,我严厉批评的是范跑跑。这是不一样的。首先他这个行为……第二,《教师法》里有教师的所谓职业道德……这叫师德,要不然你别干这事。

胡一虎:好,谢谢。来,卢悦。

周孝正:不是,我还没说完,还有第三点呢。第三点我为什么要批评这范跑跑呢?因为你发表这个言论,作为一个公众人物,它现在收视率挺高,对吧,那么对于这个东西我要严厉地批判。待会儿再说。

胡一虎:好,谢谢,三点全露了。

因为节目时间所限,胡一虎急着推出新的发言人卢悦,于是在周孝正谈到第二点时试图打断,但周孝正因为还有一点没说完,所以成功地从主持人那里抢回了话轮。周孝正采用的就是打断对方夺回发言权的方式,并继续把持话轮,直到说完第三点。现场嘉宾往往有较多的话要说,需要较长的话轮,在此语境下采用自我限定标记语的方式来把持话轮,也与他专家的身份相契合。在说话人预告了他将传递一定范围或数量的交际信息时,听话人自然不便插话或打断。

打断是一方话没结束就被强行中断或插话,是说话人为取得发言权而抢占话轮的一种互动现象。打断是给对方带来负面影响的一种强势言语行为,实施打断行为的说话人通常应有较高的社会地位或身份。在言语行为上,话轮抢占者或插话者的意图在于实现话轮把持,以便发表意见。

在每个句子结束的时候,说话人都面临被下一个自选说话人夺去话轮的可能。不想让人夺走发言权,说话人就要采取一些语用策略来保住自己的话轮。既不失礼貌又保住话轮的策略包括:避免明显停顿、使用搪塞语、使用未完成标记语和加大话语响度等。

(一)避免明显停顿

为了把持话轮,讲话者应避免给其他人插话的机会,最简单的方式就是自己源源不断地说下去。当然,这种情况下还要保证交际场景中话语量的适宜度。在2012年5月27日的《非诚勿扰》中,就出现了一个爱抢话的男嘉宾"贫嘴哥"黄俊强,他几乎抢走了节目前半截主持人孟非的全部话语:

黄俊强:我有一些画想送给栏目组,这是我的一些字画。希望笑纳。

孟 非:我们先看看啊,您太客气了。

《非诚勿扰》之黄俊强片段

**黄俊强：**我有一些画想送给栏目组的，这是我的一些字画，希望笑纳。

**孟　非：**我们先看看，您太客气了。

**黄俊强：**看一下（递给孟非），拿着啊，拿着。这是（读）"这是一条通往幸福家庭的道路"。是送给我们的栏目组的，因为现在呢，很多很多国外的观众呢，都收看我们的《非诚勿扰》，我希望更多的国外友人，能够认清楚我这句话，所以我写了几种文字：意大利语（说意大利语）。

**孟　非：**听上去像俄语。

**黄俊强：**不是，是意大利语。

**孟　非：**我分不清这个。

**黄俊强：**我刚开始也分不清。这个是阿拉伯语（说阿拉伯语）。

**孟　非：**我不确定这哥们儿是在说相声还是真的。

**黄俊强：**不是不是，我学过。这个是最后英语了，This is the path to a happy home.

**孟　非：**就这句我听懂了。

**黄俊强：**这些我本人的一些字画，希望你能珍藏啊。

**孟　非：**人家都说笑纳，他说希望你珍藏，谢谢，谢谢。

**黄俊强：**不客气不客气。

**孟　非：**我没客气啊，我收着了啊。来，秘书收一下，太客气了，这些话对我们栏目组特别有用。

**黄俊强：**哎，我有一个小小的要求。

**孟　非：**你还有什么，说吧。

**黄俊强：**因为了，请把机器拿开一点，因为我觉得，男嘉宾从……

**孟　非：**我照死你。

**黄俊强：**不是不是，不要做这些，好不好。因为我们是一个很欢快的栏目，不要说"照死"啊这样。我觉得男嘉宾从电梯下来，走到这里，心情不免有一些起伏，有一些激动（孟非：你要怎么样），然后，我拿着这个机器，选心动女生的时候，还放一些沉重的音乐，那个时候，25双单身的眼睛交织在一起，然后还配一个沉重的音乐，咚咚，那么我觉得不是很好。

**孟　非：**你要怎么样？

**黄俊强：**我要我自己配乐。配乐老师，待会儿就不要配那个音乐了，我自己唱就可以啊，也不是这个，也不是刚才那个，刚才那个唱完了。

**孟　非：**这哥们儿难伺候。但是我们是一个服务性节目，就要把每个人，再难伺候的人我们都把你伺候好。

黄俊强:你可以先把机器给我。

孟　非:陛下,你可以选了。

黄俊强:不要不要不要,大家是好朋友啊,我还要找你要签名啊,待会儿。(接过机器)哎,不是,我左手,你拿着。

孟　非:我帮你拿着。

黄俊强:不是,我要唱啊。

孟　非:我怎么才能让你爽呢?

黄俊强:现场,现场,现场请安静一点点。

孟　非:你们也安静一点。

黄俊强:不要紧,我唱首你懂得的。(唱)

孟　非:那个随身听没电了是吧。

黄俊强:(在机器上选女生)这个女生呢,我刚才……(孟非:不不不不不)这个女生……

孟　非:不不不,不聊她。24位女生,大家对……

黄俊强:还有,我刚才那一句话呢,字画那句话的意思在我第三段VCR里面,蕴含着一个很感人肺腑、令人哭泣的故事的,希望……大家之前都坚持了那么久了,也坚持一下,到第三段VCR(孟非:再灭)不是,再做选择。你挖坑啊。

孟　非:我可以往下说了吗?

黄俊强:孟爷爷,您先请。

孟　非:啊,24位女生,对黄俊强印象如何,请考虑。

最后男嘉宾因为"太贫"而被灭灯。他违反了话语交际的基本规则,反客为主,抢话太多,但主持人孟非一直很绅士地让他说话,使得场上氛围一片和谐。只有当黄俊强差点说出心动女生的时候,孟非才慌忙打断,可见主持人话轮把握比较有度。从另一方面来说,黄俊强的"抢话"也极大地活跃了现场气氛,这期节目还普遍被认为是比较成功的一期,"贫嘴哥"黄俊强也多被评论为"可爱""率真"。

(二)使用搪塞语

当前的说话人要避免在句法单位或语法邻界点出现话语停顿,不让其他人有机可乘,可以利用"搪塞语"塞满话语中的停顿空间,用来拖延时间,以达到保持话轮的目的。汉语常见的搪塞语有"嗯……""还有……""那么……"等,英语中有"well""um""you know""let me see""let's see now"等。

(三)使用未完成标记语

在话语中使用"首先……其次……""一方面……另一方面……""第一……第

二……"这样的表示"未完成"的标记语,把持话轮。例如:"对这个问题我有三点看法……""有三个方法我们可以尝试……"这样其他人就不便在中间插话了。

(四)加大话语响度

说话人还可以通过加快说话速度、加大声音响度的办法保住话轮。

在前面白岩松和卢姓学生的第三轮对话中,出现两段话轮的抢夺。学生在白岩松说了"我没明白你的问题"之后试图解释,插入"就是说……"但白岩松丝毫没有出让话轮的意思,而是自顾自地说"快乐是感受的,不是表达的"。这时学生再次希望能够解释,并且这次抢夺话轮的意志更坚定些;白岩松于是采取了加大话语响度的方法来坚守原有的话轮,把正在说的话"你问我的问题,是你在以什么样的方式"加大响度,在话轮重叠的情况下坚持说完了这一句,成功地坚守了话轮,使学生在没有说完一句话的情况下放弃了对话轮的抢夺。可见,加大响度是把持话轮的有效方式,但使用这种方式的通常是对话中权势量较高的一方。

### 四、出让话轮的策略

口语表达者自己这一轮话语结束了,希望能够由别的人把谈话继续进行下去,这就是出让话轮。出让话轮也可以保证谈话顺畅继续,出让话轮通常有三个基本策略:

(一)提名选定

正在说话的人可以通过提名来选定下一个说话人,同时还可以一并指定下一个说话人的话语类型。例如在前面提到的《齐鲁开讲》中:

**观众三**:比如说杨康……我们都是金庸迷,请我的这位朋友一起来讲这个问题……(把话筒递给旁边的观众四)

在这里,"观众三"就是在结束自己的话轮之后,指定了自己的朋友"观众四"作为话轮的接替者,同时也指定了"观众四"的话题是说"杨康"这个人物。

(二)指定话题

指定话题就是说话人限定下一个说话人的话语类型,但不指定下一个说话人。如:

下面谁来概括一下这个问题?

哪位再来介绍一些经验?

说话人提出了一个话题,留待其他人自己做出选择。老师在课堂上的自由提问常常就是以这种方式进行的。还有一种完全自选的方式,就是说话人既不指定说话人,也不指定话题,而是完全由其他人自选,并决定说什么。

(三)话语标记

口语表达者可以通过一个标志着结束的话语标记来表示自己的表达已经完结,希望其他人做好准备,或者暗示别人可以继续发言。如:

以上就是我的观点。
我就说到这里吧。
我的演讲到此结束。
现场情况就是这样,主持人。
好的,谢谢。

英语中也有一些这样的标志语,如:there you go(就这样了)。这是说话者希望结束一段对话时很自然脱口而出的一句话,特别是在完成某项交易的时候,店员会说"there you go"或"that's it",表示交易已经完成,顾客可以离开了。

## 五、操纵相邻对的策略

相邻对是口语表达中话语更迭的特殊形式。一个会话相邻对的第一部分,如"几点了"可能存在一个与之相对应的,与说话人期待一致的会话的第二部分"八点四十"。这就是一个"询问—回答"相邻对,表达话轮出让的是这个相邻对的第一部分。

A:几点了?(第一部分:询问)
B:八点四十。(第二部分:回答)

这种说话人希望得到的相邻对第二部分称为"合意的第二部分"。一个含有"请求"的第一部分通常给说话人带来的期望是第二部分将为"接受",说话人期望得到"接受"的可能性称为"合意的第二部分";并非说话人所期待的第二部分为"不合意的第二部分"。就话语双方来说,在不合意的结果无法避免时,应当想方设法淡化不合意的部分。

(一)淡化"不合意的第二部分"

"不合意的第二部分"对第一个说话人来说可能是一种挫折,那么第二个说话人就应当实施一定的语用策略缓解对第一个说话人的伤害。说话人可以实施以下语用策略淡化"不合意的第二部分":

**1. 应答延迟**

第二个说话人可以采用某种形式的迟缓,或在开始说话前留较长的间隙,加上体态语,或者利用"这个……""嗯……"这样的词语缓解对方的心理压力,给自己的"不合意应对"加一些预告,使对方提前有一个心理准备。

**2. 前置赞赏**

前置赞赏是在对方提出请求时先赞赏,后拒绝。对对方提出的邀请、建议做出谢绝前,先对对方的善意表示赞赏:

A:明天来参加我们的聚餐吧。

B:谢谢,你们准备得肯定很丰盛啊(先赞赏),可是我这几天不太舒服就不去了(后拒绝)。

**3. 象征性同意**

对不能接受的邀请、不能服从的要求先表示象征性同意,然后再表示不能服从。

A:你今天该上交报告了吧?

B:是啊,我也觉得必须交了(先象征性同意),但是我今天没有带U盘(后表示不能服从)。

**4. 前置解释**

对为何不能满足对方期待做详细解释。这种解释放在对方的话语之后,来直接取代拒绝的话:

A:下午去商业街吧?

B:我有课(不能去)。

也有一些跟拒绝无关的表达,在现实生活中比较常见。从相邻对的角度而言,也可以将之称为前置应答,如:

A:你看到冰箱里的面包了吗?

B:吃了(看到了)。

这就是将对方还没有问出的问题提前应答出来,既节省时间又显示出说话人的聪颖和对语句序列的熟悉。

(二)前置序列

为了避免自己的期待受挫造成的心理上的不适,说话人往往先要对实施某一行为的条件存在与否做一下探测,这种为探测条件而进行的对话构成了一种特殊的相邻对,即前置序列。例如,《艺术人生》中朱军对赵雅芝的采访:

朱　军：我们知道你年纪很小的时候的梦想是周游世界。

赵雅芝：是啊。

朱　军：这个梦想让你有了第一份职业，就是空中小姐，是这样吗？

赵雅芝：是的，就是小的时候都要写一个文章，就是我的志愿是什么，我的志愿很小，就是做空姐就好了。

前置序列反映了人们在会话时的一种普遍心理要求，说话人希望从对方那里得到期待的反应，否则这话还不如不说好。朱军想问问赵雅芝关于当年做空姐的事，但先做了一个探测，问她小时候的梦想。当这个发问被确定为安全的时候，再进行接下来的提问时就没有期待受挫的危险了。

常见的前置序列包括前置邀请、前置请求和前置宣告等。说话人实施的这种避免期待受挫的语用策略称为"前置策略"。

**1. 前置邀请**

说话人在正式发出邀请之前所说的试探性话语叫作前置邀请。例如：

A：你这是去哪呀？（前置邀请）

B：我们正要去图书馆，有事吗？

A：原本想找你帮我改篇稿呢，那改天吧。

说话人A要探测B有没有可能接受邀请，所以A首先说了"你这是去哪呀"这一部分；当B说"有事吗"的时候，A知道B有进一步了解自己话语意图的要求，所以说"原本想找你帮我改篇稿呢，那改天吧"这部分，避免了因为贸然邀请而受挫的可能。

**2. 前置请求**

前置请求的第一部分往往就是一个间接的请求，就是先探测一下对方有没有愿望、能力去做自己想要让对方做的事，这就是前置请求。

A：你有草莓酱吗？（前置请求）

B：有啊。

A：那分给我点？（较为直接）

B：好啊！

在第一部分得到了一个期待中的回答之后，说话人便以较为直接的方式再次提出要求。

**3. 前置宣告**

在前置宣告中，说话人先卖关子，探测一下自己将宣告的事情对对方来说是否具有新闻价值。

A:王老师本来说的是今天随堂测验,结果你猜怎么了?(先试探,前置宣告)
B:怎么了?(感兴趣)
A:他想测验来着,结果他的那个装着测验题的U盘打不开了!(宣告新闻)

## 六、话轮控制的副语言特征

除了语言本身之外,口语表达者还可以使用表情、动作、姿态、手势、沉默、语调等副语言特征(如图 2-7)来控制话轮。

副语言特征常用来提示对方何时开始、何时结束。话轮间的停顿对人与人之间的判断能力和会话含义推论有着较大的影响,停顿、沉默的时间越长,越会引起双方的心理变化和猜疑,而态势语则可以为话轮的结束、替换或持续提供有意义的暗示。有时人们运用面部表情或肢体语言来表示一个话题的结束或对话题的反馈,双方可以据此对谈话内容进行调整。

图 2-7

在一些聊天软件中,伴随人们的聊天文字可以配发许多表情包,这些表情包也起到了虚拟聊天环境中"副语言"的作用,用来弥补网上聊天时言语情境不足,可能引发误解或不适的问题。

### 感悟与训练

**一、访谈类节目话轮转换分析**

找一段访谈类节目的视频,记录并分析主持人和嘉宾的话轮转换。

**二、日常对话话轮转换分析**

找一段生活对话录音,根据话轮转换的原则进行分析。

## 第六节 即兴口语的语境化处理

语境是口语表达的使用环境,是理解语言和运用语言的依据。对语境的理解有广义和狭义之说:狭义的是语言的自身环境,指言语片段或者前言后语的连接环境,就是上下文,又称"语流语境";广义的是语言的外部环境,指说话者所依赖的各种因素,可以是话语中的上下文,也可以是话语之外的主客观情境。语言的外部环境包括主观和客观两个方面:主观方面,如口语表达者的年龄、职业、身份、思想、修养、性格、处境、兴趣爱好、文化层次、心理背景等;客观方面,如社会环境、交谈环境和传播环境等,其中社会环境包括政治、经济、文化、时代、历史、民族、风俗背景等,交谈环境包括口语表达的时间、地点、场所、交际对象等,传播环境包括传媒语境、话题语境等。如果是节目主持人的即兴口语,那么传播环境就包括传播媒体要求、栏目语境、节目语境等,如图2-8。

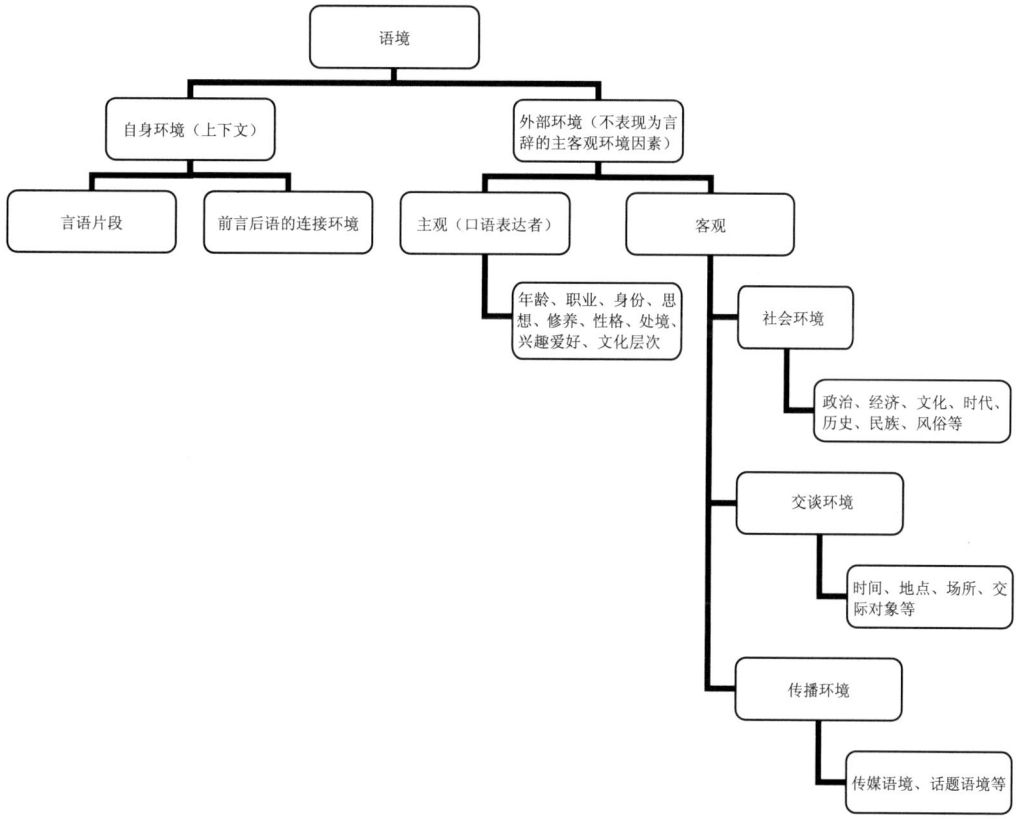

图 2-8

一切即兴口语都有一个语境化的过程。语境化就是对自己所表述的内容和方式作适境适体的处理，在合适的时间、合适的环境中说合适的话语。为了适应语境，即兴口语表达要注意随机应变，这是语境知觉清醒的表现。

任何一个言语行为都由怀有一定交际意图的说话者说出，这是在一定的语境之中，针对能产生一定交际效果的听众而言的。因此，成功的表达，不仅取决于表达者能否用有效的语言形式来组织话语，而且在很大程度上还受现场语境制约。这里的现场语境指的是言语行为发生的具体时空环境，即口语表达者实际存在的语言氛围，包括时间地点、场合境况、目的对象、语体风格、关系情绪、眼神体态等。在语境信息缺失或过量的情况下，语言交际双方可能会出现理解上的不一致，从而导致传播效果的不理想。

语境的分类比较复杂，本节就从宏观语境和微观语境、高语境和低语境、场景语境和伴随语境三组语境分类入手，解读一下即兴口语的语境化处理。

## 一、宏观语境和微观语境

根据语境的大小来划分，可以分为宏观语境和微观语境。宏观语境主要指语言使用的政治、经济、文化等背景知识，又称语言外环境；微观语境则是语言交际的上下文、交际的时间地点等情景和交际双方都知道的信息，也叫语言内环境。

(一)即兴口语表达的宏观语境

即兴口语表达的宏观语境一般是指语言交际内容所牵涉的政治、经济、文化等背景知识，这些因素并不是作为言辞直接出现在言语交谈中的，而是隐含的。以东方卫视一档节目中的一个片段为例：

作为医闹，演技必须过关。演技很重要，因为医闹一般都是以患者家属的身份去医院闹事的，这个角色也没那么好演的。比方说，我有一次看见一家医院门口居然设起了一个灵堂，在医院门口设灵堂，开追悼会，里面的人个个都在痛哭流涕，我当时很惊讶，这灵堂怎么设到医院门口来了?!而且这些人个个都悲痛欲绝，不得了。我想这个人人缘真是好，你看他这一死怎么来了这么多人啊，人缘真好。要是我死了的时候，肯定是没几个人能哭成这个样子的。后来有人告诉我，全都是假的，那些哭得死去活来的人，全部是医闹，他们专业在各个假灵堂里面哭来哭去。当时我很惊讶，这些医闹真是可惜了。他们的哭功真是令人叹为观止——女的个个都像刘雪华，男的个个都是马景涛——当然不能看脸，脸和他们的区别还是很大的。

在这期节目中，主持人主要拿"医闹"调侃，向大家介绍社会上新出现的"医闹"群体。在讲到"医闹"闹事伎俩的时候,主持人调侃他们的演技逼真,直逼刘雪华、马景涛。刘雪华和马景涛是20世纪90年代琼瑶剧捧红的两位明星,他们凭借在剧中精湛的哭功一举成名,成为当时"哭星"的代名词。如果观众不知道刘雪华和马景涛是谁,就不能理解这段话的含义。正是借助了对刘雪华和马景涛的了解,观众才能感受到主持人话语中的讽刺意蕴。再如:

学过中国历史的人都知道,中国有四大发明,这个小朋友也知道。第一是指南针,二造纸术,三印刷术,四单双号限行。别看汽车从轮胎到发动机,没有一个是我们中国发明的,可是单双号限行,中国拥有绝对的专利权。

大家都知道中国的四大发明分别是指南针、造纸术、活字印刷术和火药。主持人为了引出中国"单双号限行"的独创性和特有性,故意将其插入四大发明之中并替换了火药。在这里,只有借助对四大发明这一文化背景的了解,才能体会这段话的幽默所在;也只有借助对四大发明的了解,才能深刻感受到这种对"单双号限行"表现出的无奈。

(二)即兴口语表达的微观语境

即兴口语表达的微观语境一般包括口语表达的前后语境、交际情境等因素,常常直接出现在双方交流中。《超级访问》有一期专访演员张子健,主持人和嘉宾谈到张子健喜欢模仿同学、嘲笑同学的事情:

**徐晓晓**:大学的时候呢,我觉得子健这个人,比较蔫儿坏,经常取笑别人,这个取笑呢,就是模仿力极强。比如把我们班徐琳在我们(北京)电影学院餐厅玻璃前面照镜子模仿得特别像。还有王嫦娥睡觉啊,他都能模仿得出来。

**李　静**:蔫儿坏。

**张子健**:也说不上蔫儿坏,就是你学别人,也不是去编造些什么……我们班那姐们儿可好玩了,现在她还挺幸福的,已经做妈妈了,现在应该在加拿大。她是那种感觉特好的女孩儿,而且她的专业是非常好的。

……

**李　静**:你们都太好玩了。

**张子健**:刚才她(徐晓晓)说我学徐琳。徐琳就是感觉特别好,因为她专业不错,那时候觉得自己长得也漂亮。有一天在我们的排练间,我们在屋里边,我跟一个哥们儿正聊天呢,结果就在她开排练间门的那一瞬间,我们正好没说话,她就进来了。进来之后我们是在那屏风后面,她就认为屋里没有人,看了看没有人就开始照镜子。因为排练间是对着的两个镜子,这边一个大的那边一个大的,(徐琳)站在那镜子前面开始,照完一转身,从这儿就走到那边去了,到那边又照,照完猫步又走回来,回来之后继续在这儿照。照完突然说了一句话:"真绝!"我们俩哈哈大笑,因为她说完"真绝"之后我们俩实在是忍不住了。

**李 静**:后来呢?给她吓着了吧?
**戴 军**:还吓到加拿大去了。

张子健在采访中提到过大学同学徐琳"现在应该在加拿大",后来讲述了徐琳"照镜子"被嘲笑的情形,主持人李静好奇徐琳是不是给吓着了,戴军反应非常迅速,顺着之前"现在应该在加拿大"的信息引出了"还吓到加拿大去了",夸张地表现了徐琳受惊吓之深,引得嘉宾和观众哈哈大笑。其实"吓到加拿大去了"这句话本身并不具备幽默性,但是因为上文中"现在应该在加拿大"这一特殊的微观语境,嘉宾和观众可以很自然地体会到这句话内含的幽默。把握好微观语境,可以获得更好的语言表达效果。

### 二、高语境和低语境

从文化传播的角度看,语境可以分为高语境和低语境。众所周知,不同文化对语言交际的环境有着不同的依赖度。从口语传播的角度来说,日本、中国等东方的"同质社会"多属于高语境传播社会,人们表达的绝大部分信息存在于外部语境中,而不是全存在于编码清晰的言辞里。[①] 西方的"异质社会"多属于低语境传播社会,在低语境即弱交际语境中,绝大多数信息直接呈现在口头语言中,表达时强调开门见山,把所有要沟通的信息都用明白无误的口语传达出去,没有隐藏在字里行间的意义。因此,语言在西方是真正的交际工具,交际环境只起辅助作用;而在东方文化中,语境的重要性超乎寻常,人们必须善于捕捉那些隐含的信息才能顺利达成沟通。

(一)汉语口语属于高语境文化传播中的口语

《新约》中记载"泰初有言,语言与上帝同在,语言就是上帝"。与此相反,在深受儒道思想影响的东方,无言或少言被广为称颂。在同是高语境社会的日本格言中,有63%的格言反映了消极的语言观。西方人强调语言的力量,东方人则更侧重"君子不以言举人",还有"此时无声胜有声""一切尽在不言中""祸从口出""言多必失"等扎根于东方人意识深处。汉民族口语表达紧密贴合语境,并在语境中寻求关联,汉语语法上的不足在语境中能得到很好的补偿,使语言显现出丰富多彩的神奇魅力。

高语境具有很强的补偿功能,话语往往言不由衷,需要纳入当时的环境才可以理解。同样是谈恋爱,西方女子说"我爱你"就是"我爱你"的意思;而中国女孩在恋爱时说"讨厌"可能就是"我爱你"的意思。语境传递的信息有时大大高于语言本身,时事背

---

① HALL,E T. La dimension cachée[M]. Paris:Editions du Seuil,1971:15.

景、人物遭际、感情纠葛全包含在里面。高语境信息传递是在外在环境或个人体验之中进行的,而不是显性的语码;西方的低语境则大多是在显性的语码之中完成的。

(二)汉语口语高语境交际中的隐性含义

西方人习惯开门见山、一语破的,然后再把各种标志一条条补充上;汉语则相反,在口语交际中,中国人习惯于以大观小,语言表述中常常先拐弯抹角,言及其他,然后才逐步过渡到正题。林语堂总结中国人求人办事,就像写八股文,不仅有风格,而且有结构,大致可分为四段:

第一段:先寒暄,评气候。称为"气象学"。

第二段:叙往事,追旧情。称为"历史学"。

第三段:谈时事,发感慨。称为"政治学"。

第四段:轻说起,托小事。称为"经济学"。

与中国人这种有趣的"绕弯"表达方式相比,西方人似乎属于"急性子",谈话往往先从问题的兴趣中心开始:谈论问题通常是最终结论在先,解释原因在后;发出请求一般是具体所求在先,补充说明在后。汉语话语意图具有隐蔽性的特点,越是隐藏得深的意图越可能包含着重大的秘密,言语表达或出于策略,或迫于压力,往往把话语用意掩盖起来。图2-9就是对高低语境中语言表达流程的一个对照:

图 2-9

东西方对口语表达效果的要求截然不同:西方人希望口语表达可以起到立竿见影的效果;而东方人则讲究"曲径通幽",点到为止,强调通过心领神会感悟对方的意图来实现交际目的。美国前国务卿基辛格博士接受采访是要收费的,但中央电视台主持人水均益去采访他时,通过精心设计的两句话说服了基辛格免费接受自己的采访。表2-6就是水均益的语言设计。在主持人的显性语码中我们看不到话语意图,但是经过层层分析就可以看出其中蕴含的话语意图:

表 2-6

| 语言设计 | 话语表现 | 话语含义 | 话语意图 | 话语目的 |
|---|---|---|---|---|
| 第一句 | "我们的节目有10分钟长,是中央电视台最黄金的节目之一,收看我们节目的观众有4亿!" | 我们节目的收视率很高 | 引起对方接受采访的兴趣 | 取消采访收费 |
| 第二句 | "基辛格博士是中国人民的老朋友,很多中国观众都非常希望了解博士的近况。" | 中国观众对你很友好,很关心你的近况 | 打消对方向老朋友收费的念头 | 取消采访收费 |

典型的高语境表述方式是"言此意彼",强调心领神会,不用太多显性语言,注重超语言语码。正因如此,东方口语环境中很多信息是通过眼神来解码的,"眉目传情""眉来眼去"等都是汉语语境中特有的交际副语言。由于身处高语境的社会,中国人的表达中处处可见"见人只说三分话"的口语艺术。

### 三、场景语境和伴随语境

伴随语用活动出现的现场语境又称言伴语境,从它的内外来划分,可以分为场景语境和伴随语境。场景语境是和交际现场直接有联系的语境因素,如时间、地点、场合、境况、话题、事件等。伴随语境是和口语表达者个人特点有联系的因素,如风格、目的、体态、关系等。

高语境中的话语理解,就要将某些言词与场景联系起来,这样才能真正理解话语的言外之意。有时抛开语境单看话语,会让人无法解码,然而,这恰好是高语境营造得成功的地方。以下面两段电影对白为例:

世钧,我们再也回不去了……(电影《半生缘》)

如果,我多一张船票,你会不会跟我一起走?(电影《花样年华》)

如果让欧美人来拍这两段电影,人物对白很可能是天雷碰地火,会有大段的激情与热烈的语言表白,然而在东方人拍的电影中,高语境表达感情和传递信息的方式是隐晦间接的,有时是跳跃性的,恰好成就了这两段让人津津乐道而又回味无穷的对白。从语面上看,似乎与"情"无关,但它们包含了东方人很深很复杂的"情",这种"情"要放到电影的特定场景去把握。换个场景,就会脱离电影对白的意蕴。春运期间一票难求,这两句对白曾被恶搞为春运中的经典对白,这是由汉民族口语的松散性和隐晦性决定的。汉民族历来有着天人合一的非逻辑的曲线思维特质,在语言结构形式上缺乏显性的衔接手段,但通过逻辑推理或直觉判断,其语义是连贯的,口语中很多优美的意义就此生发出来。高语境文化的特征是表达含蓄、用字隐晦,需要他人根据当时讲话的环境以及非言语的线索,比如声调、表情、动作等去揣测话语背后的真正含义。

交流时容易产生种种误解,是因为人们习惯用自己的语言文化模式去分析另一个来自不同语言文化模式的人。相对汉语而言,英语是通过直接的表达和符号传递进行交流的,很多西方人是心有所思口有所言,不受语言环境的影响。语言的意义一般是话语本身就能反映出来的,可称为言内之意;但有时在语境的支持下,话语的意义也包括伴随话语表现出来的一些附加意义,如感情色彩、态度评价的意义等,这就是言外之意。

### 四、口语适应语境的训练

与书面语相比,口语表达,尤其是汉民族的口语表达,对环境的依赖很大,口语表达无法脱离一定的语言环境来进行,因此有必要对即兴口语进行语境的适应性训练。对于即兴口语来说,不同的语言环境,不仅影响着口语表达的内容,还制约着组合语言手段的方式。适应语境的训练就要从适应语言的外部环境入手,选择恰当的语言使用方法。

(一)适应语言的外部环境

即兴口语表达的外部环境包括口语表达的对象、社会环境、交谈环境、传播环境等。

语言适应对象就是尽可能多地了解谈话对象,清楚自己所处的位置,摆正与交谈对象的关系。语言适应社会环境,就是了解谈话所处的政治、经济、文化、时代、历史、民族、风俗背景等,准确把握内容,分寸得当。语言适应交谈环境就是选择谈话角度和方式以取得最佳的谈话效果。语言适应传播环境,就是明确口语传播的外部要求,如果是在广播电视节目中,就要明确栏目风格、特色;如果是在直播带货活动中,就要了解观看者的年龄、性别、大致收入等构成因素;如果是在课堂、会议中,要明确这个场景的具体要求,这样才可能在服从外部共性要求的基础上,充分显现出说话者语言的个性魅力。

(二)语境中注意的训练

注意是人们心理活动的指向和集中,是对客观事物的一种定向反射。有了它,说话者才能清晰地感受周围环境的刺激,并做出适当的反应。即兴口语表达的现想现说、语音稍纵即逝、语言环境复杂多变、交流对象具体可感等特点,决定了口语表达者的思维过程必须敏捷、集中、清晰、灵活。没有注意做前提条件,这一过程就无法完成。对注意进行训练,能使口语表达者在丰富多变的语境中不偏离重点,保持稳定的语言表达状态。

**1. 注意的稳定性训练**

注意的稳定性或称注意的持久性，是口语表达者对所选择事物专注的程度和持续的时间。如果以即兴口语为职业的人，如教师、导游、新闻发言人、主持人等，不能排除来自主观或客观方面的干扰，不能长时间集中于一定的对象，就会出现口语表达中的"分心"现象。通过观察训练、听辨训练和在各种复杂的环境中进行的抗干扰训练，来加强注意的稳定性，有助于口语表达者把注意力集中到听和说的内容上，从而进入一种全身心投入的良好表达状态。

**2. 注意的范围训练**

口语表达者在同一时间内能感知到的对象的数量，叫作注意的范围。注意的范围大，在同一时间接受的信息量就大，听知的辨别力、选择力、组合力就强。一些职业对即兴表达要求比较高，要同各种各样的人打交道，要能适应各种场面、各种环境，如果遇到复杂情况手忙脚乱、顾此失彼，口语表达也容易呈现混乱无序的状态。

人们越熟悉的东西，注意的范围就越大。因此，我们在日常生活中增强表达的抗压训练，加强复杂环境中的模拟训练，积累丰富的表达经验，才能不断加强对现场的驾驭能力。

**3. 注意的分配训练**

注意的分配是指在同一时间内把注意力分配到两种或几种不同的动作上。善于分配注意，对即兴口语表达是十分重要的。以采访为例，好的采访者都要做到一边输出，一边输入，边听边记、边分析边判断、边归纳边发掘新话题、选择提问角度等，"一心"不能"二用"的人很难胜任这项工作。

注意分配的主要条件是熟练。因此，要熟练掌握口语表达各个环节的特征、要领，自如地使用听说技能，合理、充分地分配注意力。

在第六章即兴口语全息训练中，设有专门的听辨练习，以助于提高注意力。

## 感悟与训练

**一、触媒连缀物件训练**

将下面每组中的三个词串起来讲一个故事，可以打乱顺序，但每个故事中必须出现这三个词。要求符合当下的环境和形势，最好结合最近的新闻和社会动向进行连缀。

1. 共享经济　自行车　婚礼
2. 高铁　烧烤　广西

3. 音乐节　月饼　英国
4. 志愿者　蓝天　白纸
5. 拼车　旅游　青海省
6. 黄鼠狼　金字塔　天空
7. 雾霾　直播　导航软件
8. 尬舞　画质　发烧
9. 平台　音乐　人民币
10. 大熊猫　飞机　父亲

## 二、续讲成篇训练

下面是几段即兴讲述的开头,虽然只起了个头,但话题已经提出,请接着往下讲,使其成为完整的语篇。

**材料一**

2017年5月,来自"一带一路"沿线的20国青年评选出了中国的"新四大发明":高铁、支付宝、共享单车和网购。如今,如火如荼的共享经济引人注目。一边是共享经济引发各路资本竞相追逐,不断有追赶"风口"的企业加入,另一边则因相伴而生的社会管理问题引发争议……

**材料二**

一老板酒后心情非常好,吹着口哨,开着心爱的奔驰600上了路。路边,停着一辆农用小拖拉机,还有人向他招手,他便停下车来。原来是拖拉机坏了想找人帮忙拖走。老板今天心情很好便答应了。

两人约好,如果拖拉机打右转向灯是请继续开。如果拖拉机打左转向灯是请停车。老板开车上路了,当然开得很慢喽。突然,一辆宝马车以极快的速度超过了老板,老板一看非常生气,怒骂道:"还没人敢超我的奔驰600!"

老板一踩油门追了上去,酒劲加怒气早忘了后面的拖拉机。

**材料三**

这一天,特殊教育学校招收了第一批智力落后的学生,陈伟被指派担任一年级的班主任。9年来,他一直担任班主任,成为学生们眼中的"班爸爸",陪伴他们康复成长。对于这些特殊学生,陈伟不仅要教他们文明礼仪,还要帮他们学会生活自理。在陈伟的班上,事无巨细,所有与学生相关的事,他都事必躬亲。

有一天,陈伟发现班上一名同学的数学成绩异常得好。

### 三、演讲接龙

一组练习者就下面的话题每人讲两分钟,要求每位接龙者讲的内容能够承接、照应前言,尽量言之成理,使话题有所拓展。

1. 人约黄昏后
2. 高手在民间
3. 成熟的标志
4. 黄金分割带来的启示
5. 童年时那些未实现的梦
6. 如果能重新度过这三年
7. 有的时候我不能理解自己
8. 人为什么会拖延
9. 如果我可以选择自己的出生地
10. 为什么有的人特别爱宠物

# 第三章　即兴口语与思维训练

即兴口语内部言语运动的实质是快速思维。思维和语言之间有着不可分割的联系，思维是语言的内容，语言是思维的表现形式。思维的过程是即兴口语的内容在内心浮现、组合的过程，也是即兴表达的思路形成和保持的过程。思维随兴而发带有"外射性"，它作为内心的依据，会带动外部有声语言的抒发和表达。即兴口语中语流的松紧疏密、高低起伏的变化，源于人们说话时的心理活动，是思维的需要和感情的流露。只有语言的表达与思维的流程相吻合，才符合即兴口语的要求。

## 第一节　思维与语言编码

即兴表达的构成是一个快速地将内部言语转化为外部言语的过程，需要在瞬间做到两点：思维迅速和表达顺畅。因此，即兴表达快速形成的实质就是快速思维的构成。语言与思维构成了密不可分的依存关系，但同时又产生了互为促进与制约的关系。思维品质的提高有助于即兴语言能力的发展。

### 一、思维的语言编码流程

人脑如何产生意念？又如何把思维变为词语？再如何把词语通过发音器官按一定的组织形式说出来？这是个复杂的心理、生理过程。一般认为，言语的发生，在意念形成之后有"编制程序"和"执行程序"两方面，但不是此先彼后，而是一边编订程序，一边执行程序。从语言和思维的关系看，美国人类语言学家沃尔夫认为，语言是"思想的塑造者"，它决定人们的思维，甚至决定人们对世界的看法。苏联的维戈茨基和瑞士的皮亚杰则认为，思维先于语言，儿童认知能力的发展对言语的发展有制约作用。近来的实验表明，人们的感知能力、认知结构等对口语表达都有制约作用。

即兴表达的内在能力表现在快速思维,即快速组织内部言语上。即兴表达是即时发生的,但其内在思维过程却很复杂,如表3-1。

表 3-1

| 步骤 | 内部环节 | 表现 |
| --- | --- | --- |
| 第一步 | 感性阶段 | 凭借感官获得信息,信息刺激大脑,引起思维 |
| 第二步 | 语义初成 | 通过思维,判明情势,捕捉话机,产生说话的动机 |
| 第三步 | 动机扩展 | 随着动机扩展,产生语点 |
| 第四步 | 话语网络初显 | 调动储备的经验和知识,形成说话的基本路线网络 |
| 第五步 | 编码语序出现 | 编码形成系统的语序 |
| 第六步 | 发语阶段 | 话语表达 |

由此看出,表达者在进行即兴口语表达时,思维比说话更活跃。从即兴表达的现象来看,思维和说话似乎是同时进行的,但实际上思维比说话要快和复杂得多。科学实验表明,思维的速度要比说话快5倍以上。正因如此,即兴表达者常常是讲一句想几句,甚至想一个语段。在即兴表达过程中,思维不仅要源源不断地提供一字一字、一句一句、一层一层、一段一段的完整编码,而且还肩负着两类反馈信息处理的任务:一是监听自己的有声语言和监视自己的无声语言,随时给予调整;二是听众做出的各种反应也会随时反馈回来,口语表达者的思维同样要对这些反应做出相应的调整。总之,思维贯穿即兴表达的全过程,它是迅速开始、连绵不断地展开的;口语表达结束,与表达相关的思维才告一段落。如果是一段有准备的口语表达,如命题演讲、有稿报告或论辩赛中的一辩陈词等一系列思维活动,是在进行言语活动之前就基本完成的,其即兴口语的思维主要是对现场反馈进行及时的处理;而对大多数无准备的口语表达来说,即兴口语表达的难度之一就是思维负荷,也就是说,即兴口语表达难就难在快速思维反应上。

培养即兴口语表达的构思能力,先要了解它由哪些环节组成。这些环节可用四个动词来概括,就是"触发""捕捉""展说"和"依存"。

(一)触发

思维能否快速引发、快速展开,对口语表达者能否即兴组织语言有重要意义。要想让思维快速运动,思维的触发非常重要。有两种形式是容易触发思维运动的:

一是思维的情景触发。周围情景对人的触发可以激发思维的兴奋点,当人处于兴奋状态时,思维最活跃。有的人在大庭广众之下说话"断片儿"时有可能会东张西望,这就是在潜意识中搜寻某个激发话语灵感的情景。因此,表达者勤于观察,善于发现,尽快地进入兴奋状态,是即兴表达的重要环节。

二是思维的自我引发。自我引发是由于某种刺激产生兴奋而引发的思维,思维能迅速沿着一定的方向有规则地延伸开去,这就是常说的"脑子转得快"。即兴口语表达者如果不能迅速找到这种刺激,就会缺少"话引子",有可能影响表达的顺畅。

兴奋是刺激的结果,但并非所有的触发都可以引发良性的刺激。比如,喝酒就可以产生刺激,也能产生兴奋,但这种思维缺乏明确的指向,容易引发胡言乱语,不是良性的情景触发和刺激。

(二)捕捉

"捕捉"指的是捕捉思维中的信息点。思维被触发之后就会非常活跃,这时善于捕捉信息点就成了重要的下一步。如果仅有活跃的思维而不擅长捕捉其中的信息点,就会成为一个"茶壶里煮饺子",肚子里有东西但不能用语言表达出来的人。即兴产生的语言动机是口语表达的基础和前提条件。思维混乱的人不能在短时间里捕捉到有价值的语言信息点,也不可能将这些信息点有效地分析、归纳、综合、生发,无法迅速又有条理地组织内部言语,因而也就不能形成理想的即兴口语。

(三)展说

通过快速思维打造的即兴口语框架,只是以片段的、朦胧的、轮廓式和大意式的内部言语形式存储在大脑里。要把这些内部言语转化成连贯有序、清晰生动的外部言语,还须具备一种"展说"能力,即把头脑中那种朦胧的大意或信息点进行扩展,使之成为一段有内容、有秩序、连贯流畅的即兴口语。这个过程中口语表达者要充分发挥择词组句能力及语言协调能力。"展说"可以分为两步:

第一步是确立"意核"。把结构框架中的几个层次浓缩成几个"意核",用几个词或词组的形式巩固起来,记在心里。如"网络"这个话题,可以组织出几个"意核":网络流行语、微博、线上课堂、便捷订票、直播带货等。有了这几个"意核",也就有了表达层层展开的生发点。

第二步是扩展"意核"。先从第一个"意核"开始,围绕着它或举例或联想,将它扩展成一个句群或者一个段落;再进入第二个"意核",也把它按照同样的方式予以扩展。依次扩展下去,即兴表达就水到渠成了。

(四)依存

在某一个语段或语篇的即兴表达中,想避免语流失畅,就要把握话语的中心语意,确立话语讲述的定向意识、依存意识和侧重意识。

不擅长即兴口语表达的人,说话时语句表意往往不明晰,上下句之间的关系含糊,经常形成语流的断档。为了使语流连贯,应经常进行"句句依存"训练,这是将思维和语言融合起来的有效方式。口语表达中句与句之间的依存关系,一般有解说式依存、添加式依存、对比式依存、举例式依存、点睛式依存、连锁式依存、因果式依存、归纳式依存和省略式依存等。

依存类别的划分,可以从语法、逻辑、修辞、表达意念及语言环境等多方面进行,划分的标准可以模糊一些。在即兴口语中,由于语言的粗略性,省略式依存特别多,这是口语表达中的脱落现象,并不是句与句之间没有依存。要注意结合语境对句句依存关系加以判定。

## 二、良好的口语思维要求

要拥有良好的即兴口语思维,可以从提升思维的广度、深度和速度三方面来努力:

### (一)即兴口语思维的广度

拓开思维的广度,可以使口语表达者更善于全面地看问题。假设将某个话题置于一个立体空间之内,我们可以围绕着它展开多角度、多途径、多层次和全方位的表达,因此,有人称之为"立体思维"。

思维的广度在口语中表现为语言表达的思路开阔:既能综观问题的整体,又能兼顾问题的细节;既能抓住问题的本身,又能兼顾有关的其他问题。2022年7月,原新东方英语教师,现东方甄选直播间主播董宇辉在推销玉米时,董宇辉式的"文化卖货"把网友们说哭了:

吃到东方甄选所选的这款玉米,我相信你会如我一样回忆起童年,回忆起那些无忧无虑、背着书包回到家里头,没有那么多的作业要写,也没有那么多人情绪要照顾,没有那么多的烦心事要处理,也没有那么多的痛苦要焦虑。

你玩了一整晚回来,妈妈看你玩得太累了,锅里煮出了自己家地里摘的玉米,香气扑鼻。你用筷子戳着拿在手上边啃边跑,你跑的时候背后的阳光很温暖,洋洋洒洒落在地上,它在你面前投下了跟你一样大小的影子。你边跑边追,嘴里头那口玉米淡淡的回甘味,扑鼻的香,好多年后你到现在都记得。

那个时候,人间的事情你还没有经历,所以如果我们说要找到美食的话,美食的背后一定是情感的链接。好多年后你回忆起来,其实那个玉米的味道记不太清楚了,尝着好像很香,但你清楚记得的是:那些仲夏的夜里头繁星点缀,树叶沙沙作响,微风吹过。你年轻,那时候你头也不疼,颈椎也不疼,也不会失眠的夜里头辗转反侧,也不会在睡醒的早晨感觉头昏脑涨。那时候你爸妈身体还很健康,他们年轻,平安喜乐,爷爷奶奶也陪在你身边。

你其实不是想玉米,你是想当年的自己啊……

从妈妈煮出的一个玉米,延续出阳光—影子—仲夏夜—繁星—树叶—微风—颈椎—年轻的爸妈—还陪在你身边的爷爷奶奶—当年的自己。

这个思维不仅跳跃、开阔,而且独辟蹊径,将童年吃过的一个玉米,通过一个个零散的意象,将整个童年和整个人生联系在了一起。怪不得大家说,在董宇辉的直播间,受众买的不是玉米,而是被感动的情怀。

(二)即兴口语思维的深度

思维的深度是口语表达者在围绕一件事情展开表达时,能深入到客观事物的内部,抓住问题的核心,即事物的本质部分,进行由远到近、由表及里、层层递进、步步深入的思考。2020年2月2日,中央广播电视总台主持人大赛新闻类总决赛第二轮比赛"看图即兴论述"中,选手先要根据屏幕上的图片内容进行一分钟论述,一分钟后这张图片会进行缩放,随之有更多的信息出现在屏幕上,选手要根据图片出现的全新信息继续进行一分半钟的论述。选手邹韵抽到的题目是:前一分钟图片是病人通过众筹平台接受帮助,图片缩放后显示出病人在接受众筹的同时开着豪车买着多套房子。邹韵这样展开论述:

(前一分钟)大家好,今天我们要讲的是一个关于善的故事,又或者不仅仅是一个关于善的故事。科技是国家强盛之基,创新是民族进步之魂,而在近些年科技创新不光给我们的物质生活带来了很多的变化,也让我们很多的行为发生了转变,其中有一个就是让我们的善举变得更加地电子化、便捷化,原因是有一个平台的兴起,那就是众筹平台。像我们图片里看到的这位老人,他穿着病号服躺在病床上,看来是需要一些帮助,需要钱来治病,所以呢他就在众筹平台的这一端,去提出了他的需求,而在那一端,有很多人都伸出了援手,向他提供资金的帮助,或者一些其他的帮助,也就是有钱出钱,有力出力,希望能够帮他渡过这个难关,但是真实的情况是怎么样的呢,我们来看下一副图。

(图片缩放,后一分半钟)看来这位老人病得还没有那么重,至少他足够清醒,就是一边跟别人要着钱,一边却在用别人的钱买房子,而并没有来治病。

在我看来这是一种很可悲的现象,因为他花的不仅仅是别人的血汗钱、给他的治病钱,更重要的是他其实消耗了人性当中那种最美好的东西。就像我刚刚说的,科技创新让我们这个时代发生了很多变化,因此我想对这个众筹平台的两端的那些人,也就是不管是求助者还是那些给予帮助的人说三个字,那就是"请三思"。在这样的一个时代,当你想要去提供一些帮助,你的善举是值得被肯定的,但是有的时候眼见不一定为实,有的时候照片并不一定反映真实的情况,因此当想要提供一些帮助的时候,请一定要了解更多的信息。而在平台的那一端,当你真正需要帮助的时候你再去求救,而不要去滥用别人对你的温暖、别人的爱心、别人对你的关怀。我们的世界都希望明天可以比今天更美好一点点,而其中美好的一个很重要的填充部分是善,这不是一个人的善,不是一群人的善,而是每一个人的善。毕竟一花独放不是春,百花齐放才能春满园。

这段评述深浅相融,能透过现象看本质,将图片上的现象往更深处延伸,体现了思维的深度和语言表达现场效果的良好结合。随后董卿的点评,在邹韵论述的基础上又推进了一步,提出了"新闻人"面临的新问题:

应该说前一分钟和后一分半钟,邹韵几乎做到了无缝对接,完成得非常好。我觉得今天这一轮的新闻类主持人的考核的题目出得实在是太好了,其实不仅仅是慈善、募捐在面对互联网的时候可能会出现很多难以辨别的真相,媒体人又何尝不是这样?我们今天的新闻人在面对的同样是纷繁复杂的社会现象,特别是媒介的迅猛发展,它甚至对新闻的生产和社会的运行都产生了巨大的影响,如何我们要始终能够透过现象看本质,保持自己的思考力、辨别力和定力是非常重要的,我觉得这可能是出题的意义所在,我觉得邹韵今天完成得非常好。[①]

这里,论述人和点评者就是以这种在原始材料上把条件进行平行相加的思维方式,将问题一步步引向深入。

(三)即兴口语思维的速度

思维的速度是口语表达者思维活动的反应速度和熟练程度,表现为思考问题时的快速灵活,善于迅速和准确地做出决定、提炼中心、捕捉要点、顺畅表达等。即兴口语思维的根本特点就是它的迅捷性和暂时性。迅捷性指即兴表达中的思维往往是即时、即景突然发生的,要从总体上迅速把握语境,并支配表达者完整地表述思想。暂时性指思维是暂时的、转瞬即逝的,要在短时间内叙述过程,表达思想。表达要简洁明快,尽可能地舍弃细枝末节。作为即兴口语的听众,思维也具有即时性的特点,即暂留性和一过性。

不少人在即兴口语表达时,担心思维不畅而套用现成表达模式。这虽然有效,但会出现思维狭窄、扣题不紧、表达不够生动的问题。要想从根本上提高即兴口语表达

---

① 中央广播电视总台 2019 主持人大赛[EB/OL].(2020-02-03)[2023-06-16]. https://www.bilibili.com/bangumi/play/ep312239? vd_source=7aace50698c6bdd7903f17c7f99c9356.

的水平,提高思维的速度非常重要。

### 三、思维映像转化为线性语脉

口头语言的运行脉络,即语言的条理线索,是一种线性展开的脉络,是由若干个支脉结合而成的一个整体。相同的表达者在不同语境中有着不同的语脉呈现方式。有经验的说话者会在即兴讲话时运用自己习惯使用的套路。如"三打白骨精"就是使用套路的典型例子,用套路将自己的内部言语按照符合人们认知规律的逻辑方式表达出来。

对汉民族来说,形象化汉字的使用本来就会强化图形状态,大部分人的思维映像是平面化的,具象思维已经成为习惯,而英语之类的字母语言则不是。写英语时只能从左到右,但写汉字时可以横着写,竖着写,从左到右写,从右到左写,笔画不按顺序写……不添加任何提示直接把一篇文字拿给你,你自己看一下就可以知道该从哪个地方读起,而英语做不到。因此,具象思维是汉民族文化的一部分。"如果一个特定的问题可以转化为一个图形,那么思维就整体把握了问题,并且能创造性地思索问题的解决办法。"美国科学家斯蒂恩的这句话正被越来越多的人实践,并一次次证明了图形思维在职场沟通中的优势。

具象思维已成习惯的人,思维语言始终处于图形状态,这就意味着他们很难迅速将"思维映像"转换为"命题映像",这样即使心里有话也找不到头绪说,即空间思维难以顺利地转化为一维性的语言现实。我们都有体会,形象、具体、直观的事物要比抽象的语言更容易被记住。美国图论学者哈里有句话"千言万语不及一张图",说的就是这个道理;俗话说的"百闻不如一见"也是这个意思。大脑分为两个半球:左脑用语言来处理讯息,把看到、听到、触到、嗅到及品尝到的讯息转换成语言来传达,相当费时;而右脑具有自主性,能够把创意图像化。因此,思维处于图形状态时,对即兴成篇是不利的,这就需要尽快地将图形思维转变为话语模块进行线性表达。对整个视觉景象的描述,就转变为像放电影一样,一帧接一帧地呈现场景,也就是将三维立体空间的视觉景象,转换为一维时间轴上展开的一个个活动时间序列。在论述某种观点时,一个接一个的论证步骤与此类似。

可以这样理解,说话时能够在脑子里一次性形成语言模块的人,即兴表达能力较强;说话时需要从图形模块转换为语言模块,然后再说出口的人,即兴表达能力就差些。因此,有意识地储存一些语言模块,会有利于提高语流的顺畅度。语脉的运行方式是跌宕起伏的,是呈一维线性流动的,因而相对于平面铺陈的手法来说有一定的难度,但掌握了这种语言的聚合习惯就可以从中找到规律。

**感悟与训练**

一、预测训练

10人一组,每人预测一下未来10年可能发生哪些重大的社会变化,并讲出这种变化的依据是什么。每人用3分钟的时间表述出来。最后,每组推选两人汇报本组的预测情况,一人汇报未来有哪些变化,一人汇报这些变化的依据是什么。

二、大喊练习

大声地说,清晰地说,会使声波刺激说者和听者双方的大脑,从而引发强烈的联想,否则,你的声音将会被其他的声音所淹没。这个原理说明,进行即兴口语训练时,一定要大声说出所要表达的,这样就可以用你所发送的强烈信号刺激你的大脑。

三、实词快速思维与拓展思维练习

意义实在,有独立词汇意义的词就是实词。围绕一件实物打开思维做即兴演讲,要求有感性描述、感性联想和理性升华三部分。

1. 一把钥匙
2. 一辆比汽车还贵的自行车
3. 一只烤鸡翅
4. 一条无人的校园小路
5. 一个U盘
6. 一把仿真枪
7. 一杯咖啡
8. 一把吉他
9. 一张高铁车票
10. 一只流浪猫

四、概念快速思维与拓展思维练习

围绕一个概念做即兴演讲,要求有简述定义、感性联想和理性升华三部分。

1. 极限运动
2. 啃老族
3. 网友奔现
4. 碰瓷
5. 精神内耗
6. 名人
7. 躺平
8. 视觉攻击

9. 乐活族

10. 剩女

11. 丁克族

12. 套路

13. 照骗

### 五、实词联想训练

下面每组的两个词似乎是风马牛不相及的。请在中间逐个填上跟前词有明显联系的词,最终使得两头的词有关联,并说明其中每两词之间采用的联想类型。

例如:"李白—火星"这两个词之间的距离是非常大的,可以通过在两者之间加词的方式来使它们逐步产生关联。

"李白—静夜思—月亮—火星"这样就有了联系。还可以这样加词:"李白—诗人—文体—火星文—火星"。

这个方法你掌握了吗?试试吧:

1. 南极—口香糖

2. 公鸡—摩托车

3. 眼镜蛇—扫描仪

4. 蝴蝶结—重型货车

5. 交警—山楂片

6. 木雕—假发

7. 鼠标—无花果

8. 网络—佛教

9. 手机—叶绿素

10. 家猫—登月火箭

### 六、材料拓展演讲训练

下面给出了一些生活材料,请以此为出发点,围绕一个主题,即兴阐述自己的观点。

**材料一**

据说,赌城拉斯维加斯的秘密是绝对不能有镜子。赌场最重要的是营造幻觉。去赌场,赌客是要找那种詹姆斯·邦德的感觉。赌场老板最不愿意的就是赌客在镜子里看到自己平庸的形象。眼前出现大腹便便、满脸青春痘的尊容,发财的幻觉立马会破灭,也就不会再继续赌下去了。

### 材料二

1983年,乔布斯从百事可乐挖来斯卡利。为说服斯卡利加盟苹果,乔布斯当时说出了他的名言之一:"你究竟是想一辈子卖糖水呢,还是想抓住改变整个世界的机会?"

### 材料三

两只饿狼发现了一片草地,甲狼大喜。乙狼不解:"你又不吃草,高兴什么?"甲狼说:"羊爱吃啊!"说完飞奔而去。乙狼说:"你去哪?"甲狼说:"我要让羊知道这消息呀!"

### 材料四

春秋时,晋国中行文子因罪逃亡,经过一个县城。侍从走累了,就对文子说:"这里的啬夫(掌管诉讼、租税的小官吏)是大人的老朋友,为什么不休息一下,等待后面的车子呢?"文子说:"亏你想得出,跑都来不及,还敢去自投罗网?"侍从问其原因。答曰:"我爱好音乐,这个朋友就送我名琴;我喜爱美玉,这个朋友就送我玉环。我的所有要求他都答应,从不指出我的过错,可见这是个非常会巴结权贵的人。现在我失势了,他会用以前对我的方法去向新权贵求取好处。赶紧逃吧。"说完,主仆二人慌慌张张地离开。果然,这个朋友大义凛然地扣下文子后面的两部马车,献给了新主子。

### 材料五

有人问农夫:"种麦子了吗?"

农夫:"没,我担心天不下雨。"

那人又问:"那你种棉花没?"

农夫:"没,我担心虫子吃了棉花。"

那人再问:"那你种了什么?"

农夫:"什么也没种,我要确保安全。"

### 材料六

有个鲁国人擅长编草鞋,他妻子擅长织白绢。他想迁到越国去。友人对他说:"你到越国去,一定会贫穷的。""为什么?""草鞋,是用来穿着走路的,但越国人习惯于赤足走路;白绢,是用来做帽子的,但越国人习惯于披头散发。凭着你的长处,到用不到你的地方去,这样能不贫穷吗?"

### 材料七

美国宇航员尼尔·阿姆斯特朗和埃德温·奥尔德林,1967年7月21日乘坐"阿波罗11号"成功登上月球,成为首次登陆的两名宇航员。这次登月之旅险象环生,最致命的危险来自登月舱,没人知道它能否成功带宇航员飞离月球。美国宇航局甚至做了最坏的打算,如果他们遇上困境无法飞离月球,两人与地球的通信将被切断,而他们所能做的就是等死或者自杀。尼克松总统甚至还拟好了一份讣告。"阿波罗11号"成功着陆月球后,登月舱门竟然怎么也打不开!两人顿时陷入恐惧之中,绝望的奥尔德林进行最后一次尝试,舱门竟然奇迹般被打开了。奥尔德林说:"我把舱门虚掩着,不能让它再锁上。"两人最终逢凶化吉。

**材料八**

美国医学杂志刊登的研究表明:巧克力消费量多的国家,诺贝尔奖获得者辈出。美国哥伦比亚大学的弗朗兹·梅瑟莉教授做出了一个大胆的假设——巧克力的摄取不仅可以改善个人认知机能,而且可以提高全体人口的认知机能。就各厂家发表的23个国家中人均巧克力消费量和1 000万人中诺贝尔奖获得者数的数据进行分析,结果显示两者之间有明显的线性相关关系。

根据梅瑟莉教授的研究,巧克力消费量和诺贝尔奖获得者最多的是瑞士,中等的是美国、法国、德国,得奖最少的是中国、日本、巴西,唯一例外的是瑞典。瑞典国民人均一年的消费总量为6.4千克,按照之前的理论算出其诺贝尔奖获得者数为14人左右,但实际获得者人数为32人。科学家的解释是:因为诺贝尔奖是在瑞典颁发的。

**材料九**

爱因斯坦成名之前,生活拮据,衣着随便。有一位朋友曾劝他说,应该添置一件大衣,否则难以进入社交界。他笑着答道:"我本来就默默无闻,就是穿得再漂亮也没有人会认识。"几年后,成了大科学家的爱因斯坦和从前一样,依然衣着简朴。那个朋友再次提醒他,快去做件像样的大衣,以便与自己的身份相符。他还是笑着回答说:"现在即使穿得更随便些,同样也会有人认识我。"

**材料十**

美国的"阿罗兹"饼干是一个知名品牌。圣诞节后的一天,公司突然接到一个匿名电话,电话里的人宣称在澳洲某一地区待售的饼干中投了毒。"阿罗兹"饼干在澳洲有上千个品种,当月批发额已达到4 000万元。几小时后,董事会做出了一项惊人的决定:查封澳洲所有的"阿罗兹"饼干。短短十几个小时内,全澳洲所有商店柜台上的"阿罗兹"饼干被全部撤下,此举让公司遭受了巨大的损失。后来,警察局查出了那个打匿名电话的人,竟然是个精神病人。"阿罗兹"公司的遭遇成了当年商界的一大笑话。但是,原先一直抵制"阿罗兹"饼干的日本、韩国等东南亚国家,闻讯后纷纷进口"阿罗兹"饼干。就在同一年,公司不仅弥补了在澳洲的损失,而且还大赚了一笔。

## 第二节　思维种类与即兴口语的形成

思维可以有很多种分类法。以思维探索的方向划分，可以把思维分为发散思维、聚敛思维、类比思维和逆向思维等。这些思维的样态都与即兴口语形成的特点有着密切关系。

### 一、发散思维与即兴口语的多样性

即兴口语表达的生动灵活、旁征博引主要依靠发散思维。发散思维是人的大脑在思维时呈现的一种扩散状态的思维模式，是人的思路从某一中心向不同层次、不同方向辐射，从而引出许多新信息的思维方式。发散思维可以给即兴口语表达带来多样化的呈现形式。

#### (一) 发散思维的路径

人的意识是一个层级反映系统，对于已经在这个连续体中获得全息反映经验的事物，一旦感觉到了，就可以激活连续体各个层级的整体反映经验，这就是发散思维的原理。发散思维是从一个目标出发，沿着各种不同途径寻求各种答案的思维，表现为思维视野广阔，呈现出多维发散状。心理学家认为，发散思维是创造性思维的最主要特点。在即兴口语表达中，它可以使话语源源不断地展开，从而达成形象化的表述。发散思维也是口语表达者进行口头议论、说服、推理的重要思维方式。

图 3-1 是由"手机"引发的发散思维。发散思维是思路从某一中心向不同层次、不同方向辐射，从而引出许多新的信息的思维方式。它是一种开放、多向、立体的思维空间，不拘泥于点、线、面的推延，能够充分使用所拥有的资料、知识和信息，其思维模式如空间爆炸状，从一个点向任何空间放射出去。在临场即兴发挥的口语表达过程中，发散思维可以帮助表达者迅速调取语料，扩展思路，围绕某一信息点，尽可能多地调动记忆仓库中的知识储备，并通过想象和联想，快速搜索形象、具体、生动、鲜活、贴切的语料用以表达。基于此，训练发散思维对提高即兴口语表达能力是非常有效的。

发散思维的方法很多，如立体思维、多路思维等，还有人把侧向思维、逆向思维等也归入发散思维。

#### (二) 发散思维的训练

发散思维具有很大的主动性和创造性。训练发散思维能力，可以使说话者思路流畅，长于联想发挥，善于应急变通，从而达到妙语连珠的效果。据心理学家研究，能"理

图 3-1

解"语言和会"运用"语言,是个体学习语言过程中的两个不同层次。口语表达者运用的较高层次的语言,应该来源于课堂。然而实践证明,绝大多数上过语文课的学生在日后的语言表达中,对学过的语言材料,包括词语和句子的掌握程度,基本停滞在"理解"阶段,大部分很难自动上升为"运用"层次,更不用说"发散"和"提升"了。完成即兴口语从"理解"到"运用"的跨越,可以采用这样的步骤:

回忆—想象—体悟—建构

这四步看上去比较复杂,但这种练习可以用一种线性的方式来提升对语言的感觉。以"无辜"这个词为例,来做与表达有关的思维发散练习。

先在"无辜"这个词的使用范围内确定一个切入点,选定一个训练的点,例如"无辜的表情":

### 1. 回忆

练习者回忆自己曾经见过的能称得上"无辜的表情"的脸;通过回忆,与已有生活经验相联系,在头脑中形成表象。请一个练习者把它说出来:

回忆一个"无辜的表情"。那是在今年初秋的一个晚上,我开车在工业南路从东往西走。因为天很晚路灯又不太亮,我看到前面有红灯就停了下来,旁边一辆车也和我并排停了下来。在等红灯的过程中,我忽然看到前方十几米远的地方有一条白线,我感到那才是交通标志线,于是就把车又往前开,一直开到那条白线前停了下来。有意思的是,刚才和我并排停下的那辆车也跟着开过来了,又停在了我们旁边。副驾驶座上的朋友说,那司机正在望着我们,他的表情好无辜啊!

原来,稀里糊涂开车的人真是不止我一个啊!

**2. 想象**

想象带着"无辜的表情"的脸可能是什么样的,这是与重构的形象产生关联。想象之后,试着把这种"无辜的表情"描述出来:

司机是个男的,年龄不算太大,估计在30多岁吧。他大概对这条路也不熟,一开始凭感觉跟着我就停下了,但是当我往前开,他又跟过来停下以后,他就往我的车里望了望。我想,他的表情是,有点好奇,好奇我们这个车里的人为什么耍了他一下,毕竟他这一停一跟再一停,我们在看着他笑。但是那种表情又不是生气或者不满,他的表情中有一点疑惑,有点困扰,有点奇怪,有点……总之,那种表情只能称得上"无辜",除此之外找不到更合适的词了。

**3. 体悟**

从"无辜的表情"这个词我们可以看出"表情持有者"的生活是怎样的,这是与体悟到的形象内涵产生关联。

那个点已经是晚上10点多了,路上的车很少,济南本来就是个没有夜生活的城市,这又不是条繁华的路,所以,可以想象那个"无辜表情"持有者的生活是怎样的。因为我们是去送人,所以晚上在那条路上走。那个车里只有一个男司机,估计,他应该也是刚刚去办完了什么事情,或者是去送什么东西,所以也走在一条他不太熟悉的路上;也有可能是这条路他白天走过,但是夜里光线不好,他和我一样也是"路盲";还可能是,他为人比较随和,办事凭感觉走。因为他看不清路时,不是开大灯,也不是用导航,而是跟着别的车,尤其是跟女司机开的车。更重要的是,他已经跟错了一次,他居然又跟了一次。

**4. 建构**

到了"建构"这一步,就是训练的最后一步了。练习者可以在前面训练的基础上,重新建构一个"无辜的表情"的语境或话语模式,也就是重新做一个表述练习。

听人说,每个夜晚行驶在路上的人都不容易。不过,又有哪个成年人的世界是容易的呢?就拿刚刚过去的一年来说……

至此,这一环节的训练就结束了。这种训练可以培养即兴口语表达的多样性。

## 二、聚敛思维与即兴口语的凝练性

聚敛思维又叫求同思维,是一种以集中为特征的逻辑思维。它将许多零碎、杂乱的信息围绕中心进行选择、归纳,从中摄取有价值的主题。其思维特点是以一个目标为归宿,将信息加以抽象,使之朝一个方向集中、聚敛,从而找出事物的共同点,寻求唯一的答案、结论或规律,就像运用聚光镜使分散的光线聚集于一点。它和发散思维的相同之处是,在思维活动中,先要尽量多地占有、分析、挖掘信息材料,将其序列化。不同于发散思维的运动轨迹,聚敛思维不是从一个"爆炸核心点"向周边想象空间去发散,去创造更新的内容,而是从无数个分散的点向"核心"集中,把已知的信息、材料及可利用的各种因素向一处收束、聚焦。以《非你莫属》李季霏一期为例:

**张绍刚**:你学的是市场营销?

**李季霏**:对,最大的爱好就是卖东西。

**张绍刚**:最大的爱好就是卖东西?比如说?

**李季霏**:什么都爱卖。

**张绍刚**:什么东西在你卖的过程当中……(笑声),太难听了,在你销售的过程中销售得特别好?

**李季霏**:刚哥,你不要紧张,我把你的话给你捋一遍。你的意思就是说……(笑声)

**张绍刚**:我不紧张,你捋,你捋。

**李季霏**:对对对,知道你累了,我给你捋一遍。就是从高考之后吧,就一直自己做兼职,做过一些销售类的工作,比如说服装、鞋帽,然后大四也是通过面试,进入了一家上市公司吧,天虹百货,也是来北京进行实习,也是做的最基础的超市销售员的工作。

**张绍刚**:业绩都怎么样?

**李季霏**:对,因为天虹刚刚进入北京嘛,业绩肯定不是很好,但是我所在的区域,要占到超市销售比例的一半左右吧。还可以。

**张绍刚**:好,你的优势是什么?

**李季霏**:幽默,您应该发现了吧?

**张绍刚**:你比方说,我是一个大爷,就来超市买东西,你怎么跟他幽默呀?

**李季霏**:大爷,今天外边天怎么样啊?……

……

**张绍刚**:再说一下,今天找什么职位?

**李季霏**:就是销售助理类的工作。因为我有针对性的这一家公司嘛,我觉着门槛很高,我还是从助理做起比较好吧。

**张绍刚**：销售类的工作，做助理。

**李季霏**：对，反正就是助理类的工作。

**张绍刚**：行政做不做？

**李季霏**：可以。

……

**张绍刚**：好，这样吧，12位，不需要提问了，不要提问。她没有什么工作经验，常年主要是以卖小百货为生，（笑声）没卖过什么大件，在这种情况下，她的工作要求也很低：销售助理、行政助理。

主持人的最后一句总结就是聚敛思维形象幽默化的表现。聚敛思维具有求同性和概括性。优秀的聚敛思维运用者，能够将无数活跃的思维闪光点，经过提炼、浓缩、优化组合出有价值的共同属性，得出带有普遍性的结论，呈现口语表达的深度。张绍刚主持的是求职节目，要在与求职者看上去漫无边际的聊天中，抓到最重要的线索，从而概括出集中的要点，为求职指明方向，也为大家勾勒出求职者的轮廓。如果说发散思维的特点是一个"放"字，其训练重点在于加强思维的开阔度（如图3-2），那么聚敛思维的特点则是"收"（如图3-3）。

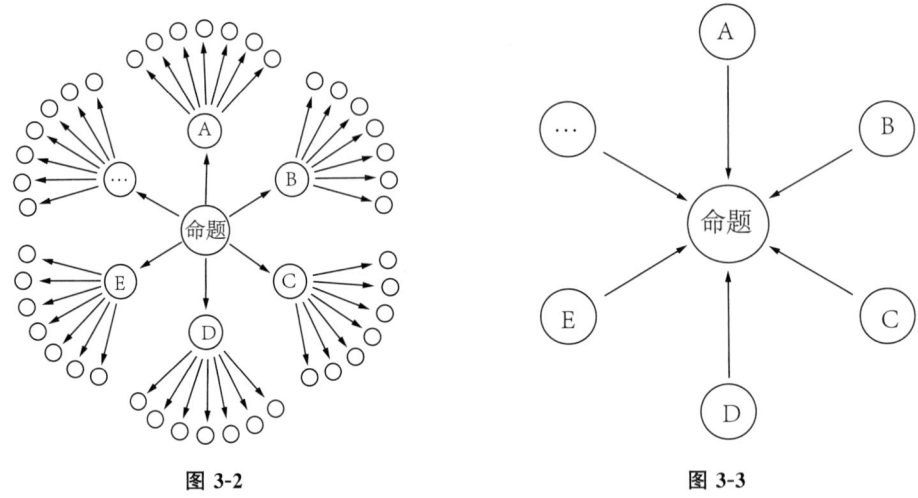

图3-2　　　　　　　　　　图3-3

### 三、类比思维与即兴口语的生动性

类比思维也叫旁通思维或侧向思维、转移思维，是从两个对象在某些方面的相似关系中受到启发，从其他领域离得很远的事物中获得启示，从而产生新设想，使问题得到解决的一种创造性思维方法。当一个人对某个目标孜孜以求时，他的大脑皮层就会建立起一种优势灶，一旦这种思维受到某个偶然事件的启发，就容易产生与优势灶相联系的反应,这就是我们平时常说的触类旁通。触类旁通对科技发明有很大贡献,鲁班从一种能划破手的带齿的草得到启示,发明了锯,这就是类比思维的作用。在有线电报发明前,远距离传输信号衰减的问题无法解决,美国的莫尔斯由驿站换马联想到信号传输,沿线设立若干个信号放大站,这一创造性设想得以实验成功,有线电报不久就成了远距离传输信息的通信工具。

同样,口语表达中新鲜、生动、形象、活泼因素的有无,除了跟表达者知识面、想象力有关外,还取决于其思维转移能力的高低,即能否进行语言表达上的"触类旁通"。

在即兴口语表达中,类比思维可以带来形象化的表达和更通俗的描述。

据说,一位女士在晚会上问爱因斯坦:"你能不能很快地告诉我,什么叫相对论呢?"爱因斯坦是这样解释的:

亲爱的太太,晚上你等女儿回家,已经是12点,你女儿还没有回家,10分钟长不长啊?那么太长。

如果你在纽约大歌剧院,听一场非常精彩的歌剧《卡门》,10分钟过去,你觉得很久吗?太短了!

所以同样是10分钟,一个感觉很长,一个感觉很短——相对不同,也就是时间的长短是一种相对的误差。太太,这个就叫相对论。

哲学家康德说:"每当理智缺乏可靠论证的思路时,类比这个方法往往能指引我们前进。"简单地说,类比就是用一个领域的事物来解释说明另一个领域的事物的思维形式。由于具有从一个特殊领域的知识过渡到另一个特殊领域的知识的优越性,所以类比思维在创造性思维中居于重要的地位,它具有联想、启发、假设、解释和模拟等多种功能,对于"妙语连珠"效果的出现有不可忽视的作用。

(一)类比思维与想象力激发

通过类比思维,口语表达者可以比较形象地表达话语的意思,表达路径也能做到简单易行。语言是储藏信息和隐喻的巨大仓库,其潜力可以通过各种方式得到扩展、丰富,使一些看上去衰老的隐喻在瞬间恢复活力。一些通过类比思维被打通的表达方式逐渐被固定下来,甚至成为流行语,如"流水账""作业瓶颈""打酱油""吃瓜群众"等,都包含着极为丰富的隐喻。

与口语表达有关的类比思维包括两方面的含义:

一是联想。类比思维中的第一步就是联想,这是思维的主体由新信息的刺激而引起的对已有知识、经验、情景等的回忆。

二是类比。思维主体在新旧信息间找寻相似或相异的地方,即"异中求同"或"同中求异"。通过类比思维,口语表达者在类比中联想,以类为比,把自己所需处理的"点",放入与此"点"相关的"面"中对比,其思维的广度取决于脑海中这个"面"的大小。类比思维具有明显的目的性和比较性。

类比思维具有激活想象力、触发启示性和提高猜想可靠度等特点。一些比较专业和抽象的知识在语言传播过程中往往不容易讲解、难以用实验演示,这在理工、金融等学科的教学中尤其突出。爱因斯坦在这方面给我们提供了有益的启示,运用类比思维可以让专业而又枯燥的科学道理形象化。以初中物理教学为例(见表3-2):

表3-2

| 知识点 | 一般讲述 | 类比讲述 |
| --- | --- | --- |
| 导体中为什么有大量自由电子,而绝缘体中几乎没有自由电子? | 电子绕原子核旋转,不同物质的原子核束缚电子的本领不一样;构成导体的物质对电子的约束能力较差,故能有自由电子的存在;而构成绝缘体的物质对电子的约束能力很强,故不支持自由电子的存在。 | 自习课上,一个管理较差的班里学生随意走动,这个班就相当于使学生自由散漫的导体;管理好的班,学生会认真做作业,没有打闹,这个管理能力强的班就相当于绝缘体。 |
| 电流怎样形成? | 如金属导体,在没有电压作用下,它里面的自由电子做杂乱无章的运动,不能形成电流;一旦在电压作用下,这些自由电子便由杂乱无章的运动改为定向移动,即形成电流。 | 把教室看成一段导体,每个学生看成一个自由电子,没有老师的管理,学生处于散乱状态。假如老师让学生排成一列纵队,围绕教室逆时针转圈,这时形成定向走动,才形成电流。 |

通过对比可以看出,这段对初中物理知识点的一般讲述和类比讲述传播效果会不一样,类比思维借助联想能充分激发表达者的想象力,通过类比已有事物,开启创造未知事物的思路,它把已有的事和物与一些表面看来与之毫不相干的事和物联系起来,从而开启表达的新天地。

(二)类比思维使用的合理性原则

类比思维是一种或然性极大的逻辑思维方式,类比思维的"类"非常重要。触类旁通得先把那个"类"找着,然后才能触类旁通。合理的类比思维有两个基本原则要遵循:

一是类比所依据的相似属性越多,类比的应用也就越为有效。这是因为两个对象的相同属性越多,意味着它们在自然领域中的地位就越接近,更有可能合乎实际地推测出两者其他的属性也相似。如果把性质不相关的事情说到一起,就不是正确的类比思维,甚至会出现"雷人"语言。当年《羊城晚报》记者采访广州天河交警大队就封闭部分行车道是否应该征询市民意见的时候,某快速路有限公司经理突然发火,发出了"雷人"之语:"那么我拉屎要不要通知你啊?臭不臭也要告诉你啊?"

这段"雷人"之语被网友称为"最牛官腔"。个人拉屎臭不臭确实不需要告诉别人,这是个人自知;但作为公权,尤其事关民生的举措,则有责任、有义务告知公众,这是公众的知情权。抛开官腔不谈,单就这种表达的思维路径来说,就是牛头不对马嘴的,看上去是类比思维,其实所类比的两样事物彼此性质根本不同,也全不相关。

二是类比所依据的相似属性之间越相关联,类比的应用也越为有效。因为类比所依据的许多相似属性,如果是偶然的并存,那么推论所依据的就不是规律,而是表面的东西,结论就不大可靠。如果类比所依据的是现象间规律性的东西,不是偶然的表面的东西,结论的可靠性就较高。当然,一些带有诡辩和搞笑性质的推论,在某些特定的口语表达场合还是很受欢迎的。

有人在某网上商城看到金手镯,标价100元,于是问同事,这100元的手镯是纯金的吗?同事说:"如果你在马路上看到有人叫卖人民币,100元面值的卖10块钱一张,你说这是真的还是假的?"

同事的这种推导采用的就是典型的类比推理。

100元根本不可能买到金手镯,面对如此幼稚的提问,简单回答"不是"似乎达不到表达效果。于是同事对此展开了类比调侃,将"100元买个金手镯",和花"10块钱买一张100元面值的人民币"联系在一起,效果突出。这就是两样事物的相似属性之间越相关联,类比的应用也就越为有效的原则。

### 四、逆向思维与即兴口语的精彩性

逆向思维是把通常思考问题的路径反过来思考,即"反过来想一想",也叫反向思维。司马光砸缸救人采用的就是逆向思维。在即兴口语表达中,表现为克服思维定式,从相反的角度来思考问题,从新的路径来表达或者显露出新的观点。这种思维经常出现在相声中,用来制造现场效果,几乎所有带"包袱"的笑料中都有逆向思维的灵光出现。北京电视台《星夜故事秀》请来主持人刘仪伟做嘉宾,而当期的节目主持人是春妮和郭德纲,郭德纲与刘仪伟都是即兴口语表达高手,节目伊始就收获了精彩的现场效果:

**郭德纲**:我们这个节目有一个特点,凡是请来的嘉宾,比我个头高的一概不用。

**刘仪伟**:我比你高点吧。

**郭德纲**:不能,你头发长了。

**刘仪伟**:你穿高跟鞋了。

**郭德纲**:该剪头了。

**春　妮**:你们俩背对背来比一下吧。

**刘仪伟**:太无聊了吧。

（郭德纲、刘仪伟两人都忙着跷脚）

**郭德纲**：我比他高。

**刘仪伟**：（我比他）高多了，高多了。

**春　妮**：有点耍赖啊。

**刘仪伟**：不过这个我觉得我还是挺佩服郭先生的。

**郭德纲**：为什么呢？

**刘仪伟**：如果你把他的肉往中间一挤，他一定比我高。

**郭德纲**：我们这一期节目就到这儿了，感谢刘仪伟。

本来"比个头"是个笑点一般的环节，但是刘仪伟在两人比个头的情况下让思维展开，从另外一个角度找到了"笑点"，那就是对稍显富态的郭德纲从外往里比画"如果你把他的肉往中间一挤，他一定比我高"，而说相声出身的郭德纲也不甘示弱，在对方抛出这个引发全场大笑的妙语之后，机智地接了一句"我们这一期节目就到这儿了"，使得刚才的笑点没有掉下去。这是典型的逆向思维在现场表达中引发的效果。

### 五、创造性思维在即兴口语中的应用

即兴口语表达既怕展不开，又怕说出来枯燥无趣，这些可以通过理顺创造性思维来解决。创造性思维是多种思维结合起来的一种思维方式，它具有独立性、联动性、多向性、跨越性和综合性的特点。

独立性是敢于对抗"司空见惯"，主动否定既往、打破框框；联动性即"由此及彼"，包括从一种现象往纵深一步探究其原因的纵向连动，联想到它反面的逆向连动和联想到相似、相关事物的横向连动；多向性是善于从不同角度想问题，包括在一个问题面前尽量发散多种设想以扩大选择的发散机智，灵活地变换表达思路，以易代难，以具体代抽象的换元机智，思维在一处受阻时马上转向另一处的"转向机智"和寻找最优路径的"创优机智"；跨越性表现为省略思维步骤，跨越事物相关度，加大思维前进、联想和转换跨度；综合性则表现了对语料的统摄和辩证分析能力。下面就来看看如何把几种思维方式和具体的即兴口语表达应用结合起来。

（一）类比思维——联想法

有些话题孤立地谈容易平淡，如果展开联想，由这个事物想到与之相关的另一个事物，在它们的相互联系中去突出事物的特征，发掘事物的本质，这样不仅可以使思路变得活泼而开阔，而且还可以推进表达的层层深入。2012 年 11 月，郭德纲分别在麻省理工学院和哥伦比亚大学演讲"相声艺术"，一开始就展示了大跨度的"郭氏联想"火花：

我就不说英文了,说英文我怕我自己听不明白(笑声)。好多人都说什么时候开始有的相声,其实按照业内统一的认为,应该是在清朝的咸丰年间。咸丰皇帝大家都知道,咸丰帝驾崩也就是去世那一年,也就是1861年,这一年呢,麻省理工创立。所以说相声跟麻省之间还是有点关系的。只不过从来没有人把这两者合在一起,今天这门课程算是了了这个夙愿了。

(选自郭德纲在麻省理工学院的演讲)

这个地儿叫哥伦比亚大学,世界知名的学校,1754年有了它。那一年是乾隆十九年(笑声)。有这个大学那一年,乾隆皇帝正忙着禁读《水浒传》,看《水浒传》的全家抄斩,诛灭九族,艺人也不许唱《水浒传》的戏,说书先生也不能说《水浒(传)》。在那一年有了这么一所大学。好多高人都在这儿毕业,梁实秋先生、胡适、马寅初、徐志摩、郭德纲(笑声)。

(选自郭德纲在哥伦比亚大学的演讲)

联想法就是从一点出发,利用事物间的相似、相关、相反的横向联系,或者过去、现在、未来的纵向联系,进行由此及彼运用的思维过程。看到一个话题或者一个事物,可以从以下两方面展开联想,打开思维。

横向:相似—相关—相反

纵向:过去—现在—将来

可以把联想法具体分为以下几种类型:

- 古今联想型。从古到今,从今溯古,这种联想脉络性强,有连贯性,放在即兴表达中很容易掌握,显得有条理。
- 类似联想型。某几个事物由于有相似的特点或本质,在联想的时候可以成串地连起来使用,也就是将某一领域的经验用来说明或理解另一领域的经验。"100元买一个金手镯"和"10块钱买一张100元面值的人民币"的联想就属于这种类型。
- 对比联想型。某些事物彼此间有相反的性质,这也是联想的一种方法。
- 因果联想型。由一个原因导出某个结果,这种联想非常自然。

时任浙江省工商局局长的郑宇民接受央视主持人董倩采访时,有一段关于党建工作的对话。我们来体会一下这位郑局长运用联想手法进行形象阐述的妙处:

**董　倩:** 有很多企业里面要有书记,所以这个党支部,这个党建工作是党要建,还是我要建?建的目的是什么呀?

**郑宇民:** 我们这样的一个国度,这样的执政条件,企业家离开党的领导,离开政策,就是盲人骑瞎马。企业党建当然不能作为一般的工具来用。我到企业去问:企业党建能解决你劳动力成本提高的问题吗？他说不能。能解决你限电拉闸的问题吗？也不能。那么能解决什么问题呢？解决企业家和团队的境界和格局。有党建的企业家队伍是不一样的。境界和格局，是完全决定一个人的奋斗目标、奋斗精神和智慧发挥程度的。唐僧取经，唐僧有什么能力呀？但是猪八戒、孙悟空都要跟着他走啊。为什么？唐僧西天取经，他有文化、有境界、有使命。猪八戒没有啊，三下两下就回高老庄去，所以猪八戒他就成不了这个使命。只有跟着有使命的人走，他自己也成了正果。所以唐僧取经，唐僧不管怎么样，向西！向西！使命观非常强。八仙，也是有使命的，他要化解瘟疫，拯救众生，普度东海，最后他们的使命观就是向东！向东！结果也成了。毛主席为什么成为伟大领袖？长征时期，他是有使命的人，他有大格局，他知道北上抗日可能是一条根本的出路，所以他说向北！向北！他也成功了。邓小平也是有大格局的人，他觉得改革开放必须要参照香港的经验，向南！向南！民营企业转型升级，也要有大格局，我们的使命是什么？向上！向上！向上！

在即兴表达中运用联想，首先要符合事物特征和生活逻辑，其次是选择有意义的内容，再就是讲究表述的丰富性和层次性，力求在准确的基础上做到语言美感和思想深度的结合。郑宇民在回答"企业党建"这个比较抽象的话题时，用临时想到的"盲人骑瞎马""唐僧取经""八仙过海""长征"和"改革开放"等例子，来解释"党建"和"大格局"的问题，例子一环套一环，类比正确，完整清晰地解答了主持人的问题，给现场带来一阵阵欢笑和热烈的掌声。

(二)发散思维——分类法

有的话题看上去很容易，但往往说几句之后就不知再说什么了。面对比较抽象的话题，笼统地谈很难展开，可以利用发散思维将所要表达的内容分一分类。比如"谈微信"，这个题目大家都不陌生，但越是看上去简单的题目往往越难以深入展开论述。遇到这种情况，我们采用分类法就会简单很多，可以分为"微信可以干什么""微信带来的好处""微信带来的弊端""微信的发展前景"等几个方面。

同样一个话题，因为有了分类，可供表达的内容就一下子变得丰富了。分类，不仅能打开思路，而且可以使人看问题更加深入。分类法是从不同角度认识事物的性质，把抽象的论题具体化的好方法。

(三)发散思维——层递法

层递法是一种利用发散思维，把论题加上其他成分，进行变形思考的方法。有些概念比较抽象，可以采用"层递"的方法，使表达层层深入。

层递法可分两种方式：

**1. 增加定语**

随着论题的展开,不断围绕主要意核增加定语,表述的范围逐渐缩小,而表达的思路则随之不断向前发展。比如"谈直播"这个话题,即兴表达的第一层可以泛泛地谈"直播"这种传播形式;第二层在此基础上增加成分,"谈带货直播";第三层继续增加成分,谈"明星的带货直播";第四层继续增加成分,谈"大众不喜欢的明星的带货直播"。这样来推进,层次就非常清楚,而且可以使得表达步步深入。

**2. 扩展话题内容**

把一个抽象的话题逐渐具体化,从而使表达的思路更开阔,表述更全面。比如"主播"这个话题,先谈"主播"这个既有的概念;其次谈"网络购物主播"这个新概念;再谈"网络购物主播的表现""受欢迎的网络购物主播的优势";最后谈"网络购物主播的误区"等。这样表达就会层层推进,清晰地展开。

在使用层递法时应注意两种情况:一是不要转移论点;二是增加成分以后的概念只能作为分论点,以免论点不集中。

(四)发散思维——阐述法

阐述法也就是举例法,在阐明一件事情或事理时,可以借助举例子这一方法打开思路。使用自己熟悉的、听众感兴趣的新鲜的、个性化的例子,通过举例子把观点揭示得更鲜明、更充分。这种方法在对话中很常见,例如《非你莫属》中主持人张绍刚和求职者李季霏之间的对话:

**张绍刚**:你的优势是什么?

**李季霏**:幽默,您应该发现了吧?

**张绍刚**:你比方说,我是一个大爷,就来超市买东西,你怎么跟他幽默呀?

在这里,主持人张绍刚就是用一个实际例子,给求职者模拟了一个现场情境,即提供了一个充分展示求职者销售才能的舞台。相比空对空地谈"幽默",这个现场充满了互动的色彩。

(五)逆向思维——反谈法

一些看上去似乎已成定论的问题,换一个思维的角度,就可能聊出新的色彩。这种逆向思维出新意的方法用在即兴口语表达中就是"反谈法"。比如"我国为什么不强制服兵役",这个话题从正面来议,可以这样来阐述:

我们也有过强制兵役的时代,比如秦朝是最早的全民皆兵的时代,花木兰代父从军就是南北朝时候的强制兵役的表现。但我国现在社会安定,人口众多,按照我国军事编制,一个军事连的正规编制为120人,一个县就可以轻松组织出2 000个连,光是这个强大的数据,我们在客观上已经有绝对压制性,也是我国不需要强制服兵役的客观条件。

如果使用逆向思维,也就是"反过来会怎么样",可以有不同的新鲜表达。有时可能会通过夸张或幽默的手法来加强"反面议"的表达效果:

战友们都打到太平洋彼岸了,我在国内还没上船呢。

一个班20万人去山上埋伏,都没地方趴了。

点名叫了一声张伟,出来了一个师。

派一个班的侦察兵去探路,敌人以为发起了总攻。

阅兵的时候:现在走来的是海军方队,下个月走来的是陆军方队。

一个别出心裁的"反面议",不仅形象地阐明了"我国为什么不强制服兵役"这个问题,而且把我国泱泱大国的精神和气势表现出来了。练习者可以通过有意识的训练来逐渐打开自己的逆向思维。比如"近朱者赤,近墨者黑"是千百年来流传的名言,运用逆向思维就会发现,这个观点意在强调环境对人的影响,但外因要通过内因起作用,因此它有一定的局限性,可以得出"近墨者未必黑"这样的结论来阐明新的观点:每个人都应加强自身修养,做到"出淤泥而不染,濯清涟而不妖"。

### 感悟与训练

**一、记忆搜索快速发散思维练习**

可以采用单人或多人的方式来练习。单人每道题限时5分钟,每说出一个得1分,说出的种类越多得分越高。如果是多人练习,可以采用接龙的方式说出,每人说一个,中间不能有停顿。这类练习一开始看上去比较容易,但是越往后做难度越大。

1. 尽可能多地快速说出你所知道的花的名字。
2. 尽可能多地快速说出你所知道的鸟的名字。
3. 尽可能多地快速说出你所知道的树的名字。
4. 尽可能多地快速说出你所知道的车的种类。
5. 尽可能多地快速说出你所知道的船的种类。
6. 尽可能多地快速说出你所知道的水果的名称。
7. 尽可能多地快速说出你所知道的乐器名。
8. 尽可能多地快速说出你所知道的国家名。
9. 尽可能多地快速说出你所知道的游戏名。

10. 尽可能多地快速说出你所知道的世界名著。

11. 尽可能多地快速说出你所知道的新兴职业。

12. 尽可能多地快速说出你所知道的有腿不会走的东西。

13. 尽可能多地快速说出你所知道的无腿走天下的东西。

**二、途径搜索快速发散思维练习**

相对于第一题把发散的点放在"名称"上，本题是把发散的点放在了"途径"上。每道题限时 5 分钟，每说出一个得 1 分，说出的种类越多得分越高。这道题同样可以采用接龙的方式进行集体训练。尽可能多地说出下列题目的答案。

1. 爸爸为什么半夜起床？

2. 你骑着自行车在马路上走，突然停下来了，为什么？

3. 上课的时间，一位同学走了出去，为什么？

4. 你住在岛上，椰子熟了，你有多少种方法可以摘到树上的椰子？

5. 你住在岛上，有事要到另一个小岛上去，有多少种方法可以到达？

6. 灯不亮了，可能有哪些原因？

7. 太阳光有哪些用处？

8. 电脑可以和哪些东西组合在一起？

9. 手机可以和哪些东西组合在一起？

10. 怎样能够达到取暖的目的？

11. 一位女子在路边的长椅上坐了下来，为什么？

12. 一个推着婴儿车的老人，在路边停了下来，为什么？

13. 巡考的老师，在考场中停了下来，为什么？

14. 有人在下雨的路上，没有打伞地行走，为什么？

15. 午饭时间，食堂有饭，但学生没有在食堂买饭，为什么？

16. 一个男人对一个女人说："我们不能结婚。"为什么？

17. 一对夫妇没有孩子，为什么？

18. 一个孩子爬到了树上，为什么？

19. 一个 25 岁的女人，通宵未睡，为什么？

20. 玫瑰花有哪些用途？

21. 面巾纸有哪些用途？

22. 书有哪些用途？

23. 可乐瓶有哪些用途？

24. 盘子有哪些用途？

25. 硬币有哪些用途？

### 三、创新思维训练

请将下列物品相互联系起来,想象出一些新的物品。这些新物品可能现在还没有,也可能正在开发,但未来它们可能会出现并改变我们的生活。

1. 回形针　台历　笔记本
2. 树枝　花瓶　红酒
3. 护手霜　香水　汽车模型
4. 自行车　轮船　海鸟
5. 石头　火　扇子
6. 签字笔　精油　U盘
7. 卷纸　挂钩　毛巾
8. 耳机　眼镜　帽子
9. 书包　钟表　救生圈
10. 戒指　药品　运动手环

### 四、双向思维训练

双向思维训练,就是训练从两面看问题的思维。根据下面的提示来举例子,举出的例子越多得分越高。

1. 请举出一些从宏观看有利,从微观看有害的事物。
2. 请举出一些从未来看有利,从现在看有害的事物。
3. 请举出一些从客观看有利,从主观看有害的事物。
4. 请举一些从主观看有利,从客观看有害的事物。

### 五、原因搜索快速发散思维练习

同一种现象可能由无数个原因造成。根据下面的现象,构想可能的各种原因,并表达出来。

1. 老师上课时迟到了。
2. 某五星级酒店的霓虹灯不亮了。
3. 某二线城市牛奶突然涨价。
4. 相邻的两个国家突然开战。
5. 白菜价格一跌再跌却无人购买。
6. 马路边汽车站站满了等车的人,而旁边的长椅上却没有一个人坐。
7. 一个男人未穿雨衣在雨中骑自行车,车后座却夹着一把漂亮的折叠伞。
8. 桌上摆着丰盛的饭菜,桌边坐着的两个人却不动筷子。
9. 第二天有重要考试,两个学生却在宿舍里下棋。
10. 某网购的商品,没有质量问题却被纷纷退货。

## 六、属性搜索聚敛思维训练

从下面不同物体中抽象出某个共同的属性。如,橡皮、笔袋、书包三个物体,共同的属性是:文具。

1. 冰箱　春节　雪花
2. 沐浴液　香波　吹风机
3. 花生油　牛奶　白酒
4. 薯条　冰激凌　咖啡
5. 耳机　数据线　储存卡
6. 饭盒　瓶装水　方便袋
7. 短信　网络　广播
8. 塑料　玻璃　不锈钢
9. 吸管　纸杯　托盘
10. 路标　隧道　测速仪

## 七、逆向思维训练

联想一下与常理相反的观点,对下面的俗语做逆向思维立意。

1. 出淤泥而不染
2. 异想天开
3. 班门弄斧
4. 开卷有益
5. 杞人忧天
6. 东施效颦
7. 当一天和尚撞一天钟
8. 没有规矩,不成方圆
9. 良药苦口
10. 飞鸟尽,良弓藏
11. 刻舟求剑
12. 黔之驴

## 八、类比思维合理性判断

类比思维表现了即兴口语表达中的一种"转移"能力,但这种"转移"是否具备合理性却需要具体问题具体分析。请你分析一下,在《非你莫属》中,求职者董菲菲画线部分话语中的类比是否准确?

**董菲菲:** 在刚才上场的时候我已经说过了,我觉得我更适合于做公关类,或者是营销类的管理职位,或者是像百合网那样的,它那边有一个资深爱情顾问,我觉得跟我比

慕　岩：因为你看人看得比较准？

莫华璋：可是你自己不是还没结婚吗？

董菲菲：这个并不冲突啊，给您举个例子吧，就比如说理发师不会给自己理头发对吧？然后医生也不会给自己看病对吧？

莫华璋：那菲菲这个其实是有冲突的。因为百合网的最终目的是一个婚恋网站。其实我知道百合网有一个特别的规定，说员工……（对慕岩）你自己说吧。

董菲菲：他是优先考虑。

慕　岩：对，我们优先考虑已婚的。但是呢，对于有比较丰富的社会阅历，也有恋爱经验，最重要的其实还是一个说服力，还有一个看人、识人的能力，这个是最重要的。

### 九、聚敛思维概括训练

先朗读下面的材料，然后再对它进行概括，分别用 1 分钟、半分钟和 10 秒钟表达出来。最后给整篇表达加一个标题：

1976 年唐山大地震的时候，我在马鞍山的一家工厂里。地震时厂里有两个跑供销的正在唐山，他们回来后绘声绘色的讲述，让不少人经历了一番对地震场面的联想式体验。不久，便有坏消息传开了：我们脚下的城市也处在地震带上。有天我正在狭小的暗房里洗照片，忽然觉得身体和屋子摇晃了一下，当时竟没反应过来，出了暗房发现整个机关已人心惶惶。原来，刚才是一次小小的地震。这以后，"防震""抗震"成了当地人口中出现频率最高的词语。

当时我住集体宿舍，晚上睡觉前，跟其他小青年一样，将啤酒瓶倒立在金属脸盆里，祈望它们在地震发生的第一时间里把自己惊醒。酒瓶倒是从未倒下来，但俗话说，"人吓人，吓死人"，常有调皮捣蛋鬼瞎吆喝一声，或故意弄出点什么声响来，引起群体性恐慌。记得有个深夜，集体宿舍里正在梦乡中的员工，被房门外一阵急促慌乱的脚步声惊醒，于是都惊恐地冲出房门，沿着走廊往楼外飞跑。逃到楼外才明白又是虚惊一场！这时，有人才发现脚底生疼。原来，刚才只顾逃命，汹涌的人流冲倒了一个刚下中班，提着热水瓶回宿舍的员工，一只只光脚踩过了碎玻璃和滚烫的开水。

故意吓人的行为，迅速被严令禁止和警告，但人们的神经依然处在风声鹤唳的极度脆弱之中，有时候连汽车行驶发出的声响，也能在人多的场所引起剧烈的惊慌和骚动。于是，在当时男多女少、两性比例悬殊的钢城，男同胞们津津有味地咀嚼着一个美丽诱人的传说：

一辆重型卡车从剧场外的马路上驶过，正在看戏的观众以为地震了，在拥挤不堪的逃命中，许多力不从心的女人——其中当然包括了漂亮的、平时非常矜持的女人——都死命地抱着、拽着相识或不相识的男人！我想这个大老爷们儿一厢情愿的故事还应该有个下半截,比如英雄如何救美,如何赢得芳心,等等。

远比这个故事真实的情况是,在一些惊恐万状的瞬间,有的男人奋不顾身地呵护身边的妻子、孩子或恋人,也有些男人的行为,却足以让他的枕边人寒心一辈子。有家医院妇产科的医生、护士正在接生,地震警报响起后有的医生、护士惊慌地跑开了,造成婴儿死亡。追究责任时,有人说等在门外的产妇的丈夫是第一个逃跑的。不幸的产妇以泪洗面,在她心里死去的,何止那个可怜的小生命。

但温馨的风景总是占了多数。比方说,厂里女集体宿舍楼前的广场上,渐渐出现了一个蔚为壮观的"棚户区",那是一片密密匝匝的防震棚,是恋爱青年顺势而建的爱巢。棚子虽然简陋,搭建却不容易,就地取材需要斗胆捞点公家的东西,施工需要力气和技能。患难小工程的建设,给了情侣尤其是男方表现爱情和责任的极佳机会,个个称得上能工巧匠。以往羞羞答答的"地下恋情",这会儿也都公开了。以往喜欢对青工谈恋爱管头管脚的厂领导和干部,对防震棚里的爱情也睁只眼闭只眼,有时还走进"棚户区",挨"家"挨"户"嘘寒问暖哩。

令人喷饭之事也还记得不少。有一天,全市真的响起了警报,我跑出宿舍楼以后又转身往回跑,身后响起严厉的呵斥声,回头看见厂办公室主任正摇晃着高高胖胖的身躯,气急败坏地追过来。我说忘带钥匙了,一向乐乐呵呵的主任白脸憋得通红:"你是要命还是要钥匙?!"更搞笑的是我们宣传科的那个临时广播员,她跑到广场上以后也重新往宿舍跑,而且对身后的一片警告声置若罔闻,视死如归地坚持跑到楼上,英勇地抢出了几根挂蚊帐用的细竹竿!

## 第三节　空间思维与线性语言的转化

即兴口语的实质是运用线性的语言符号序列表现平面化或立体化的思维内容。既然是线性符号序列,就有时间上的顺序性与持续性问题。在运用基于语言符号的概念进行判断、推理时,只能按照不同词语符号出现的先后顺序,一步一步地进行。即兴口语表达的线性特点给思维带来的一个难题是,即兴口语似乎难以真实地反映动态的立体化的事件和视觉情景。即使在一个最简单的直言判断陈述句中,语言的这种影响也会清晰地显露出来。语言符号本身是线性的、分离的,它们就像念珠上的一颗颗珠子,只能一个一个地依次出现。多维的思维在转化为口语时,不可避免的是这个语言的通道会变得十分拥挤。本节就来探究一下如何快速完成空间思维向线性语言的转化。

## 一、空间思维形式的难以取代性

思维是人脑对客观事物的本质和事物之间内在联系的规律所作出的概括与间接反映。根据马克思主义认识论的原则,人类思维至少应当具有两种基本的反映形式:空间思维形式和时间思维形式。

空间思维形式用于对事物运动状态的"空间结构特性"作出概括与间接的反映,是对事物处于存现状态时的本质和内在联系的规律性作出反映的空间思维形式;时间思维形式是对事物运动过程的"时间顺序特性"作出概括与间接的反映,即对事物处于运动状态时的属性和内在联系的规律性作出概括与间接反映的时间思维形式。其中,"时间顺序特性"似乎与线性的语言表达方式还是有一些吻合的,但是"空间结构特性"就需要做较大的转换。例如,试着用语言把人的左右半脑的分工和功能差异表现出来,会发现线性的语言表述怎么都是比较麻烦的,图3-4则非常直观地表现了左右脑的分工。

**左右脑的功能差异**

| 左半边强调 | | 右半边强调 |
|---|---|---|
| 语言 | 小脑胀体 | 韵律 |
| 逻辑 | | 节奏 |
| 数字 | 左脑　右脑 | 音乐 |
| 数学 | | 图书 |
| 顺序 | | 想象 |
| 词语 | | 图案 |

图 3-4

有些东西,要想用线性的语言表述清楚比较麻烦,但通过一幅思维导图就可以很清楚地表达出来,这就是为什么有时人们不能完全依赖口语表达的缘故。很多课堂讲述再具体生动,再举例再类比,也不如画一幅图更能直观地解决问题。这就是语言的线性描述和空间思维形式所产生的矛盾。

逻辑思维对于空间视觉景象的完整而真实的反映,是通过使用准确的语言,把三维空间的坐标转换到一维时间轴上来实现的。有时候,这是以牺牲时间效率为代价的,需要对当前事物的空间结构特性在瞬间作出整体把握。比如在对事物间复杂关系作出决策的场合,线性顺序的逻辑思维及表述会显得比较无力,而基于表象的空间结构思维则能发挥重要作用,从而弥补逻辑思维的不足。例如,图3-5是一个很直观的思维导图,一个人对自己的评价和介绍可以通过思维导图一目了然:

但是如果要求一个人用口语表达的方式讲出自己的情况,那就需要转化思维,把

图 3-5

这种空间表达方式用线性的语言表现出来：

我是一个……的人，我的优点是……，我的缺点是……，我喜欢……，我讨厌……。

时间逻辑思维即线性逻辑思维，主要是对处于运动状态事物的本质属性作出反映，并通过用词语表达的"概念"来把握事物的属性。在时间不受限制的条件下，时间逻辑思维也可以对事物之间内在联系的规律性作出反映，这时主要通过由概念组成的"判断"和"推理"来把握事物之间的这种内在联系规律。

在瞬息万变的战场上，军事家排兵布阵凭的是什么？对战争全局的把握必定要运用到空间结构思维，才能从大处着眼，从总体上把握敌我双方的情况。这里的"全局在胸"就是指把握战争全局的空间结构特性，只不过它的对外表达是要靠线性语言方式来实现而已。如图 3-6 这幅青年西班牙画家达利在 1931 年创作的超现实主义代表作《记忆之永恒》：

图 3-6

《记忆之永恒》这幅画映入人们眼帘的是几具绵软变形的钟表。画面用螺旋容积体制造出三维空间的感觉。什么能够软化坚硬？热、水流、想象力，还有时间和记忆。总有一些记忆的片段会永恒。还有什么样的线性语言方式能够如此生动地表达出绵软的记忆里残存着的碎片？思维是通过空间结构思维和时间逻辑思维两种基本形式实现的，但这两种思维的表达却是有区别的。一个有趣的情况是，似乎以表象作为心理加工对象的空间结构思维可以实现初级形式的概括，逻辑线性思维才能实现高级形式的概括；然而，一个难以用线性语言概念来表达的画面，却可以通过平面展示来体现其高度抽象的意义。一个典型的事例是日本长崎原爆资料馆展出的钟表。长崎原爆资料馆坐落于一个当时被原子弹炸毁的教堂之上，教堂仅仅剩下一面墙，一个被冲击波毁坏变形的时钟挂在墙上，时针停止在11:02，定格了原子弹落下的刹那（如图3-7）。这个停止在11:02的被损坏的钟表，具有震撼人心的抽象意义。显然，由这样的钟表表象所产生的抽象意义及社会效果，用空间平面方法来表达是最合适的。

图 3-7

## 二、线性语言流程的标记性

时间思维形式是对事物处于运动状态的本质属性作出概括与间接的反映，这种思维的基本特点是从一维线性的时间轴去把握运动过程的本质属性，而建立在线性语言流程基础上的逻辑思维正好最适合这种需求。逻辑思维使用的材料是用语词表达的概念，加工的手段包括分析、综合、抽象、概括、判断、推理等。建立在语言符号序列线性基础上的逻辑思维，尽管其优势只是对一维时间轴上展开的活动事件作出反映，但由于三维空间中的视觉景象也可转化成一维时间轴上的一系列活动事件，所以，只要时间上不要求瞬间作出决断,逻辑思维原则上就可以满足人类对思维提出的全部需求。也就是说,它既可适用于时间思维的场合,也可适用于空间思维的场合。但就逻辑思维的实质来说,由于它建立在语言符号序列基础上,具有一维、线性的特点,最适合反映具有顺序性、持续性的运动变化过程,所以,它更适合于时间思维的场合。

有两位给领导开车的司机,两人的个人情况相似,现在需要竞争上岗。每人可以发表一个竞争上岗的演说。

第一个司机讲了十几分钟:

我有十几年的工作经验了,已经给领导开了很多年车。将来要是还能开车,我一定把车收拾得非常干净利索,遵守交通规则,要保证领导的安全,做到细心周到……

第二个司机没用两分钟就结束了。他说:

我在以前开车的十几年间遵守了三条原则。如果今后用我,我还将遵守这三条原则:第一,听得,说不得;第二,吃得,喝不得;第三,开得,使不得。我过去这样做,现在这样做,今后还将这样做。

从这两段发言来看,哪一个司机更成功呢?答案显而易见。第一个人用的是平面铺陈的表达方法,虽然他的语言中没有任何不妥,也符合面试语言突出个人长处的要求,但给人的感觉比较平淡,缺少亮点。第二个人表达的成功之处在于给短短的话语加上了鲜明的标签,即"三个原则",也就是给线性表述贴上了标记,这就给人以鲜明深刻的印象,容易突出优势。由此可以看出口语表达中标记的重要性,标记的作用相当于给线性的语言流程加上了空间的标记图形,显得既鲜明又重点突出,部分规避了线性语言不能从宏观反映事物的弱点。

### 三、思维短路与即兴口语失误的产生

即兴口语是由思维的内容和形式决定的。从一些具体的即兴口语表达失误的实例中,可以明显地看出正常说话人的思维过程有偏差。根据思维和语言的辩证关系原理,言语失误产生的原因可以从以下两个角度来理解:

(一)思维转换延迟导致言语失误

一般人都习惯于一种语言表达方式,当说话人需要在变化了的情境中进行表达的时候,就会有习惯的力量出来干扰,使思维转换延迟、滞后,导致即兴口语表达失误。这些习惯的力量诸如方言习惯、母语习惯、职业习惯以及其他习惯等。

第一是方言习惯对普通话表达的干扰。习惯对人有很强的影响力。方言是语言

因地域的差别而形成的变体,是说话人成长过程中一直在听或说的语言形式,对人的影响是根深蒂固的。一个来自方言区的人即使已能说一口流利的、标准的普通话,在特定情境中偶尔也会冒出某个方言音或方言词干扰普通话的表达。尤其是当说话人刚说完方言时,大脑还停留在方言思维上,不能及时转换到普通话思维上来,就容易出现失误。一位来自山东临沂的语文老师上课时说"百(bǎi)发百(běi)中",这位老师平时爱用方言,上课时一部分思维还停留在临沂方言上,前一个"百"字还能说对,后一个"百"就发成了方言音。这是说话人在讲普通话时受方言习惯的干扰,思维转换延迟、滞后导致的言语失误。一个习惯说方言的人,突然在某些场合中转为普通话表达时,就很容易由于思维跨度大而出现断层。

第二是行业语对日常语言的干扰。行业语是各行各业使用的专门词语,是社会方言的一种。长期从事某一职业的人,由于职业习惯,其语料库中、语言格里储备的和本行业相关的词语占很大比例,语言格放的位置也便于提取,交际时就会不自觉地联系到自己的职业上去,在讨论和本行业无关的话题时也倾向于用自己的行业语来表述,俗称"三句话不离本行"。

每个人都可能有多重身份,不同身份下的言语状态也大不相同。一个保险客户服务人员工作了一天回到家里,思维依然停留在工作状态中,家中的电话响起,她迅速接起并用甜美的声音说:"你好,这里是××人寿。"这就是说话人精力过于集中于某一情境,而误在其他情境中使用该情境下的语言形式,说话人受职业习惯的影响,没有把思维及时地从职业情境转换到其他情境中。

第三是上下文情境对口语表达的干扰。在语言的线性流程中,上一句话可能对下一句话产生引导的作用。如果这种引导与说话人所要表达的内容不一致,就很容易产生表达失误。

北京师范大学的学生在北京大学门口向别人介绍时说:"你看,这里写的校牌'北京师范……,哦,'北京大学'。"平时说得多,习惯了,遇到其他需要表达的具有相似性、相关性的语言形式时,思维转换延迟、滞后,导致习惯的表达代替了应有的表达形式。

(二)思维空白和缺失、断层导致失误

相对于思维转换延迟来说,思维空白、缺失与我们平时常说的"大脑短路"更相近一些,即大脑在一瞬间处于空白的状态,没有任何语言材料可以使用。"短路"原是物理学中的用语,指电流不通过电器直接接通,发生短路时,会因电流过大导致机器损坏或火灾。在口语表达中,"短路"往往用来指人的思想空白或思维断裂,它会直接映射在口语表达中,造成失误。导致思维空白的原因有很多,比如话题不熟悉、精神过于紧张或者过于松懈等。如一位做过多年教师的人参加公务员面试,因为紧张开口就对考官说:"各位同学,下午好!"这就是大脑突然"短路"造成的。

有一个网络热词"无语",本意是没有话讲,在网络中引申为看到某种人或事表示不理解,或者懒得说、无话可说的感觉,都叫"无语"。或许这个解释也可以用于即兴口语的发生过程,很多情境下说话人找不到恰当的话来表达他的心情,有的人干脆沉默,有的人会自我解嘲地说"我无语了"。当有的人在交际中出于礼貌或别的原因一定要说话来回应时,也容易说出不恰当的话语来。

**感悟与训练**

### 一、给材料评述

根据下面的材料做即兴评述。

1. 你知道万里长城不足 2 500 公里吗？中国长城学会的调查表明,目前明长城有较好墙体的部分不足 20%,有明显可见遗迹的部分不到 30%,墙体和遗址的总量不超过 2 500 公里。有关专家呼吁,保护长城刻不容缓。

2. 近日,一家叫作"Privilege DriveXpert"的保险公司从 1 564 个考过国际驾照的学员中调查发现,越聪明的人越要多次尝试驾照考试。调查中包括考驾照者的智力、职业以及专业身份。调查者认为,越是有学术思维和聪明的人,越会在一件事情上思虑过多。而开车、考驾照是考验瞬间反应力的项目,思虑过多就容易影响考试的发挥。调查显示,59% 的学员第一次没有通过驾照考试,其中,有 39% 都是公司、商店老板。在这些没有考过的驾驶员中,他们平均额外尝试 1.7 次才拿到驾照。

3. 1974 年,美国政府为了清理给自由女神像翻新扔下的废料,向社会广泛招标。但几个月过去了仍无人问津,因为纽约政府对垃圾处理有十分苛刻的规定,弄不好会受到众多环保组织的法律起诉。一位犹太商人听到消息后立即飞往纽约。看过自由女神像下堆积如山的废旧铜块、螺丝和木料后,他没有提任何条件,当即签下合同。犹太商人开始了清理工程——他组织工人将废料进行分类,把废铜熔化后铸成小自由女神像,用水泥块和废木料做底座;把废铅、废铝加工成纽约广场图案的钥匙型饰物;最后,他甚至还把从自由女神像身上扫下的灰尘都包了起来,准备出售给花店。不到 3 个月的时间,犹太商人的那些"100% 自由女神像纪念品"畅销世界各地,让一堆废料变成了 350 万美元的现金。

4. 第二次世界大战期间,美国陆军反间谍队的高级官员伯尼·费德曼被德军俘获。为了从他嘴里掏出情报,德国审讯员使出了种种手段:严刑拷打、心理压力、耍弄诡计、给以厚遇……但均未奏效。德国人后来把他送入一所培养间谍的干部学校去,并让他每天陪同一个教官上课。这位教官不知是有意还是无意,每次讲给学员的东西大都是错误的。起初,费德曼极力忍耐,冷笑置之。有一天他实在忍无可忍,便情不自禁地批驳了德国人一通,并谈了美英机关一些工作的内幕,还提了一些应该怎样搞清通讯网的建议。自然,这些正是德国人希望知道的。

5. 梵·高在成为画家之前,曾到一个矿区当牧师。有一次他和工人一起下井,在升降机里,他陷入巨大的恐惧之中。颤巍巍的铁索嘎嘎作响,箱板左右摇晃,所有人都默不作声,听凭这机器把他们运进一个深不见底的黑洞,这是一种进地狱的感觉。事后,梵·高问一个神态自若的老工人:"你们是不是习惯了,不再感到恐惧了?"这位坐了几十年升降机的老工人答道:"不,我们永远不习惯,永远感到害怕,只不过我们学会了克制。"

6. 在德国,一个造纸工人在工作中不小心弄错了配方,生产出了一批不能书写的废纸。他被老板解雇,正在灰心丧气时,他发现,这批纸的吸水性能相当好,可以吸干家庭器具上的水分。于是,他把纸切成小块,取名"吸水纸",拿到市场上卖,竟然十分畅销。后来,他申请了专利,独家生产吸水纸,发了大财。

7. 非洲土著人抓狒狒有一绝招:将其爱吃的食物放进一个口小里大的洞中。等人走远,狒狒将爪子伸进洞里抓取食物,但由于洞口太小,它的爪子握成拳后就无法从洞中抽出来了,这时,人只管不慌不忙地来收获猎物,根本不担心它会跑掉。因为狒狒舍不得那些可口的食物,越是将食物捏紧,爪子就越无法从洞中抽出。其实只要一撒手,就可以溜之大吉,可它偏偏不。

8. 20世纪30年代,英国送奶公司送到订户门口的牛奶是不封口的,因此,麻雀和红襟鸟很容易喝到凝固在奶瓶上层的奶油皮。后来,牛奶公司把奶瓶口用锡箔纸封起来,想防止鸟儿偷食。没想到,20年后,英国的麻雀都学会了用嘴把奶瓶的锡箔纸啄开,继续吃它们喜爱的奶油皮。然而,红襟鸟却一直没学会这种技能。这种现象引起了生物学家的兴趣,两种鸟的生理结构没有太大区别,但为什么在进化上却有如此大的差别呢?原来,麻雀是群居的,当某只麻雀发现了啄破锡箔纸的方法时,就可以教会别的麻雀。红襟鸟喜独居,它们圈地为主,沟通仅止于求偶和对于侵犯者的驱逐,因此,就算有某只红襟鸟发现锡箔纸可以啄破,其他的鸟儿也无法知晓。

9. 斐塞司博士总是在午后坐在门前晒会儿太阳。一只母猫在阳光下安详地打着盹儿,时间一分一分地流走,太阳一步一步地向西边走去,渐渐被拉长的树影,挡住了母猫身上的阳光。母猫醒了,它站起来伸了伸慵懒的身躯,又踱到另一块有阳光的地方,重新卧了下来,接着打盹儿。每隔一段时间,猫都会随着阳光的转移而不停地变换睡觉的场地,这一举动引起了斐塞司博士的好奇心。猫为什么喜欢待在阳光下面?这说明光和热对它是有益的,那对人是不是同样有益?这个一闪而过的想法,成为闻名世界的日光治疗法的引发点。之后不久,日光治疗便在世界上诞生了。斐塞司博士,也因为一只睡懒觉的猫而获得了诺贝尔医学奖。

10.英国机械专家布利阿里是和武器打交道的人,绝大多数时间都在琢磨枪支的性能和构造,但他的最大的成就之一是发明了与武器毫不相干的不锈钢餐具。一战前,布利阿里的任务是改进枪支构造,他发现造成枪支性能问题的原因是枪膛用材硬度不够。为找到合适的材料,他找了各种各样的合金钢进行耐磨和耐热试验。试验场地上很快被各种合金钢堆满了。一天他在清理场地时,发现一块锃光发亮的钢材。他分析了这块钢材,发现它并不适合用在枪支上,但就在准备扔掉时,他看到了暗淡无光的餐具。他想:"用这材料来做餐具多漂亮啊!"因为这个念头,布利阿里成了一位不锈钢餐具推销商。数年后,不锈钢餐具开始进入家庭。当布利阿里获得极大收益的时候,不锈钢材料的发明者、德国人毛拉不禁感叹:"我把它扔到了垃圾堆,怎么没有想到它可以成为餐具呢?"

### 二、有关"一"的话题演讲

下面是一些关于"一"的说法,请据此演讲,发表你的看法。

1.一个艺术家问一个书法家什么字最难写,书法家回答,是"一"字。

2.有人说"得第一不难,只要愿意改行就行"。

3."值"字拆开就是一个"人"和一个"直",于是有人说"做人要直才能体现价值"。

### 三、根据"鸟笼逻辑"进行破除思维定式训练

惯性思维的破除对培养即兴口语能力来说至关重要,请根据下面的材料体会思维定式,并做评述。

挂一个漂亮的鸟笼在房间里最显眼的地方,过不了几天,主人一定会做出下面两个选择之一:把鸟笼扔掉,或者买一只鸟放在鸟笼里。这就是鸟笼逻辑。原理很简单,只要有人看到鸟笼,就会问:"鸟呢?"当主人回答:"我从来没养过鸟。"人们又会问:"那你要一个鸟笼干什么?"最后主人不得不选择买只鸟或扔掉鸟笼,因为这比无休止的解释要容易得多。鸟笼逻辑的原因很简单:人们绝大多数时候是采取惯性思维的。

### 四、根据下面两个材料,分别做即兴演讲

1.赵老板做生意发了财,在郊区买了块地皮,建了别墅。别墅后院有一株百年荔枝树,当初买地就是因为他看中了这棵树,谁叫他老婆喜欢吃荔枝呢。

装修期间,朋友都劝他找个风水先生看看。原本不怎么信这套的赵老板,专程去请了个大师。

大师姓曹,看风水30余年,很有名气。赵老板开车载着曹大师前往郊区。一路上,如果后面有车要超,赵老板都是避让。

曹大师道:"赵老板开车挺稳当呢。"

赵老板一笑:"要超车的多半有急事,让他们先走吧。"

一个小孩嬉笑着从巷子里冲了出来,赵老板一脚刹车避开,小孩笑嘻嘻跑过去以后,他并没有踩油门前行,而是看着巷子口,似乎在等着什么。片刻,又有一个小孩冲了出来,追赶着先前那个小孩远去。

曹大师讶然:"你怎么知道后头还有小孩?"

赵老板耸耸肩:"小孩子都是追追打打,光是一个人他可不会笑得这么开心。"

曹大师竖起了大拇指,笑道:"有心。"

到了别墅,刚下车,后院突然飞起几只鸟。见状,赵老板停在门口说:"麻烦大师等一会。"

"怎么了?"曹大师再次讶然。

"后院肯定有小孩在偷摘荔枝,我们现在进去,小孩一慌,万一掉下来就不好了。"赵老板说。

曹大师默然片刻:"你这房子的风水不用看了。"

这次轮到赵老板讶然了:"大师何出此言?"

"有您在的地方,都是风水吉地。"

2. 在英国伦敦,一个名叫斯尔曼的残疾青年,一条腿患上了慢性肌肉萎缩症,走起路来都很困难,可他凭着坚强的毅力和信念,创造了一次又一次令人瞩目的壮举:19岁时,他登上了世界最高峰珠穆朗玛峰;21岁时,他登上了阿尔卑斯山;22岁时,他登上了乞力马扎罗山;28岁前,他登上了世界所有著名的高山。然而,就在他28岁这年的秋天,却突然在寓所里自杀了。功成名就的他,为什么会选择自杀呢?有记者了解到,在他11岁时,他的父母在攀登乞力马扎罗山时不幸遭遇雪崩双双遇难。父母临行前,留给了年幼的斯尔曼一份遗嘱,希望他能像父母一样,一座接一座地登上世界著名的高山。在遗嘱中,父母列举了一些高山的名单:喜马拉雅山、乞力马扎罗山、阿尔卑斯山……年幼的斯尔曼,把父母的遗嘱作为他人生奋斗的目标,当他全部实现这些目标的时候,感到了前所未有的无奈和绝望。斯尔曼留下的遗言:"这些年来,作为一个残疾人创造了那么多征服世界著名高山的壮举,那都是父母的遗嘱给了我生命的一种信念。如今,当我攀登了那些高山之后,功成名就的我感到无事可做了,我没有了新的目标。"

# 第四章　即兴口语语流失畅的矫正

作为线性的即兴口语，免不了出现语流失畅的问题。语流失畅是言语失误的一种表现，是口语表达者在说话时无意中偏离原来的言语表达计划所致的错误。语流失畅主要表现为停顿、重复、改正、口吃、失言等，是调取失误、组接失败、语境干扰等诸多因素影响的结果。

## 第一节　文本意识的阻碍

许多人的口语其实都受文本的潜在影响。自科举取士以来，逐渐形成了全社会"重文轻语"的风气。语文教学也存在"重文轻语"的现象，张志公说过："过去教语文，往往忽视口、耳，只注重手、眼，这是砍掉植物的根而希望它开花的办法，充其量这叫插花。也许能开两朵花，然而开不多，也开不久。"这里对语文的性质是这样理解的：语是口头语言，文是书面语言。汉语口头语言是第一性的，是书面语言的基础，即"文本于语"。[①] 然而，人们普遍认为日常原生口语太俗，难登大雅之堂。在应试教育的影响下，口语技能的培养没有得到应有的重视。人们在正式场合进行即兴表达时常常下意识地想着文本，这是导致口语不流畅的关键原因之一。本节从四个方面分析如何将文本意识置换为现场意识。

### 一、舍弃文本意识

即兴口语的重要标志就是无稿、线性流动，然而学校教育却普遍注重培养文本意识，文本意识会让口语表达捆绑在几页起草好的稿子上。动态语境往往会与文本话语产生矛盾，当即兴表达处于"依据文本"和"依据语境"这"两难"境地时，容易导致话语失畅。

---

[①] 陈建民.张志公先生与口语教学[J].语文建设,1993(1):28-31.

因此,在即兴口语表达中,应当特别注意将文本意识置换为现场意识,一切服从于语境,让文本为现实语境服务,这样才可能做到语流顺畅。要根据语境的不同和听者的反应随时对口语做出调整,以使口语的单向表达或者双向交际得以顺利进行。

(一)文本感觉对即兴口语的干扰

口头性原本是语言的第一特性。远在文字发明以前,人类的口头创作就已经进入高度发达的阶段,因此《荷马史诗》才成为高不可及的范本。

从古代口耳相传到纸笔传书,再到今天的全媒体语境,人类交流的速度、频度、广度等发生了巨大变化,人与人之间的交流空间似乎变小了,形成了"天涯若比邻"的感觉。随着电子技术的日渐发展,图像和视觉的重要性逐渐大于声音和听觉,"读图时代"的到来似乎使人们用有声语言与他人交流的欲望日渐消退。前面说过,没有受到文字影响的口头语言是"原生口语",与之相对的是有文本依托的"次生口语"。"次生"的意思是第二次生成的、间接造成的、派生的,比如朗读、有稿演讲、电影对白等都是比较典型的次生口语。语言植根于口语,本应通过语音来刺激听觉系统达到交际目的,文字却总是把语言禁锢在视觉领域。年轻人热衷于用单音节词来表达自己的心情,比如"汗",表示汗颜的意思,可以是无语和无奈的表示。在网络用语中,省略号"……"由于与汗珠的外形相似,常用来表示"汗";也可以用"――||||| = ="" ――!" ⊙＿⊙b"等符号表情来表示;还可以使用静态的"🗨"图形。随着微信、QQ表情包的盛行,人们似乎拥有了太多现成的东西来取代语言。在交流日趋多元化的今天,人们也可以不用这个口语音节,而是代之以一个动作:伸出单手的食指、中指和无名指,把它举到额上然后做一个往下梳理的动作,形象地表达汗珠往下落的情形,以此来代表"汗"。一个了解当代文化的人想到"汗",通常脑子里会呈现出一个朦胧的文字形象,而不是只注意这个词的发音。还有的表情,可能没有与之相对应的口语表达,如😮,这也是读图时代对口语的影响。也就是说,识文断字的人不可能完全恢复口语文化中的人对这个词的感觉。由于书面文化的优先地位,读书人掌握语言的感觉和语言被转换为视觉符号的结果是联系在一起的。

以下面这句话为例:

书,绚丽了我18年来的花样年华。

这句话虽然很美,但很显然属于书面语言。如果在口语表达中保持"书面语态",就很容易造成语流失畅。当它需要使用在口语中时,就要"翻译"成口语语态,以获得更符合情境和更自然的表达。例如:

书对于我的成长是十分重要的。

书伴我一路走来。

读书令我受益匪浅。

书这个东西真好。

书影响了我的人生路程。

书带我走进了五彩斑斓的世界。

书伴我成长。

书照亮了我的人生路程。

翻译成口语语态的句子,在进行口语表述时才会与语境相吻合,使得口语表达在轻松顺畅的情境中进行。

(二)即兴口语句式的弃文本选择

从口语语态上讲,人们的口头语言多使用简短的句式,这是因为简短句式符合口语传播的经济原则和求美原则。长句子句型复杂,包含的意思多,信息量大,一时难以让别人听明白,口语表达者自己也难以把握。短句子更能表现出口语表达者的语气、语调、感情和神态。相对于复杂的长句子来说,短句子更好被掌握和表达,所以口语表达要尽量少用关联词"因为……所以""不但……而且""在……之下"等,尽量不用倒装句。口语中一般应按汉语的正常语序来表达:主语在前,谓语在后,宾语接在谓语的后面,附加成分紧接中心词,而倒装句、倒装词组不符合人们倾听和接受的习惯,这也是跟口语的单一线性特征密切相关的。比如:

忙于会朋友、逛街、沉溺于网游、谈恋爱、请客比拼,是大一新生不适应大学生活的五种表现。

这句话就明显属于书面语句式,从信息接收的角度来看,更适合于平面化的"目视",而不是线性的"耳听"。这句话如果要便于听者理解,就需要对句式加以调整,使其更加适合于口头表达:

大一新生不适应大学生活有五种表现:忙于会朋友、逛街、沉溺于网游、谈恋爱、请客比拼等。

后一种表达方式更适合口语的线性传播,既能引起听者的注意,也便于说者的表达。口语化是即兴口语的基本要求,就是所用词语和句式让人容易理解、容易接受,这是有声语言传送信息的基本要求。适合口语传播的语言,通过声音作用于人的听觉,又叫"耳治语言"。书面语言写在纸上,是语言最终的形式,看不懂可以停下来思考,还可以重复看几次,它作用于人的视觉,又叫"目治语言"。"耳治语言"不允许倒回去或停下来细细品味,因此,即兴口语所用的词、句式,甚至整个讲话的布局安排,都要紧紧围绕着口语单向线性这个基本要求来进行。

## 二、使用超前处置

超前处置是使即兴口语保持流畅的重要技巧。在本书第二章第五节话轮转换策略部分提到过超前处置。超前处置能力是口语表达者流畅语感的重要表现之一。很多口语表达者在进行口语表达的过程中可以"预见"自己会卡壳。当预感自己要"卡壳"的时候,可以在现行的口语表达时段进行超前减速,插入几句相关之语,力争绕过暗礁;也可以暂时冻结"忘点",小跨度超越,想起来后再作"补证";如果脑子里记忆信号完全乱了,就要当机立断,丢掉原来的框架,减慢语速,重新组织表达。

在口语翻译的"同声传译"中也有一些技巧,如"适度超前"采用的就是这种超前处置方法。同声传译中的"适度超前"是口译过程中的"预测"(anticipation)技能,就是在原语信息还不完整的情况下,翻译者对发言人可能要讲的内容进行"超前翻译",从而赢得时间,紧跟发言人进行同步翻译。如在很多会议的开幕式中都会出现这样的套话:

……我谨代表……对与会代表表示热烈的欢迎,并预祝本次大会取得圆满成功。

在翻译这段话的时候,翻译者就可以根据自己的经验,在发言人说出"我谨代表……"的时候把整句话都译出来:

Please allow me to be on behalf of …to extend our warmest welcome to the participants of this conference…

在听到"预祝"之后,有经验的翻译者就会知道后面要讲的是"本次会议成功"。不善用"预测"技能的口译工作者很难做好同声传译工作,因为在翻译过程中要是等到全部信息说出以后再进行翻译,就不是同声传译了。即使翻译能够进行下去,也是断断续续,听众很难接收到完整的信息。汉语的口语表达也跟这种同声传译流程有相像之处。

## 三、即兴语言附加技巧

即兴口语是线性的、单向的,具有不可逆性,因而在表达中不可避免地有粗糙和单薄的地方,为了弥补这种不足,就需要一些追加和附加的手段。这里要说的"追加"就是即兴口语中为了弥补过失、避免误解、保持通畅而使用的常见又有效的手段。

(一)追加

追加是对即兴口语表达中信息存在方式的灵活调节控制,是口语表达者根据语境的需要,对说过的话做追补或加工的方法。适度追加是积极调控意识支配下的语言修补手段。追加有许多作用,如强调话语重点,以引起听者对某个信息的关注;整理某些不规则表达,使之更完整;补充前述遗漏的地方,使之更加周密;排除语境干扰,提高语言信息传播的有效性;对说话者的某些模糊表述予以及时更正,以免造成误解等。常见的追加有六种类型:

**1. 重复性追加**

重复性追加是对说过的话不做什么改动,在适当的地方再强调一遍,包括连续性重复追加和间隔性重复追加,整体归并性重复追加和局部选择性重复追加,自述性重复追加和转述性重复追加等。

重复性追加是在做报告或课堂教学活动中很常见的语言样态。它可以强调重点或难点,有助于听者获得深刻印象,也可以起到调整表达的作用。

**2. 复释性追加**

复释性追加是口语表达者对说过的话换一个角度或方式加以解释或强调。它不是单纯的词语反复,也不是仅仅追加几句修饰限制的内容,而是换一种说法以使语意表达更明确。复释性追加用在课堂教学中可以使学生理解得更透彻、记得更牢。课堂用语中,有的老师喜欢说"就是说……""或者说……",这样的用语可以看作是复释性追加的一种"标记语"。例如,在对外汉语教学的课堂上,教师经常要用一些简单的方式来消除课堂交际障碍,在这种语境中,复释性追加就会大量出现:

这句话"谁想去谁都可以去",也就是说,你想去你可以去,我想去我可以去,大家谁想去都可以,都可以去。

在留学生汉语能力不足以理解"谁想去谁都可以去"这句话的复杂性时,教师用学生已经学会的意义相同、结构不同的句子来进行复释性追加,使得语意表达更加明白。再如郭德纲在麻省理工学院的演讲:

咸丰皇帝大家都知道,咸丰帝驾崩也就是去世那一年,也就是1861年,这一年呢,麻省理工创立。所以说相声跟麻省之间还是有点关系的。只不过从来没有人把这两者合在一起,今天这门课程算是了了这个夙愿了。

谈到咸丰皇帝时,郭德纲通过复释性追加,对"驾崩"这个词做了一个通俗化的解释。

**3. 归并性追加**

归并性追加是口语表达者在语言表达的过程中,对自己前面说过的话进行有选择的类聚和归纳。归并性追加的目的是为了强化印象,因而在一些重要报告、讲话以及讲课中比较多见。在日常对话中,父母对子女进行叮嘱时,归并性追加也比较常见。

**4. 增饰性追加**

增饰就是增添、修饰的意思。增饰性追加一般是有意将一句话、一个意思分开来说,先作一般的概括,然后追加修饰词句。在口语表达中,增饰性追加就是对刚说过的话,再随机补说几句,增添一点被忽略或遗漏的内容,或作一点必要的强化修饰。它可使紧句变为松句,舒缓表达节奏,也有助于增强表达效果。主持人戴军在节目中讲到自己有一年获了很多奖,奖杯太多以至于很多都做了烟灰缸或小孩的尿壶:

有些奖杯做得像一个烟灰缸,放在桌子上。我不抽烟,我的朋友来到家里,抽烟的时候,(看到奖杯上的字)最佳男歌手?好玩好玩(做按灭烟的动作)。

这里的"我不抽烟"的解释就是增饰性追加。增饰性追加很好判断,如果去掉后面的追加修饰部分,原来的话语依然是通顺的。再如,郭德纲在哥伦比亚大学演讲时讲到相声的发展:

有人问我说这相声什么时候有的呢?刚才在座的有一位先生跟我说,天津老乡,天津人最爱听相声,天津、北京就是相声的窝子,"北京是出处,天津是聚处",这两个城市功绩非常大。大约在清朝的同治年间,开始有了相声。

郭德纲话语中使用的也是增饰性追加。说相声什么时候有的,但是中间追加上了相声的发源地,使得演讲的节奏舒缓,更加生活化,利于听众接受。如果去掉加点的追加部分,就有些像讲课,显得比较生硬呆板。

**5. 自纠性追加**

自纠性追加是口语表达者在表述不妥当时所作的补救性追加,有时也可以立即更改说错了的词句。在 2012 年 10 月的一期《非诚勿扰》中,来自四川阆中的戴彬是第一个充分利用点号器选择心动女生的,主持人问他看点号器和看真人哪个效果好,为什么不看着台上的女生选时,戴彬说:"我觉得看哪一个都能达到目的(mú di),都能达到目的(mù di)。"由于常年的基层工作,戴彬的普通话中带着较浓的四川方言味儿,他说话的时候将"目的(mù di)"说成了四川味的"目的(mú di)",意识到后,随即修正了过来,这就是比较典型的"方言自纠性追加"。

**6. 示错性追加**

在某些情况下,口语表达者故意把话说错,然后自己纠正。这种追加以"示错"的方式出现,可以形成幽默的语用效果。一位老师在报告中要引用《长恨歌》中的"在天愿做比翼鸟,在地愿为连理枝"来形容对爱情的忠诚,但他为了活跃现场气氛,就采用了示错性追加,故意说成"在天愿做比翼鸟,在水愿为比目鱼",引发了会心的笑声,然后再说出正确的诗文,收到了很好的现场表达效果。

即兴口语中的追加是积极修辞的有效手段,是为了体现语意表达的缜密和对"侧重面"的强化。结合语境,运用多种方式的追加是对信息存在状态的一种控制。因为在语流中,一条单线下来很难说得全面,所以就需要恰当运用追加来完善表述。但追加不可滥用,多了就成了冗余的表达。

(二)附加语

附加语是即兴口语中的一种常用口头语。附加语不是口头禅,但某一附加语重复多了就成了口头禅,所以两者的界限有时并不太好划定。附加语是经常用于即兴口语中的某个词或词组,它具有某种潜在的争取时间、延宕话语、普通呼应或舒缓语气的作用。附加语具体可以分为以下几类:

**1. 句首附加语**

句首附加语是很多人在开始一段讲话之前的惯用语,不能小看它,有的人甚至不说句首附加语就不好开口。它很像旧小说里的发语词。句首附加语通常包括以下几类:

这个么……

话说……

那么……

说起来……

随便说几句吧……

然后呢……

句首附加语可以帮助口语表达者尽快找到说话的感觉,将讲话顺利进行下去。合适的附加语可以起到润滑剂的作用,但有些,如"然后呢",有人也习惯把它用在每一句话的开头,这就不合适了。

**2. 延宕附加语**

延宕附加语通常用于句子中间,是在表达受阻时拿出来"填空",争取思考时间,借机字斟句酌的词语。如:

这个……

那么……

那个……

哦……

然后呢……

接下来……

除了用来争取时间思考、舒缓语气以外,延宕附加语也可以用来转移话题,温和地接续话轮等。

### 3. 掩饰附加语

顾名思义,掩饰附加语通常用在话语中需要掩饰的地方,可能是需要时间思考,或者是解释,或者是需要变相地让步。掩饰附加语比延宕附加语多了些语言意义。如:

怎么说呢……

说实话……

说不定……

反正……

其实……

### 4. 商榷附加语

商榷附加语用在即兴口语中通常表示一种征询,并不一定真的需要对方的回答。使用商榷附加语会使口气更加委婉。如:

是不是……

好不好……

对不对……

能不能……

可不可以……

### 5. 聆听附加语

聆听附加语是一种应答语,在口语中表示呼应、礼貌的意思。很多聆听附加语都是下意识表达出的,经常出现在语音通话时,看不见通话对象的表情时为了避免沉默,向对方表示自己在听。如:

嗯嗯……

哦……

是吗……

后来呢……

还有呢……

这种聆听附加语在进行面对面交谈时通常伴随着态势语,如点头、面部表情变化、手势等,或完全由态势语所取代。聆听附加语在接听电话时十分必要,如果说话人长时间未听到对方的聆听附加语,就会以为通讯中断了。

总之,附加语是即兴口语中的一种常见的语言标记,人们对此司空见惯。附加语本身比较中性,它的利与弊要看它在话语中使用的"度"。以即兴表达为职业的人,如主持人、外景记者、律师、新闻发言人、教师、导游等,要注意附加语的使用频率,冗余单调的惯性附加语只会滑向口头禅的误区。

## 四、降低语言冗余度

语言量丰富但语流质量不高的一个重要原因就是语言冗余度过高。

具备张口就说的即兴说话能力是一件好事,但即兴口语丰富并不意味着它可以无限生成。无限生成是即兴口语表达中的不良习惯,它是以极少的语料使言语无限扩张,利用言语生成的递归性产生大量无用的语言垃圾的冗余现象。

语言冗余现象容易出现在某些以口语表达为专业的人身上。比如,播音与主持艺术专业的学生能说"流利的废话"似乎是专业要求的第一步,在备考受训过程中特别容易练出超限生成的废话。在"能说"的基础上,语言是为了表达观点或展示信息点的,而不是为了掩饰说话者思想的贫乏。

降低语言的冗余度,就要控制即兴口语的无限生成。即兴口语表达中语言冗余度过高主要由四个原因造成:

一是准备不足。在即兴口语表达之前,表达者并没有做好充分的准备,开始说话之后,思维点聚集不起来,结果导致语言冗余。还有一种准备不充分的表现就是由于担心讲话时间不足或被叫停,因而语言追加过多,增饰不断,造成冗余。

二是思想不集中。在进行即兴口语表达时,表达者思想不集中,随想随说,言不及义,经常随时再加上几句,造成语言冗余。这种状况通常会被口语表达者自我定义为"状态不好",或者"不在状态"。

三是追求完美。追求完美是好事,但口语表达有粗略性的特点,看似随意组接的语言和临时调用的词语往往更符合听者的接受习惯。在表达中过于追求完美,希望面面俱到,反而容易在语言上造成冗余现象。

四是受不良表达习惯影响。有的人受周围人话语习惯的影响,本身带有口头禅。在即兴口语中习惯性的附加语、口头禅太多,就会造成语言系统中垃圾过多,导致冗余。

对于善于表达的人来说,其优势往往在于擅长对信息系统进行调节和控制,擅长对语言信息存在方式进行设计和对信息交换过程进行优化。如果即兴口语语量丰富却语质低下,将初始思维用即兴语言一股脑儿地倒出来,这其实是自我语言形象展示的一种失败。

随时开启搜集引擎,搜集信息点,紧扣信息点,对于精练表达、降低冗余非常重要。人们的感性话语只是表达的一层外衣、一个载体,口语表达最重要的还是寻求外表之下的根本、载体之上的内容。

**感悟与训练**

### 一、追加分析

说出下列语句中运用了哪种类型的追加,并分析一下这种追加使用的好处。

1. 我很同意这个观点,就是学历不重要。我父亲也没有学历,他是小学毕业就辍学的,但他给我创造了很好的生活和学习条件。

2. 在考大学的时候,我一个亲戚,也就是一个叔伯哥哥没有考上,他就去打工了。

3. 古代老百姓的确是传下来一句俗语"大疫不过三",就是说再大的瘟疫也要在三年内止住,因为过去农耕社会是要种庄稼嘛,超过三年就可能给老百姓的生活带来较大影响,也给国家的发展带来更严重的后果。原话是出自明朝的《载花船》。

4. 当年的《沙家浜》就是由沪剧《芦荡火种》改编成的现代京剧,它里面的经典唱段,到现在还有好多人会唱啊,不仅主角阿庆嫂、郭建光、沙奶奶的名字大家都熟知,还有反派的角色也刻画得让人过目不忘,刁德一、胡汉三……哎呀,串了串了,这是和什么混了?胡传魁!都姓胡哈,姓胡的比较容易当反派吗?胡汉三是《闪闪的红星》的大反派,你别说,这俩名字,弄混的人还不少啊!

5. 我站在这儿其实特别高兴,为什么呢?相声艺人其实大部分是幼年失学,我们这行很少出来俩博士,博士前博士后的都没有过,尤其过去老先生,文盲较多,但是我很愿意跟大家聊一聊相声。

### 二、语流拓展训练

按照下面三个步骤做一组以"月饼"为关键词的语流拓展训练,然后可以将引号内的词换成"秋天""泉水""蘑菇"等其他关键词继续做练习。

1. 在1分钟内说出20个和"月饼"有关的词语。

2. 在3分钟内,说10个跟"月饼"有关的句子。

3. 在10分钟内,编一段跟"月饼"有关的故事。

### 三、体会口语表达对书面文本的舍弃

舍弃书面文本的感觉是使即兴口语顺畅的一个关键点。即兴口语的弃文本选择是熟读诗书者的一个重要训练和感悟点。下面是《出师表》(节选)以及与之对应的白话幽默翻译,分别大声读一读,体会一下口语的弃文本效果。

**出师表**(原文节选)

臣亮言:先帝创业未半而中道崩殂(cú),今天下三分,益州疲(pí)弊,此诚危急存亡之秋也。然侍卫之臣不懈于内,忠志之士忘身于外者,盖追先帝之殊遇,欲报之于陛下也。诚宜开张圣听,以光先帝遗德,恢弘志士之气,不宜妄自菲薄,引喻失义,以塞(sè)忠谏之路也。

宫中府中,俱为一体,陟(zhì)罚臧(zāng)否(pǐ),不宜异同。若有作奸犯科及为忠善者,宜付有司论其刑赏,以昭陛下平明之理;不宜偏私,使内外异法也。

**出师表**(搞笑口语版翻译节选)

你亮叔我跟你讲几句:你爸当年出来混,半道上就给挂了。现在地盘又分成三块了,益州好像咱也罩不住了,这世道眼瞅着要悲剧了。但是你爸留下的保镖还很忠心啊,出去砸场的那些二杆子也都不想要命了。

这些都是看在你爸往日给好处的分上,现在想报答到你小子身上罢了。叔现在就希望你放机灵点,完成你爹的遗愿,让兄弟们也扬眉吐气。千万不要把自己当成不值钱的葱,把弟兄们的心给屈了。

你家里咱帮里,都是一起的,该批评谁该扇谁,一碗水端平。不好好干的,给咱整天惹事的,以及为人忠厚实在的,交给保卫科,该剁手的剁手,该发钱的发钱,这能说明你对弟兄们都一样,你也不要偏谁向谁。

# 第二节 言语缺失

有人在较为正式的场合说话时会出现这种情况:分明是难度不太大的表达,开始也比较流畅,但中间突然卡壳,变得语无伦次,或者瞬间找不到合适的词或组织不起一个通畅的段落,这就是言语缺失。言语缺失这种现象在许多人身上都发生过,这种表达障碍带来的最直接影响就是话语中断。言语缺失轻则出现"卡壳"现象,严重时表现为"大脑空白"从而造成"言语休克"。言语缺失通常是调取失败或组接失控造成的。

## 一、语料不足导致言语缺失

平时我们的语言资料都以块状的方式储存在语料库，一些相近的还会放在固定的语言格里。口语表达者在表达过程中为表述一个现象或看法，会从个人语料库中直接调取与话题相应的词语，这就是即兴表达中的"调取"环节。然而，当语料积累不足、语料库匮乏、词语严重短缺时，就会出现"难为无米之炊"的情况。比如，有些原本长于即兴表达的人，临时需要讲一些自己不熟悉的领域话题时，这种语料不足导致言语缺失的情况比较多见。

在第十二届全国人大三次会议记者会上，记者采访提问时出现表达问题，总提问用时42秒，然而其中言语缺失以及由此引发的重复表达加起来占了27秒之多。可以说是一个采访的"翻车现场"了。

谢谢主持人把第一个提问机会留给我，我是《传媒》杂志记者××，我们知道，文化强国的建设离不开法制作保障，我有个问题请问一下柳斌杰主任委员：全国人大文化∧在文化领域立法方面有何考虑？另外据悉，全国人大∧教科文卫委员会∧另外据悉全国人大教科文卫委员会正在起草∧∧正在起草∧∧∧不好意思有点紧张，∧教科文卫委员会正在起草公众文化服务保障法，请问目前进展如何？谢谢。

受过教育的成年人，尤其是当前大量接触网络和直播的成年人，其语料库中的词应当是足够即兴表达使用的，但关键时刻往往调不出来，因为词语在作为口语使用时会有"受限"的情景，大量的高端词语平时用不到，总是尘封在某个角落，有的甚至从未被激活，临时要用时当然想不起来。调取是在即兴表达过程中与其他环节同步进行的，只有词汇丰富、调取迅速的人才可能一次调取就准确成功。仅从即兴语言使用的角度来说，一些小剧场相声演员、体育节目解说员等均是调取语料的高手。他们不仅能从相近的语言格中调取语料，而且擅长从相隔很远的语言格调取语料，而这也恰好是笑料诞生的源头。再来看郭德纲在麻省理工学院演讲"相声艺术"的例子：

好多人都说什么时候开始有的相声，其实按照业内统一的认为，应该是在清朝的咸丰年间。咸丰皇帝大家都知道，咸丰帝驾崩也就是去世那一年，也就是1861年，这一年呢，麻省理工创立。所以说相声跟麻省之间还是有点关系的。

能够把这样的资料拼接起来的人，通常是即兴语言的大师级调取者。他们似乎打通了语言格之间的隔阂，在他们的语料库中没有尘封的词语，他们的语料都是活的、有生命的、灵动的。郭德纲的语言调取，不仅迅速而且灵活、形象，他善于挖掘新词，使得

语言表达非常有效果,例如他对"瓷实"这个词的调取和使用就很有新意:

  这哥们儿抢了银行开车就上了北三环。下午五点半,警察到的时候在路上堵得正瓷实……
  那谁谁谁能吃,一天到晚看谁都像烙饼,没事儿烙饼卷馒头就着米饭吃,那玩意瓷实,扛时候。有时候来后台,提溜煎饼果子准备饮场用……饮场饮到这份上也算古今第一人了。

  方言背景为语料的调取提供了取之不尽的资源,然而普通话的普及导致了青少年群体的方言缺失。其实多接触各类方言会提高口语表达者对语言的感悟,有利于语言的丰富性。

### 二、语料组接失控导致言语缺失

  语料不足是语流断档的一个重要原因,而在语料充足的情况下依然可能出现语流断档,那就是调取后的语料组接失控。造成语料组接失控的原因还是在于调取环节:有时虽然口语表达者"触到"了想用的某个语料,但在表达瞬间,他调取到的往往并不是特别清晰的词语,而是一些模糊的平面化的东西。在即兴口语表达的内部言语阶段,我们脑子里只有一些"语点",要完成即兴口语表达,就要把"点"连成"线"。将内部言语阶段脑子里形成的"语点",按一定的语法规则选择适当的词语,将简略的信息点快速地扩展、丰富、编码为完整的句子,并清晰地表述出来,这才是顺利的组接过程。任何一个环节出现问题都会造成组接失控,轻度的组接失控会造成词语搭配不当,就是俗话所说的"前言不搭后语",重度的组接失控会导致即兴口语中断,进入言语休克状态。

  前面讲过的一些给即兴口语贴标签的方法,有助于消减线性传播中的语言混乱现象,更容易达到表达的目的。

### 三、完善语料库建设和语言格提取

  人们之所以能顺畅表达,源于脑子里有一个丰富完善的语料库。听到一个词的时候,与之相关的邻词都可能被激活。当内部言语挑中某个词来表达某个思想时,言语网络中的这个词就处于兴奋状态,同时,兴奋会沿着网络的通路自动扩散到邻近的节点,提高这些节点的激活水平,降低它们被接通的阈限。

#### (一)语料库的丰富扩展

  心理词库是说话人头脑中储存的所有词语及相关信息的总和,是一个储存浩瀚词语信息的仓库。在需要瞬间提取储存在头脑中的词语时,口语表达者要在流畅的语流中1秒钟说出2—3个词语,不能有选择性错误。这就要求口语表达者在积累阶段注重丰富和扩展自己的心理词库,不然容易出现调取失败或组接失误,从而导致言语缺失。

说话人的心理词库越丰富,调用起来就越得心应手。很多民间艺人生活经验丰富,表达幽默顺畅,在很大程度上源于丰富的生活经历带来的充实的语料库和源源不断的提取资源。一些优秀的节目主持人在主持某个节目数年之后,往往会出现"台词荒",需要离开节目去进修充电或者换个环境体验生活积累经验,这归根结底都是为充实语料库而做的工作。

(二)语言格的有序提取

在词语检索过程中,言语缺失的产生往往源于调取失误,或者语义区域内其他的表述方法被错误地激活。说话者能在一瞬间从数以万计的心理词库中检索到某个词,说明词语的存储是有序的。在词语检索过程中,如果外部刺激错误地激活了这一区域内的另一个语义相关的词,就会发生语义提取错误,语义偏离就会发生;而语音提取错误则表明大脑中还有一个语音区,如果检索已到达了语音区域,但外部刺激却错误地激活了这一区域内的另一个语音相似的词,那么语音错误就产生了。我们仔细分析"嘴边现象""词语换位"以及"失言"等言语错误,可进一步理清我们是如何理解词意或提取语言信息的。

即兴表达中负偏离的发生多源于相近语言格内的词语间的冲突。说话者应从心理上扩大这些具有相似性的语言单位的差异性,减少相似特征在调取时造成的心理上的混淆。

说话人可以在心理上缩减每个语言格内所包含的内容,将每一个语言单位及其所包含的信息明确化,着重强调具有相似性的语言单位之间的差别。简单地说,就是补充自己不熟悉的知识,理清容易出错的部分,以此做更细致的区分。

**四、言语缺失的艺术化规避**

当出现调取空白时,说话人保持自然活泼的心态,可能会激活对语言自由的掌控力,一些非常规的使用反倒可以避免言语缺失,同时增强表现力。这里有两个最常见的调取手法,就是"偏离"和"模糊"。

(一)语词偏离的非常规调用

即兴口语表达的语言应该是规范的,然而如果始终中规中矩地调取词语,反而可能会乏味,缺少多样的表现效果。随着信息社会的不断发展、网络的普及以及现代人知识水平和综合素质的普遍提高,即兴口语在表达时,无论是纵向还是横向的联系空间都被大大拓宽,言语的偏离和变异频率也随之增高。时事的发展变迁总是很快地折射到人们的口语中来,人们喜欢追求个性化语言以及不断体现自我创造性的需要,很多人的语言观已自发地倾向于反常、求新和不对称,冲破规范模式的约束,凸显出动态的美感,以显示现代文明生活中的丰富多彩。

通常情况下,语言在传播中,词语或句子的意义都是固定的,如果重新拼接搭配语言格,巧妙地放弃词语的固解,追求别解,经常会造成新奇、诙谐的表达效果。例如,反常规词语调取的一个偏离手法是"别解"。《超级访问》在"超级奶爸"这期节目中请来了刘仪伟做嘉宾,主持人说刘仪伟刚出生的女儿跟他长得很像:

**刘仪伟**:这个你有所不知,从遗传学、动物学的角度来讲,任何的小孩儿刚出生,他一定像父亲,就是他要从最简单的程序和方法上证明他的来源是正确的。

**李 静**:这个出处是对的。

"来源"这个词在这里就故意偏离了其概念意义"事物的根源",而是返回到词面意义"是谁的孩子";"出处"这个词也是同样方法的偏离。这种对词语的反常调取和偏离运用就达到了一种特殊的幽默效果。再如韩乔生在做客《天下收藏》时对主持人说:

**韩乔生**:您从各方面来讲,包括您父辈的父辈的父辈……种种迹象表明,这个DNA传给您都具有这种收藏价值,而且不光今天,过多少年以后,哪怕咱一起在木乃伊墓穴里边,都具有收藏价值。

"收藏"是用于物品的词语,在这里韩乔生把它用在人(主持人)身上,显然是一种语法的偏离,这是"比拟"辞格的运用,给观众营造了一种轻松愉快的氛围。错位搭配成功地扩张了语言的潜能,使语义产生了盈余,达到了延长审美过程的目的。

口语表达的传播场有固定的语法规则,一个词语在调取之后,会和能跟它相搭配的全部词语构成一个关系网络,即语法场,表示这个词语在常规形式下的一切合法搭配。完备的语法体系一方面保证了语言的稳定和规范,另一方面也给人提供了突破常规的机会。语法场的偏离只要获得合理的解释和现场效果便是正偏离,如拈连、移就、仿拟、转类等辞格运用的就是语言的正偏离手段。这些偏离也常常是主持人语言幽默美的产生方式。《艺术人生》有一期特别节目,几位著名主持人齐聚一堂,妙语连珠,"偏离"不断:

**敬一丹**:我到了《东方时空》以后,就和小白、小水他们这些比我年轻很多、很有锐气、特别有激情的人在一起工作,就是我想偷懒都不行。

朱　军:对,被这些年轻人催着。

敬一丹:不是催着,是裹挟着。

朱　军:哈哈,裹挟着。

"裹挟"一词,原意指"形势""潮流"等把人卷进去,迫使其采取某种明确的态度,或者"风""流水"等把别的东西卷入,使随着移动。但在这里用在"人"的身上,造成了语法偏离的效果,就比朱军所用的"催"字更有表现力。词语选用需要进行偏离时,要以非常规的手法调用,这就要求口语表达者平时注重丰富和扩展自己的心理词库,并且拆除语言格之间的"隔断",使得词语调取从必然王国走向自由王国。

一个有趣的现象是,一些优秀的相声演员、一些玩票性质的脱口秀演出者,还有播音主持界大批"非科班"节目主持人往往更受欢迎。这跟他们在语言表达过程中,约束心灵的框架较少有关,他们有更多的自由来进行语言表达的发挥和创造。

(二)语词的模糊使用

面对包罗万象的客观世界,采用模糊表达法,借助较少的语言单位表达最多的信息是个明智的选择。汉语丰富的蕴藉及单音节、双音节词的构成特点,使得在原生口语中,说话人会在词项空缺或缺少特定的信息时用模糊语言来救场,这是语言模糊性存在的内在原因。

甲:啥意思啊?

乙:没啥意思,意思意思!

甲:真够意思!

乙:是我不好意思……

这段对话看上去用词重复、模糊,但放在具体语境中反倒很有意思,可以诠释丰富的话语内涵。这就是模糊表达的一种手段。

### 感悟与训练

**一、"旺财"与"忠犬八公"的故事讲述练习**

阅读下面的材料,按顺序做练习。

第一,有感情地朗读故事。

第二,讲一个1分钟的故事。

第三,以"旺财"为主人公,用自己的话把它讲成一个4分钟左右的故事。

第四,加上材料二《忠犬八公的故事》梗概,做一个夹叙夹议的演讲。

**材料一　旺财的故事**

你知道吗,人的一生有许多重要的人,而狗狗的世界只有你一个。

白天的沙杨路车水马龙。人车交织的南开步行街附近,一条狗安静地蹲守在民生银行门口。

这两天阳光不错,狗狗还是蹲守,那样安静。

昨天,打扫附近街道的清洁工阿姨说:"我在这边扫了两年街,差不多,对,差不多天天跟它打照面。"

红绿灯附近是一家民生银行,3年多前开的。银行保安告诉记者,打从那时起,他就见过这条狗,"不过下午5点以后,就很少看见它了。"这个保安大哥还打趣道:"银行一关门,它也下班了。"

这是一条普通京巴狗,有时还穿上红色衣服。附近熟悉它的人讲,这只狗每天在这里朝九晚五地守候,都快4年了。从早到晚,没人知道它究竟为啥要守在这里。

有网友发微博说,这条狗也许是被抛弃了:"逛完街回家,它还蹲在那儿。看着过往行人一动不动,太可怜了……"

你知道吗,成年的狗狗,拥有相当于4岁小孩的智商。

昨天上午10点左右,《重庆晚报》记者来到沙杨路南开步行街红绿灯附近,找到了这条传说中的狗狗。人们叫它旺财。

记者逗它,它不回应;给它拍照,它呆呆地配合;喂它东西,它也不吃。这条京巴如此忧郁,难道是条流浪狗?银行保安说,应该不是,"旺财,它每天身上干干净净的,冬天还穿外套,夏天时,毛还被人修剪过。"

几经打听,记者终于在附近的嘉多利广场小区找到了旺财的主人,16楼的住户秦先生。记者没想到的是,许多人眼中充满忧郁色彩的旺财,在秦先生家人眼中完全是另一个样子。

"我家旺财挺活泼的,又聪明,还会坐电梯呢。"提到旺财,秦先生笑得合不拢嘴。

昨天,秦先生带着旺财向《重庆晚报》记者演示。"走,旺财,我们去逛街。"秦先生话音刚落,旺财马上摇着尾巴跑到他脚边,仿佛听得懂人话。电梯从16楼降到1楼,其间不断有人进出,旺财都乖乖候着,电梯一下到一楼,旺财便飞快地冲了出去。

"看到了吧,我家旺财很听话的。"老秦骄傲地说,它中午饿了,会自己跑到门卫处,等门卫给它按电梯,然后跑到16楼家门口,吃主人提前放在门口的饭菜。吃完饭,看见有人下楼,它又会跟着下。

老秦还说,晚上夫妻俩回家后,是旺财一天中最高兴的时候,因为它可以跟女主人一起看电视了,"看得比我老婆还认真。"

记者注意到,狗窝是用女主人的羽绒服做成的,看来旺财生活过得不错。

你知道吗,狗狗的世界是黑白的,但它能记住熟悉的气味,一生不忘。

秦先生介绍,旺财常在附近逛,早就成了这一带的"明星狗"。不过,嘉多利广场小区保安告诉记者,他眼中的旺财不仅没啥明星范儿,反而一副心事重重的样子。银行保安也说,旺财总是独自在门口蹲守,其他狗要是靠近银行门口,它会立即将它们撵走,然后又开始独自守候,一副若有所思的样子。

人前人后,狗狗为何有如此大的反差?秦先生对记者道出了一段旺财背后的身世。

原来,旺财是秦先生捡来的。大约4年前,秦先生在重庆大学A区附近经营一家快餐店,"它跑了进来,样子很逗人喜欢。我就把它收养了,取名旺财。"

不知是不是捡来的原因,秦先生说,旺财一直不爱待在家,而是喜欢逛街。"步行街、师范学院、沙坪公园等,它都去过了。最常待的地方,就是民生银行门口。"

秦先生介绍,他捡到狗狗的地方离民生银行不远,也许那里,有旺财的特殊回忆。

狗狗能记住熟悉的气味,一辈子都不会忘。

你知道吗,狗狗的寿命一般为12至15年,它陪伴你的10年,是它生命中唯一一个10年。

秦先生说,沙杨路附近车多人多,自己以前曾担心旺财被别人带走,后来发现它格外经得住食物诱惑,"嘴挑得很,只吃火腿肠和鸭肠,肯定是以前主人疼的。"

"现在,旺财每天都跟着我。"秦先生说,每天下午5点左右,他下班回家,如果在电梯口看不见旺财,就会走到附近的民生银行门口,"它一定在那里。"

"不管它是在等以前的主人,还是在等我,我都觉得很感动,很幸福。"秦先生说。

旺财究竟在等什么?在等一个人吗?我们的一生有许多需要珍视的人,而狗狗只有主人一个。

明天的明天,旺财还会在那里……如果你路过沙杨路,见到这条狗狗,不要怀疑它的守候。

### 材料二 忠犬八公的故事

《忠犬八公的故事》根据20世纪30年代发生在日本的真实故事改编。1987年,它在日本首登大荧幕,创造了40亿日元的票房;2009年12月,影片的美国版上映。八公是一条谜一样的犬,没有人知道它从哪里来。教授帕克在小镇的火车站拣到一条走失的小狗,冥冥中似乎注定小狗和帕克教授有着某种缘分,帕克一抱起这条小狗就再也放不下来。帕克上班时,八公会一直把他送到车站,下班时八公也会早早在车站等候。一天,帕克因病去世。帕克的妻女以沉痛的心情埋葬了他,可是不明就里的八公却依然每天傍晚5点准时守候在小站的门前,等待着主人归来……

忠犬八公(1923年11月10日至1935年3月8日),日本历史上一条具有传奇色彩的忠犬,其品种为秋田县大馆市的秋田犬。这个真实的故事发生在1924年,八公被它的主人,东京大学农业系上野秀三郎教授带到东京。每天早上,八公都在家门口目送着上野秀三郎出门上班,然后傍晚时分便到附近的涩谷火车站迎接他下班回家。这样的幸福生活一直持续到1925年。一天晚上,上野秀三郎并没有如常回到家中,他在大学里突然中风,抢救无效猝然去世,再也没有回到那个火车站,可是八公依然忠实地等着他。

上野秀三郎死后,八公由小林菊三郎收养,但八公常常从小林家逃出去,一次又一次回到从前住过的地方。八公并不知道主人已经离世,一次次失望之后,它只是意识到它的旧主人已经不住在那幢旧房子。于是,它跑到涩谷火车站寻找旧主人,因为它记得以前就是在这里迎接主人下班回家的。每一天,它都默默地蹲在这里等候上野秀三郎,然而每一天,它都失望而归,来来往往的人群中并没有它望穿秋水的身影。就这样持续了10年,八公每天傍晚准时出现在火车站,准确无误地等候火车靠站。后来,上野秀三郎的学生在火车站里发现了八公,并跟着它回到小林的家中,从小林口中得知八公的故事。不久之后,这位学生在日本发表了一份关于秋田犬的调查报告,报告当中包含了八公的故事。1932年,这份报告被刊登在东京一份最大的报纸上,八公成为全国的焦点。它对主人的忠实感动了日本人民,老师和家长都把八公作为忠于家庭的例子去教育小朋友,它教会了人们什么是爱和不屈不挠的忠诚,大家都称呼它为"忠犬"。1934年4月,人们在涩谷车站前为八公树立了铜像。八公也出席了铜像的揭幕式。此后,铜像附近的车站入口就被称为"八公入口"。另外,在其出生地的大馆市车站前也有同样的一座铜像。1935年3月,八公11岁时因心脏感染丝虫病死亡。它死后尸体被制作成标本,保存在科学博物馆。

**二、"忠犬八公"故事评论训练**

下面是一些历史上的"忠犬八公"的散乱资料。请依据这些材料,加上修饰,讲述忠犬八公的真实的故事,并加上你的评论。

(一)八公生平

1923年11月10日:八公在秋田县大馆市大子内的齐藤义一宅出生,随即被送到上野秀三郎教授家。

1924年:八公与宠物犬John和S同住于上野教授家。

1925年5月21日:上野教授在大学因急病辞世。八公因未等到主人归来,三天三夜未进食。

1925年5月25日:与宠物犬John和S一起到涩谷车站迎接主人上野教授。

1925—1927年:八公先后移居至上野太太亲戚的家、亲戚的友人高桥家,最后又返回上野家。

1927年秋：移居富之谷上野太太友人小林的家。每逢上野教授回家的时间，八公都会独自前往涩谷车站，像是等候主人回来。

1932年：日本犬保存会的齐藤弘吉把八公在涩谷车站等候主人一事撰写成文，并寄稿至东京《朝日新闻》，以《惹人怜爱的老犬故事》为题刊登。八公因而成名，被称为"忠犬八公"。

1934年4月：八公像在涩谷车站前建立，揭幕仪式有300位名人参加。

1935年3月8日：八公在泷泽酒店北侧车库入口死去，享年11岁。

1935年：八公的告别仪式在涩谷车站盛大举行，最后与上野教授同葬于青山灵园。

**(二) 八公传说**

关于八公，有这样一些不同的说法：

说法一  曾任大学教授的牧隆泰与上野秀三郎相熟，他写了些关于八公故事的细节补充，诸如八公是从哪儿来的，为什么叫这个名字，以及辟谣：

1. 上野先生死后，八公由小林菊三郎收养，而小林家附近就是涩谷车站的站长吉川家。吉川会带八公到站长室，也会给它吃东西。

2. 因为八公是大型犬，伙食费很高，所以有时难免吃得不是很好或很够，而车站旁烤鸡店老板常会喂它吃东西。这也是它每天去车站的原因之一。

3. 最重要的是，上野秀三郎是驹场农科大学的老师，方向不同，并不会每天去涩谷站坐火车。事实上，在八公与上野先生相处的17个月，每天它都是在家门口送迎主人的，有时会跟着主人走一段到学校，但并不是到车站。

说法二  牧隆泰教授提供的这些并不能作为决定性证据，因为有人提出了其他说法：

1. 八公在教授去世后去车站的时间与生前一致。

2. 八公只有后两年才得到烧鸡店的喂食，以前去都受驱赶和暴力虐待，八公怎么还会对烧鸡感兴趣呢？

3. 到了车站后，只在教授平时出来的闸口等候。

4. 这点是最重要的，每次去车站途中，八公必然去教授的旧宅窗口窥视一番。

**三、根据图片编故事并评论**

下面五张图片有一个相同的题目，就是"恐归"。根据图片表现出的意思，完成下面的练习。

第一，根据每张图片编一个关于"恐归族"的故事。

第二，将每个图片的主题概括出来并做即兴评述。

图 1

图 2

图 3

图 4

图 5

## 四、看图讲述

第一,根据下面每张图片中人的表情态势,想象一段场景,描述出来。

第二,根据这个场景概括一个主题,编一段故事或一个情节并讲出来。

图 1

图 2

### 五、交通警示牌图片评论

下面是分别出现在湖北蕲春、山东济南、福建厦门和云南普洱的交通警示牌,请对图片做一下描述,并就此发表看法。

图 1

图 2

图 3

图 4

## 第三节 言语失误

人们在即兴口语表达中追求没有失误的"理想言语"状态,但这种理想状态通常在机器操作中设定了某些程序才可能完美实现,由人脑生成的自然言语很难达到这种理想状态。在形形色色的言语失误中,口误是最常见的形式之一。

"口误"(slip of the tongue)广泛地存在于我们的日常语言中,是说话人对表达意图的一种无意偏离。言语失误是连续性的言语之中语言的一种失误使用,它不仅包括口误的各种形态,如先置、滞后、互换、颠倒、替代、混合、归并、增减等,还包括说话时无意间出现的停顿、重复、迟疑、结巴,以及由于认知、心理、社会、文化因素而导致的不恰当的话语等。口误是言语失误中的一个重要组成部分,它是没有语言障碍的人在口语表达中偶然不由自主地偏离目标言语形式的失误现象。

## 一、口误的表现形式

按照语言单位内部成分的关系,即兴口语中常见的口误可以分为先置、滞后、互换、颠倒、替代、混合、归并、增减等类型。①

(一)先置口误与滞后口误

在即兴口语表达过程中,一个将要说出的语言成分干扰或取代了另一个正要说出的语言成分,这就造成了先置口误。先置口误包括即兴口语中的声母先置、韵母先置、声母+韵母先置、声调先置、韵母+声调先置、单音节先置、多音节先置等形式。

口误形式:他当时可是乐队的第一小提(qí)琴(qín)手。[正:第一小提(tí)琴(qín)手]

即兴口语表达中"琴"的声母"q"提前,干扰了"提"的发音,属于即兴口语表达中的声母先置口误。

即兴口语中的滞后口误与先置口误相反,是一个已经说出的成分干扰或取代一个正要说的成分。

口误形式:那一天去卢浮宫参观的队伍中,大部分是中国(gōng)人。[正:中国(guó)人]

这里,"国"受"中"(zhōng)的影响,出现韵母+声调滞后口误。

(二)互换口误、颠倒口误与替代口误

即兴口语中的互换口误指表达中前后两个成分互相交换位置。互换的两部分一般属于同一范畴,如声母与声母互换、韵母与韵母互换、名词与名词互换、动词与动词互换。也就是说,互换口误包括两大类:音节成分互换和语素、词、词组互换。

---

① 沈家煊.口误类例[J].中国语文,1992,229(4):306-316.

口误形式：今天我们社区里面花(huā)发(fā)盆种花。[正：发(fā)花(huā)盆种花]

"发"的声母"f"和"花"的声母+韵头"hu-"互换，属于音节成分互换，也可以理解为"花"(huā)先置或是"发"(fā)滞后。

即兴口语中的颠倒口误可以看作一种特殊的互换口误，互换的是两个相邻的语素或词，而且两个语素或词的词性一般不同。

口误形式：你一会儿给带瓶回水来。（正：带回瓶水来）

这个口误可以看作是"瓶"和"回"颠倒而形成的。

即兴口语中的替代口误，是一个不在话语中出现的成分干扰并取代一个想要说出的成分。包括声母替代、韵母替代、声调替代、语素替代、词替代、词组替代等类型。

口误形式：那儿的英语会说话吗？（正：那儿的鹦鹉会说话吗？）

说话者一直在说关于"学英语"的话题，所以当"鹦鹉"这个词需要调取时，就在表达中受到干扰，被"英语"这个词替代，属于词的替代口误。

(三) 混合口误、归并口误与增减口误

即兴口语中的混合口误，是说话者的语料库中两个竞争待选的语言成分在调取时出现失误，各取了一部分合并为一个成分说出的结果。例如，有人想喝汽水，在冷饮摊本来想说"来瓶汽水"，不料看见面前柜台上放着的啤酒，说出来的是："老板，来一瓶啤水！"

在即兴口语中，从构成一个大成分的两个相邻的小成分里各取一小部分结合成一个成分说出，这就是归并口误。如果混合口误好比是两根绳各取一股拧成一根，归并口误就好比是两根绳各取一段接成一根。①

口误形式：我先喝完这段片子再去。[正：我先看完这段片子再去(喝)。]

这段话的语境是说话者正在看一段影片，家人叫他去喝汤，说话人本来是想说"先看完这段片子再去(喝)"，结果在口语表达时两个词混合，变成了"喝完这段片子"。这里可以理解为"看片子"和"喝汤"连接在一起，属于归并口误；也可以理解为竞争待选的两个语言成分混合而成的口误。

增减口误包括即兴口语表达中的音段增减、语素和词增减等。

口误形式：这里呢是当地一个非常著名的地包(bāo)建筑。[正：著名的地标(biāo)建筑]

---

① 沈家煊.口误类例[J].中国语文，1992,229(4):306-316.

这段话语中,略掉了"biāo"的韵头"i"。

## 二、口误的产生

即兴言语的生成是个复杂的机制,任何一个环节出了差错都可能导致口误的发生。下面从四个不同的语言阶段分析一下口误产生的原因。

### (一)即兴口语的动机和意向阶段:潜意识的干扰

动机和意向是即兴口语产生的起点。按照弗洛伊德的解释,每个人都有表述自己意念的动机和愿望,但说话人并不认为自己所有的意念都应该被别人了解,那些不应当被表达出来的意念就被压制在潜意识里,理想言语所表达的仅是口语表达者意欲表达出来的部分。当口语表达者精神紧张、注意力分散或处于疲惫、焦虑等状态时,伴随着压制力量的放松,干扰的意念就会跳出来,替代说话者有意识的意念,导致言语失误的发生。弗洛伊德把所有口误都看成在潜意识中被压制的意念入侵到有意识的言语输出的结果,并且强调,心理动力因素可以使某些内容比别的内容更容易出现。例如,某个学生因为父母禁止他抽烟,就偷偷地吸。有一天吃完饭烟瘾犯了,打算借口散步出去吸烟。在门口换鞋时,父亲问他:"干吗去?"他本来要说"去散个步",可是随口说出来的是:"去散个烟!"结果父亲从他身上搜出一包香烟。再如,有一次湖南卫视《快乐大本营》节目快要结束的时候,主持人何炅说:"有那么多的观众在等着看我们的节目,这对我们是多么大的负担!"虽然主持人说完后立刻改口说成"责任",但"负担"一词可能反映了主持人的一个真实意念。在前面两个例子中,说话人潜意识中的意念——"吸烟"和"负担"成功地干扰了其有意识的意念,把说话人的"心里话"说了出来。

弗洛伊德的精神分析理论还可以解释口误发生频率的差别。成年人即兴表达中的口误大大多于儿童,就是因为成年人的意识动机比较复杂,说话时经常会有不同的意念同时出现,互相干扰形成口误。对儿童来说,他们的心理复杂程度远远小于成人,一般是想到什么就说什么,很少存在压制某些意念的情况,所以口误也少得多。

在人的潜意识中,心理倾向是导致口误发生的一个重要因素。如果某人在说话时带有某种心理倾向,就可能在言语表达中流露出来,造成口误。一对情侣准备打车,恰好路过一个水果摊,女孩看到了水果摊上的菠萝,产生想吃菠萝的心理倾向,女孩本来想问男友"你还有钱坐车吗?"结果却说成了"你还有钱坐菠萝吗?"说话时不自觉地把"坐车"说成了"坐菠萝"。可见,心理倾向会影响人正常的认知,并成为口误的诱因。

### (二)即兴口语的内部言语阶段:词语提取失误

当人有了言语的动机和意向后,就进入内部言语阶段。在这一阶段,说话人从心理词库中提取所需的词语,作为下一步组合造句的材料。语音口误的产生往往发生在语音相近的词语之间,这表明语音相近的词在词库中是储藏在同一区域的。语义口误则表明大脑中还有一个语义区,如果外部刺激错误地激活了这一区域内的另一个语义相关词,语义口误就会发生。由此可见,语音相似的词集中存储在语音区域,语义相关的词集中存储在语义区域。人脑中至少存在着两个有组织的区域——语音区域和语义区域。心理词库的区域性正是词语存储的一个重要特点。

一次考试后发下卷子来,某位学生说"我的分数太便宜了!"这位学生把"太低了"说成"太便宜了",分析"低"和"便宜"这两个词,它们在语义上具有某些共同之处。"低"一般指"在一般标准或平均程度之下",也可专指"价钱少";"便宜"的其中一个义项也是"价钱低廉"。二者在语义上相近,因此所处的位置也相近。当这个学生想说分数太低时,"便宜"一词被错误地激活并代替了"低"的形式,导致了口误的发生。还有学生想问同学"一个填空题多少分?"结果说成"一个填空题多少钱?"也是同样的原因。

除了口误之外,其他形式的失误,如笔误等也会由于词语的提取冲突而产生。

(三)即兴口语深层句法结构阶段:句法转换机制失灵

乔姆斯基的转换生成语法理论提出了深层结构(deep structure)和表层结构(surface structure)两个概念,深层结构决定语义,表层结构表示交际中使用的句子形式,决定句子的语音。深层结构和表层结构通过转换规则进行转换。言语产生的转换生成结构图(图 4-1),表示了句法、语义和语音之间的联系。

图 4-1

图中有两种不同的句法成分:一是基本成分,二是转换成分。基本成分产生深层结构。深层结构有两个加工方向:一是转换成分把深层结构转换成表层结构,表层结构又利用语音成分转换成发音的声音;二是深层结构由语义成分确定出意思。[①] 言语生成时转换结构的失灵会直接导致口误的产生。

某学生在床下找拖鞋,一边找一边问:"为什么我的拖鞋哪里去了?"这个学生在说话前脑子里就已存在着一个深层的言语结构,而且会形成一个内在的句子,即询问舍

---

① 黄希庭.心理学导论:第 2 版[M].北京:人民教育出版社,2007:446.

友是否知道他的拖鞋在哪里。这一深层结构可以转换为好几个同义句式:"为什么我的拖鞋找不到了?""我的拖鞋到哪里去了?"但是说话人在由深层结构向表层结构转换的过程中出现失误,在不同句式中进行选择时产生了杂糅,导致口误的发生。

(四)即兴口语的外部言语阶段:语音相似性的干扰

这是即兴言语产生的最后一个阶段,说话人将已经转换好的表层结构扩展为外部言语,以有声语言的形式表达出来,但很多时候说话人已经准备好了要说什么,发音时还是可能出现差错,这一阶段导致口误产生的原因主要是词语在语音上的相似性。语音相似的词或词组在语料库中处于相近的位置,说话人即使在从语料库中提取词语时没有发生失误,也可能在发音时出现差错,因为发音相近的词语在表达时,唇形、舌位等也会有近似性,说话人一时"舌头转不过弯来",就会产生口误。

例如,有人在家里听到门铃声,知道是送奶的来了,站起来开门时说"奶(nái)来(lǎi)了",说话者仓促间将两个字的声调发混了,出现了声调互换,虽然并不影响听的人理解他的意思,但这是一个比较典型的由语音相似性造成的表达干扰。"nai"和"lai"在发音上具有很大的相似性,声母相近,主要元音相同,而声调不同,说话人发音时两个声调互相干扰,导致出现了口误。

## 三、减少即兴口语口误的法则

百分之九十以上的人,对自己说出的口误并不自知。既然口误大都是无意识说出的,那么该如何避免呢?

许多人感觉,口误的发生是舌头一时转不过弯所致,是非常偶然的,说话人几乎捕捉不到要发生口误的任何信息,所以是不可避免的,但口误发生的原因存在普遍性规律。口语表达者无法通过改变语言的特性来避免口误发生,但针对导致口误发生的各种主观方面的原因,可以有意识地控制自己的言语行为,使影响言语的各种因素向着对自己有利的方向发展。

(一)集中精力,保持良好的思维状态

精神紧张、激动、生气等情绪很容易导致说话者思维的不畅、阻滞、跳跃或空白,引发口误。增强注意的稳定性,锻炼情绪控制能力和语言控制能力,做到在各种环境下都保持思维的顺畅和语言的流畅,可以降低口误的发生率。

过度松懈也是导致口误发生的重要原因:说话人注意力没放在谈论的话题上,说话过程中出现了其他的人或事,被其他信息干扰,此时口误就容易发生。说话者在交谈的时候精神集中,口误就会减少。

### (二)放慢语速,留出适度的思维时间

语速越快,口误的频率越高。韩乔生主持解说多项体育节目,因解说时语速快、口误多而留下"大嘴"之名,好事的网友甚至编了一本《韩乔生语录》。球迷们总结他的口误主要源自"意识流解说法",就是在转播中不完全按照比赛场面来解说,他的话是为了衬托和渲染比赛场面的意境,为了将赛场上观众的意识与情绪传达给电视前的观众。这种"意识流解说法"在解说时,眼睛看着球员A,脑子里想起球员B,嘴里说着球员C,实际指的是球员D,观众听着以为是球员E。这就是典型的快速表达之下的话语杂糅的结果。

语速较慢的人出现口误的概率相对较少。国家领导人讲话时准确鲜明,极少出现口误,和他们在重要场合说话时语速缓慢、语调沉稳存在一定的正相关性。

### (三)增加认知,扩大不同词语的心理差异

在语音、语义等方面有某些相似性的词语在语料库中处于相近的位置,说话人从中提取材料组织成语句,如果出现提取词语的冲突,就容易造成口误。不仅语音相近、语义相近的词会提取冲突,语义相关、相反,句式相近等都可能导致提取时出现冲突或代替。为了减少"误提取",可以从心理上扩大这些具有相似性的语言单位的差异性,减少其相似特征在心理上的干扰。

人的语料库是由许许多多平行的、交叉的、带有包含和被包含关系的语言格构成的。体育用品"阿迪达斯"和甜品"哈根达斯"两个品牌,结构类似、字数相同,又都以"达斯"结尾,在很多不熟悉品牌的人的心理语料库中,这两个词被放在相近的语言格内,甚至有人放在了同一语言格内,说话时自然容易说错。类似的例子很多,有学生放学回家后先玩手机,妈妈想让他先做功课,于是说:

孩子,这学习就要趁火打劫才有效果!

这个妈妈就是把"趁火打劫"和"趁热打铁"这两个词误放在了同一语言格内。"趁火打劫"指的是趁人家失火时去抢劫,比喻乘人之危谋取私利,是个贬义词;"趁热打铁"比喻抓紧有利时机和条件去做,是个中性词。两个成语的意思区分不开就很容易出错,如果增加对两个成语来历及具体用法的了解,就会避免发生这样的口误了。

肯德基餐厅推出一种有脆骨的炸肉串,名叫"骨肉相连",名字挺形象,但有人不熟悉这个名字,在点餐的时候说:

给我两串你们新出的……血肉模糊。

这是在短语使用上发生的口误。每个人掌握的常用词数量有限,接触的新词中成

语和专有名词占很大的比例,由于熟悉程度较低,遇到这些新词时就很容易出错。这类口误的解决办法是:适当补充相关知识,增加对事物的认知。对点餐者来说,由于第一次点叫"骨肉相连"这种名字的餐,不熟悉,突然无法正常调取,但可能对其中的"骨""肉"和"连"有一定印象,结果就选取了在他的语言格中放得非常近的另一个词——"血肉模糊"。这个词虽是把"骨肉"换成了"血肉",但意思还挺接近,而"相连"和"模糊"也有相近之处。然而这两个词的根本意义相差还是比较大的,所以就闹了笑话。

这就是在语料库中扩大两个词的心理距离,以减少口误的重要性。有些人在方言和普通话转换之间出现口误,有的人在跨文化交际中因为习惯的力量而脑子转不过弯来,适当补充相关知识就可以减少口误的发生。

虽然不能为了减少口误而不说话,但假如对某个领域语言格的内容不熟悉,那么在谈话时尽量避免涉足该领域是减少口误的一个方法。避免谈论不熟悉的事物,将话题转到自己熟悉的领域,可以减少口误出现的概率。

(四)平定情绪,保证良好的即兴口语状态

人在情绪不稳定的时候往往容易出现口误。说话者在说话时适当控制自己的情绪,遇事沉着冷静,对于减少口误的发生很有帮助。

从说话者的个人状态来看,当说话者处于疲劳、醉酒,或是着急、烦躁的状态时,出现口误的频率较高,因为在这样的状态下,大脑神经不能高效地进行语言编程,或者不能有效地支配言语器官。所以,保持身心健康,保证良好的表达状态也能有效地减少口误的发生。

### 感悟与训练

**一、日常口误生成收集分析**

收集一些日常生活中自己的或别人的口误案例,分析特定语境中口误生成的原因。

**二、艺考考场言语失误分析**

播音主持艺考考场是出现各类言语失误的"重灾区"。因为在这个场合,说话人情绪紧张,对即兴表达限定了主题和时间,考生表达的往往不是自己熟悉的内容。这些都诱发了各种口误的出现。下面这些就是近年来全国各地播音主持艺考考场中考生出现的口误,分析一下它们为什么会出现。

1. 他们一起栽坑挖树时……
2. 人固有一死,有的人轻于泰山,有的人重于鸿毛。
3. 贝多芬在耳朵还没有失明之前……
4. 人总说:学到老,活到老。

5. 许多人面对困难会迎难而下。

6. 中国小孩在未满 18 岁之后……

7. 结婚放完鞭炮之后到处都是废墟。

8. 淋得像一只落鸡汤一样。

9. 全身精神患有癫痫的人。

10. 我以前的父母对我很严格。

### 三、体育解说主持人口误生成分析

说到体育解说中的口误,资深主持人韩乔生被提及得最多。下面是一些网友收集的韩乔生语录,根据口误的生成原理分析一下这些口误为什么会发生。

1. 这是一位老运动员,他的体重是 30 岁。

2. 这是来自湖南的广东选手。

3. 现在由中国队守门员范志毅开任意球……

4. 第一名的韩国选手朴泰桓领先第二名的朴泰桓……

5. 北岛康介赛前说,他不拿到两块金牌就不回日本了。这回他拿到了,我们应该请他参观一下鸟巢。

6. 由于阿曼的攻势很猛,所以中国队千万要大意。

7. 沈阳的天气很冷,所以阿曼队要有一个逐渐的不适应过程。

8. 每一寸草皮都在进行激烈的争夺……

9. 在上周刚举行了一场别开婚面的生礼。

10. 可能有的观众刚刚打开电梯,我们再把比分……

11. 球被守门员的后腿挡了一下!

12. 水晶宫队已经赛了 7 场,2 胜 2 平 4 负……

13. 各位观众,现在站在跳台上的是英国裁判!

14. 已经有很多俱乐部表示要购买皮耶罗,拉齐奥出价 3 000 万美元,曼联出价更高,2 800 万美元。

15. 中国队解围,现在对中国队来说,把球门踢得越远越好。

16. 现在场上火药味很浓,两队队员在场上你争我抢,两队的教练也在场下争风吃醋。

17. 乌拉圭的主力门将是尤文图斯的主力门将×××,这位 21 岁的门将很年轻,今年只有 19 岁。

18. 高峰和郝海东是中国队的两把菜刀!

19. ××球员 30 公里外一脚远射!

20. 以迅雷不及掩耳盗铃之势……

## 第四节 口头禅

口头禅原意是指禅宗和尚只空谈禅理而不去实行,或借用禅宗常用语作为谈话的点缀;现指在即兴表达时不自觉地说出来的、没有实际意义的词语或字音。口头禅的表现形式很多,具体可分为两种:一种是无意义的,如"是不是""对不对""大概""反正""差不多""这个""那个""嗯""啊""吧""啦"等。有人说10句话,掺着8个"是吧",这些"是吧"基本上都是无意义的。还有一种口头禅本身是有些意义的,但是用语严重重复,出现频率过高,早已失去了其原来的使用意义。肯尼迪的女儿接受《纽约时报》采访时,就曾一连说了142个"you know(你知道)"。在选秀节目《美国偶像》中,一位黑人评委的口头禅是"as for you, as for me(就我而言,对你来说)",曾被做成片花反复播放,引人捧腹。

日常生活中口头禅常把一句话弄得支离破碎,破坏了语言结构,使本来有机联结的话语断断续续,削弱了表达效果。这种无意识重复的口头禅没有任何语义,它是一种干扰素,干扰了有用信息的接收。

### 一、口头禅出现的心理投射功能

语料库中提取率和重复率较高的口头禅,有的是个人习惯,有的是职业习惯。口头禅是心灵的莫尔斯电码,具有某种心理投射功能,在一定程度上揭示了说话者的内心世界。不少人在看《非正式会谈》这个节目时发现了一个问题,就是外国人在说中文的时候很喜欢在句子里加上"然后",不管句子前后是否有必然的逻辑关系。其实,这是受许多中国人口头禅的影响,很多人喜欢使用"然后"。"然后"本身是表示接着某种动作或情况之后,是可以体现顺序的词语,使用它其实就代表着一定的逻辑性。但现在口语中的"然后"似乎已经不再表示顺序了,其使用频率和范围在很大程度上呈扩大趋势,"然后"的频繁出现似乎成了人们日常交流的口头禅,但这并不是规范的语言表达。"然后"的过度使用会使这个词的词义发生变化,更不利于交流时语言逻辑的表达,甚至会出现不用"然后"就无法正常交流的情况。所以即兴口语表达中的逻辑问题也是亟待解决的语言文字规范化使用问题。

(一)口头禅是个人标志

多年前,美联社就曾撰文称,如果你经常听奥巴马演讲,那么对下面这些短语一定不陌生:"make no mistake(不犯错误)""Change isn't easy.(改革并非易事。)""It won't happen overnight. (不会一夜之间发生。)""There will be setbacks and false starts. (挫折和失败难以避免。)"。这些口头禅经常出现在他的演讲中。

中小学老师容易形成"什么呀"这样的口头禅。"什么呀"本是在课堂上惯用的,然而在形成之后就会无意识地用在其他场合,形成具有个人标志的口头禅。某位教师在做关于"月光族"的即兴演讲时,就反复出现富有教师标志的口头禅"什么呀"。演讲时长3分27秒:

"月光族"就是说每个月的工资都花完,到下个月还没有发工资的时候,几乎已经透支了,就是说月月的工资不剩一分,宁可负债透支也不什么呀,盈余。这是它的一个定义,大家都非常什么呀,熟悉。"月光族"的特征是什么呢?他有知识、有头脑,他能赚钱同时也非常什么呀,能花钱。在"月光族"的世界里,可以说是我们年轻一代、无根一代的,是吧,它当然是我们父辈痛恨的一种消费的方式。我突然联想到我生活中有这么一群美女,她们追求的是名牌的服装,高档的什么呀,化妆品,你比如说兰蔻呀、LV的包呀,她们都去追求这些,可以说让我们普通人望尘莫及的东西。如果是外企的高管,她们有一定的什么呀,经济基础,是吧。但"月光族",我对他们的看法可以说是一分为二,"月光族"追求时尚的口号可以说是促进了经济的繁荣,促进了货币的流通,促进了市场经济的发展,是吧。当然,他的这个追求跟我们父辈的勤俭节约的消费方式有冲突,我们父辈也有父辈的优点,优点是什么呢?当金融风暴来临的时候,父辈手里有一些钱,可以什么呀,抵挡一阵子。为什么这个金融风暴对中国影响不是很大,就是因为中国有个消费观念,就是喜欢存钱,外国人就是喜欢用信用卡透支,是吧,这是我们父辈勤俭节约的观点,这个对金融风暴有一定的什么呀,抵制作用。你比方说,在生活中,"月光族"有不速之客来的时候,你比方说别人的这个什么呀,来向你借钱,朋友来要你帮助的时候,不能够什么呀,帮助别人。从另一方面看,我觉得人要有一个中立的观点,既不能说"月光族"就是把什么钱都花完,一点也不剩余,当然我也不赞成父辈的那种勤俭节约,小病不到医院去看积攒成大病,舍不得吃舍不得穿,身体营养不良。所以我认为就是说,"月光族"和父辈的这种勤俭节约的观点,要什么呀,稍微中和一下。我认为既不月光也不太勤俭,每个月花一部分钱,当然也要存一部分钱,为以后的生活什么呀,打算,来计划将来。好,谢谢。

这段长达3分27秒的演讲,其实有效信息并不多,口头禅反复出现是造成单位时间内信息含量小的重要原因。"什么呀"这个口头禅反复无规律地出现,它是演讲者个人语言特征的展现,源自口语表达者个人的生活经历,用在即兴演讲中最初是舒缓语气的,为自己争取一些思考的时间,但它又来源于课堂,虽然演讲者此时并不是在讲课,但这个口头禅的反复出现是演讲者课堂教学经历的再现,是启发式教学的一个标记语。还有一个口头禅"是吧",是附加语的繁化而造成的口头禅。如果去掉这些口头禅,即兴演讲的语言就会更干净、更流畅。口头禅在某种程度上会严重干扰即兴口语表达。

在美国前总统奥巴马众多的口头禅中,"Let me be clear(坦白地说)"使用频率最高。无论讲话是什么内容,每当他想强调结尾时,就会用到它。在谈到医疗改革问题时,他指出:

Let me be clear, If you like your doctor or health care provider, you can keep them.(坦白地说,如果你喜欢你的医生或医保提供者,你可以继续留着他们。)

其他还有:

Student testing? Let me be clear:Success should be judged by results, and data is a powerful tool to determine results.(学生测验?坦白地说:成功应该通过成绩来衡量,而数据则是决定成绩的强有力的工具。)

或许因为奥巴马经常当众演讲,需要向老百姓阐明一些复杂的问题,所以简单明了就成了头等大事。在谈论恐怖主义、伊朗问题、对汽车行业的拯救、美俄关系、美中关系、气候变化等一系列问题时,他都会直接或间接地用到"坦白地说"。

据一位白宫发言人称,奥巴马使用这句口头禅是有目的的,"很多华盛顿官员都含糊其词以求政治上的优势,而总统则会清晰明确地表明自己的立场和意图"。受奥巴马的影响,当时的副总统拜登、白宫高级顾问艾克斯·罗德等也在不同场合"坦白地说"。

奥巴马的继任者特朗普特别爱用的一句话是"We will see (what happens).(看看吧。)"

记　　者:对朝鲜动武吗?
特朗普:We'll see.
记　　者:还在不在墨西哥边境修墙了?
特朗普:If it's necessary, we'll have to see.
记　　者:废不废奥巴马医改法案?
特朗普:I think we are going to see.… We'll see.… So we'll see what happens.

特朗普的"we will see(what happens)"口头禅看似模模糊糊又没什么营养,其实并不简单,它至少可能有三个用途:一是制造悬念,故意不明确表态,其实是说给有心人听,暗示事情尚未尘埃落定;二是表达质疑或者不确定性,有时特朗普真的还没作出决定,他也不知道接下来会发生什么;三是遁词,当记者提出的问题令他不好回答、不好明确表态时,只好拿"We'll see."当挡箭牌,为理清思路而争取时间。特朗普的总统身份给这句口头禅增添了一点神秘色彩,常常引发外界的猜测和不安。

口头禅是即兴语言中的一种标志,一些口头禅代表了口语表达者的生活态度。拜登有个口头禅"Come on(拜托),"在他出现口误之后经常会说这句口头禅,网友讽刺说"你总能看出他什么时候疯了,就是他说拜托的时候"。口头禅的形成跟使用者的性格、生活境遇或精神状态有关,可以算是个人标志。一句积极的口头禅,如"加油!"也影响着其他人对使用者的感觉。

常说"差不多""随便"的人可能比较安于现状,爱从众,"随便"隐藏着"错了别怪我,和我没关系"这样的潜台词;常说"据说""也许""算了吧"的人可能自信心不足;常说"看我的""没问题"的人可能充满自信,也可能是吹牛大王;爱回答"不知道"的人,容易表现出不合作的态度;"凭什么呀"的心理潜台词是:事情不该是这样的,却这样发生了。看不惯那些与意愿相悖的事,以此来鸣不平,以"凭什么呀"为口头禅,常给人以事事看不惯的感觉。"凭什么呀",其实是在诉苦,抑或是在控诉。还有"不知道""为什么""有病""你妹""不会吧""还好啊""改了"等通常表现了年轻人的一些生活和语言习惯。还有些中性的口头禅是没有任何意义的,比如"然后""嗯""这样"等。口头禅所暴露的常常是心理和思维的惯性。

(二)口头禅是积久形成的语言习惯

造成口头禅的原因主要包括以下几个方面:一是个人的语言习惯,通常是受周围人影响或者无意模仿他人所致;二是口语表达者事先无准备或准备不充分,出现言语表达的空缺,只得临时用口头禅来填补言语缺失所造成的空白;三是口语表达者语汇贫乏,老是用某些固定词语,用滥了就成了口头禅;四是负面心理的表现。

一些职业用语,经过缩略而成的惯用词可能会演化为口头禅。职业惯用语用于职场中,只要双方能心领神会即可,但若是主客双方非同一职业,就不可滥用本职业惯用语了。

## 二、口头禅的负面效应

口头禅中有一些是积极上进的,能给说话人和听话人带来"正能量"。奥巴马的口头禅"变革并非易事""这不会在一夜之间发生""挫折和失败难以避免"等都是积极的口头禅,有助于塑造他良好的形象。但大部分口头禅比较消极,有一种心理暗示作用,它会在不经意间消磨人的意志,导致"负能量"聚集。2010年有个调查显示,白领阶层四成以上将"郁闷"挂在嘴边。据某网站和平面媒体联手进行的北京、上海等十几个城市人口参与的调查显示,国人最爱说的"十大口头禅",按排名分别是:"随便"

(10.5%)、"神经病"或"有病啊"(8.1%)、"不知道"(7.2%)、脏话一类(6.7%)、"郁闷"(6.5%)、"我晕"(5.6%)、"无聊"(5.5%)、"不是吧?"或"真的假的?"(4.8%)、"挺好的"(4.6%)、"没意思"(4.6%)。从词意来看,绝大部分属于消极词汇。

其实"随便"一词不仅中国人说得多,英语国家的人也爱说,"Whatever"就相当于汉语中的"随便"或"无所谓"。美国曾做过一项调查,结果"Whatever"当选为美国人说得最多但最让人讨厌的口头禅,排在后面几位的还有"你知道""总之""这就是事实""到头来"等。除了这些比较"经典"的口头禅,每年还会出现很多新的"热词",成为人们的口头禅。

### 三、口头禅的规避

口头禅常常是不经意溜出来的,很多人并不清楚自己的口头禅是什么,可以问问身边的人,记下来,分析一下为什么口头禅出现频率高,哪些说多了可能让人不舒服,哪些说的时候可能会对自己有消极影响。不好的口头禅要一点点减少说的次数,最终将它们从口语表达中驱逐出去。敏捷的思维和严谨的语言习惯会帮助表达者克服口头禅。有口头禅的人要在嘴边设一个"岗哨",尽量把话讲得稳健些,克服口头禅带来的负能量。

(一)丰富词汇

口头禅多是一些毫无价值的词,由于口语表达者潜意识里担心话语中出现空白,因而口头禅就被拉出来"填空"。如果平时注意锤炼语言,扩大词汇量,口语表达时调取便捷,有充足的语料"待选",形成单调口头禅的概率就会大大下降。所以,想规避口头禅就要让自己的语汇丰富起来。取之不尽的语料多了,口头禅就会无用武之地。

(二)避免消极口头禅

脱口而出的口头禅并不是毫无意义的,某个习惯性口头禅反映了对某一类情形的反应模式。带有消极词语的口头禅,对认知和情绪都是一种消极暗示。心理治疗师即使肯定别人,也很少说"不错"等带有双重否定的词语,而是会改成"很好"这样的肯定性词语。心理医生指出,有三类口头禅要避免:

**1. 自我贬低类口头禅**

这类口头禅直接导向一个否定自己的表达。"我不行""老了""不中用了""我错了"这类口头禅很多见,中国人讲话时习惯自贬以示谦和。然而就表达方来说,贬低自我的口头禅有很强的心理暗示作用;就信息的接收方来说,这相当于让人时刻注意到自己的弱点,强化了消极评价。长此以往,容易形成自我挫败的恶性循环,不利于自我形象的塑造和积极语境的营造。

### 2. 环境偏见类口头禅

这类口头禅是对外界环境存有偏见的表达。鲁迅在《风波》中塑造了一个"九斤老太"形象,她的口头禅是"一代不如一代",这句口头禅在文中出现了8次之多,鲁迅以此揭示出一种陈旧腐朽的保守观念。这样的口头禅往往夸大了现实事物的阴暗面,成为一种消极的思维定式。

### 3. 负面情绪类口头禅

过于频繁地宣泄负面情绪的口头禅,如"郁闷""烦死了""没意思""没劲",这些情绪词的脱口而出,有时确能起到宣泄和缓解情绪的作用,但是反复出现则会导致负面情绪徘徊不去,不仅使自己持续低迷,也让别人觉得压抑。

消极的口头禅如"有病"或"没意思""郁闷"等,对于个人来说也许能达到一种心理宣泄的作用,但这些负面口头禅会影响身边人的情绪;而中性的口头禅如"随便""不知道"等,反映的也是放弃自我选择、消极拒绝等心态。尝试换一种积极的口头禅,其实就是换了种心态。比如韩剧《加油,金三顺》流行过后,不少人把"加油"两个字当成了口头禅,还有"太棒了"或者"给力"这样的流行语,都有利于保持健康的心理状态。因为在表扬他人时,内心的欣赏情绪会被他人感觉到,他们也会用同样的情绪来回报交谈对象。

## 感悟与训练

### 一、积极的口头禅

组织一个小组讨论,每人贡献一个积极的口头禅。

### 二、导游的游戏

关于口头禅,有许多有趣的游戏。下面这个游戏是导游经常在旅游车上让游客们做的,在课间或联欢会时大家一起玩这个游戏,可以借机发现自己和别人的口头禅。

有三个问题,每个人根据自己的情况回答一下:

- 说出你最喜欢乘坐的交通工具。
- 说出你最喜欢的动物。
- 说出你最爱说的口头禅。

接下来做一个连环游戏。大家记得自己刚才的回答吗?现在每个人将自己刚才说的答案连成一句话。这句话的格式是这样的:

我乘坐着(最喜欢的那个交通工具),遇见了(最喜欢的那个动物),我对它说:"我爱你。"那个动物说:"(你的那个口头禅)。"

**三、要规避的社会角色口头禅**

每个人都有自己的社会角色,社会角色容易带上标记性口头禅。体会一些常见的职业口头禅,想想还有没有其他的口头禅,如果这些社会角色和自己相吻合,看看自己有没有这类口头禅,注意规避。

家长:这是为你好。

幼儿园老师:手放好。

餐厅服务员:马上就好。

主持人:那接下来……

中小学老师:什么呀?

**四、即兴益智训练**

为了使口语句子的表达更加快捷通畅,可以进行下面几种形式的即兴益智训练。

词语扩展练习:注重平时的词语积累,在练习中给出一个词,尽量使用更多的表达方式。假如是一组人一起练习,可以采用"描述猜词"的游戏:一个人说,一个人猜。说的人通过出题人的卡片看到自己要描述的词,然后用语言描述给猜词人,猜词人根据同伴的描述来猜出这是什么词。

句子接龙:第一个人先说一句话,第二个人接着给前一句话做佐证,第三个人再来一段抒情……依次类推。要求简洁生动,表意准确。

# 第五章　即兴口语专项训练

针对即兴口语的不同表现形式分别进行专项训练，可以有效地提高即兴口语表达能力。即兴口语简便易行的训练形式有即兴演讲、即兴问答、即兴论辩、即兴主持和即兴评述等。这些专项训练不仅可以提高日常的即兴口语表达水平，而且也是自主招生、艺考、应聘面试、社团活动中的重要语言考查形式之一。

## 第一节　即兴演讲专项训练

即兴演讲是没有充足的文案准备，在即兴状态下的登台演讲。跟准备充分的命题演讲相比，它的难度更大。它是在特定的时境和主题的诱发下，自发或被要求立即进行的当众讲话，是一种不凭借文稿来表情达意的口语活动。即兴演讲由于出题简单，形式也不复杂，不需要过多解释说明，因而在竞争上岗、招聘面试、招生面试中具有极高的出现频率。

做好即兴演讲不一定要背诵大量现成的文章，而是要积累一些有代表性的"模块"。这种模块的使用在第二章中"即兴口语模块连缀技巧"部分已经介绍过了。

有一些简单易行的方法，可以助你即兴演讲成功，这也是即兴口语训练时应当遵循的有效方法。

### 一、确定鲜明的目的

先要明确自己讲话的目的是什么，以及到底要告诉别人什么。弄清楚这一点，讲话才能有的放矢，才有可能达到目的，这是给讲话立一个依据，它是即兴表达之本。对一个成熟的表达者来说，"出口成章"是最高境界，有时提前写了文稿反倒容易使演讲失掉生动性和灵活性，但对大多数人来说，事先做一个准备，特别是针对演讲的立意和选材、组织和表达等有一个统筹的安排，才能胸有成竹。

确定鲜明的目的,包括即兴演讲前需要先弄清两个问题:

(一)这段演讲要讲明白什么

明确要告诉人们什么,就是确定演讲的基本内容。做不到这一点,演讲就容易不知所云。是要给听众讲清楚一个新产品,还是要表达你的新观点;是传达一个领导的指示,还是鼓励大家去开始一个新的行动……这些都是要在开始演讲之前弄清楚的。很多即兴演讲者在准备阶段做了些效率不高的工作,至于到底要通过这几分钟的演讲告诉人们什么,自己也不清楚。这种情况在命题即兴演讲中非常普遍。比如,演讲者在面对"我们的教育中最缺少什么"这个题目时,如果上台前没先明确要告诉听众什么,势必在几分钟的演讲中表述得不知所云。有时,演讲者要告诉人们的事情太多太杂,也会显得不得要领。以下是一位演讲者的即兴演讲:

我们的教育中最缺少的是对学生的实践能力,以及对学生的思维的开发和对学生想象力的培养。老师应当了解学生需要的是什么,然后针对这个问题来教育学生。但是现在我们很多老师并不是这样的,他们过分看重学生的学习成绩,似乎有了成绩就有了一切,他们找家长也主要是因为学生学习成绩不好,而很少因为学生创造力不强而找家长……

这类即兴演讲很常见。这个演讲者在上台前虽然对演讲内容有所设计,但是由于演讲一开始涉及的面太宽,要说的内容很杂乱,所以显得思路混乱,语言流畅但主题不清。

口语表达是一条线,即兴演讲的设计应该顺着这条线,简明集中地设计话语。"我们的教育中最缺少什么"这个题目可以先确定即兴演讲的主题是"我们的教育中最缺少的是给学生自由发挥的空间",主题确定后,再围绕"如何给予学生更多的自由空间"来发挥,演讲就会更有章法。

(二)这段演讲的最终目的是什么

即兴演讲也应有备而来,通过演讲最终要达到什么目的,这是演讲者在开口前要弄明白的第二个问题。打算通过演讲给听众留下什么印象,是天真可爱还是老成稳重,是聪明活泼还是严谨踏实,是守正还是创新;打算在演讲过程中如何控制听众,希望听众被感动还是受教育,是说服他们还是吸引他们……确定了目的,才会在演讲中扩大有利因素,集中优势力量,按照最有效的演讲方案先声夺人。

在这一点上,作家莫言给我们做出了榜样。莫言作为中国本土第一位获得诺贝尔文学奖的作家,在瑞典发表获奖演说之前,他会如何演讲曾引起人们的各种猜测。莫言给演讲确定了一个很细化的点,就是"面对世界讲个人的故事",他以"母亲"为主要讲述人物,以"故事"为主要线索,既吸引人,又饱含对人生的感悟和深深的哲理。哥伦比亚新闻网站的记者评价说:"莫言用了一种最为平实的方式,叙述了自己成为'讲故事的人'的历程,简简单单,却透彻心扉。"

## 二、丰富演讲的用语

一些词可能在即兴演讲中反复出现,词语的重复有突出强调的作用。不过,同一个词在一段话语中反复出现,如果不是出于修辞目的,而是源于词汇量贫乏,就会显得表达单调。一位语文老师对 30 篇以《我爱我家》为题的学生作文进行统计,学生用的词不超过 200 个,成语、俗语很少见,更不用说个性化的语言了。学生用词用语贫乏让人担忧。

在这一点上,有一些演讲者给我们做了榜样。2022 年 6 月,神舟十四号航天员陈冬在出征前说:

能够再次执行飞天任务并担任指令长,是组织对我的信任,更是对我的考验,在深感自豪的同时也感受到了责任和压力。从年龄上看,我们乘组三人相对年轻,但我们有充分的准备、火热的激情、十足的信心。

六年前的太空之旅结束后,我对太空的渴望与日俱增。六年前是想上太空,现在是更想上太空。

陈冬在 2016 年作为神舟十一号航天员完成 33 天太空飞行,再度出征时虽然寥寥数语,但用词丰富、准确。

同样,十年前,2012 年 7 月 13 日,圆满完成天宫一号与神舟九号首次载人交会对接任务的航天员景海鹏、刘旺、刘洋,与媒体记者见面并回答提问,刘旺说:

我亲身体验到开飞船的感觉,确实是得心应手,操纵自如,要问我的评价,就两个字,很好!

我在任务前,说有百分之百的把握完成任务,这与其说是诺言,不如说是信心。

我相信经过长时间的训练,在前几次任务基础上的积累,再加上两位战友的帮助与协作,我们这次的突破,一定能成功实现。

我的诺言和信心还来自天宫和神舟。在天上,在天宫和神舟里,我感觉真的很好。

这里"很好"的反复使用就起到了重复强调的作用,作为总结性用语,听的人并没有觉得多余,反而更深切地感受到宇航员的心情和收获。刘旺话语中几个动词的使用非常准确,用词没有重复,语言显得丰富大气。这些都体现了即兴演讲用词丰富的重要性,语言的丰富主要靠词语的丰富表现出来。

即兴演讲时多用熟语，可以避免用词重复和用语贫乏，使得演讲精彩、深刻、有力。在这一点上，宇航员们给我们做出了很好的榜样。

### 三、珠串式模块串联

即兴演讲就像有目的的一段旅程，必须事先确定好行程先后及目的地。有序的模块串联就是演讲者为了充分表现主题，打动听众，把看似散乱的、零碎的材料，按照事物发展的内部规律，有机地、巧妙地组织安排起来的讲话框架。

"珠串式连缀"是常见的即兴演讲模块串联方式。这种串联结构有点像前面提到的纵式结构，在演讲中按一定脉络将模块串接起来，按照一个单一的线索顺序，把已经选好的材料——那些看似孤立的人、事、物——有机地联系起来，并在串联中将这些材料上升到某种高度，以表达主题，最后重复点题，使演讲首尾一贯，一气呵成。珠串式连缀法最重要的是有连缀典型信息点的功力，要求演讲者在明晰的语言推进脉络上，缀入"亮点"，这样才能逐层拓展表达的内涵，使演讲迸射出纵向穿透力。这种连缀不是点与点的简单罗列、相互关系的简单陈述、华丽词句的简单堆砌，而是通过有机的联想把材料组织在一起，层层递进。

公务员面试中有一道"你为什么选择报考这个职位"的即兴演讲题，一位报考公安岗位的女生是这样演讲的：

在我考警校的时候，就做过这样的选择。其实，对这个工作的选择源自我小时候的一段经历。我小时候胆子很小，怕黑，上高中后，我们要上晚自习，我每晚都是跟一个同学一起回家，但有一天平时一起走的那个同学请假了，我得自己走回家。那时大约晚上10点多了，我要自己走很长的一段路，虽然并不偏僻，但是对我这种胆小的女生来说还是一件挺难的事情。我鼓起勇气往家走的时候，身后突然跑过一只猫，我差点吓哭了……这时，我突然看到路的前方有一辆警车缓缓地驶过来，一看就是夜晚巡逻的车，我的心突然就放下来了，一点也不害怕了。这个场景一直深深地印在我的脑海里。在我报志愿的时候，我再次想起这一幕，如果有一个工作，能够让周围的人看到你感到心安，虽然他们不说什么，但是你的警服和警徽会给他们带来安全感，你的出现会让别的人感到温暖和幸福，这不是一个我梦想中的职业吗？

在顺利考入警校之后，我越来越发现我的选择是正确的，因为通过4年的系统学习和训练，我不仅变成了一个胆大心细的人，而且专业技能得到提高。我在派出所实习时，协助民警抓住逃犯，获得嘉奖，我参加了全运会和世博会的安保工作，并获得了赞扬。我觉得，选择一个职业不仅要看它的收入、舒适度，更重要的是，这个职业给你带来的幸福感和认同感。选择公安岗位，就给我带来了这样一种幸福感和认同感。

这一段演讲就是用珠串式连缀法串起的。在面对职业选择时举了高中的一个事例,这个事例的详细描述和考入警校后的简略叙述相得益彰,演讲层次清楚,深入浅出。

## 四、给语言加上标记

找到珠串式串联的内在脉络之后,就要在这个基础上寻找"标签"了。口语具有一维性特征,声音不能在空间中展开,语言信号发送出来立即消失,在无反复的口语流程中的每一瞬间,听话者有"即时记忆"的极限。口语的线性、瞬时性特点,使得它的传播有着区别于书面语的特殊性。给一维的口语加上标记,相当于给一列行驶的高铁的每一节车厢贴上标签(如图 5-1)。

无标记口语 ⟶

有标记口语

图 5-1

可以在即兴演讲中用作标记的有数字、序数、显著因素、时尚元素、重复因素等。

以山东省首批电力劳模的讲述稿为例,感受一下加上重复标记和数字标记之后的修改稿有什么不同(见表 5-1):

表 5-1

| | 原稿 | 修改稿 |
|---|---|---|
| 题目 | 痴心电业终不悔 埋头只做追梦人 | 我是一个平凡的人 |
| 开头 | 我叫杨××,来自国网××供电公司,是工程分公司线路三班班长。1986年,抱着对人生美好未来的向往,初中毕业的我走进××供电公司,当上了一名不起眼的线路工。<br>那时的电力部门不像现在这样声名鹊起、趋之若鹜。企业管理粗放,干活又苦又累不说,电光铁石般的工程还处处充满了危险,尤其是外线工,更被人们低瞧一眼,"选行不选电业行,有女不嫁外线郎",就是对外线工的真实写照。<br>然而,面对父母亲友的劝阻,我还是毅然地选择了当外线工,并且在挥汗如雨的劳动中,渐渐喜欢上了这里高亢入云的号子和粗犷豪放的性格。伴随着那一排排铁塔走向了山山水水的遥远,青年人梦想的种子,也深深地埋进了这片广袤富饶的土地。 | 那一年,我初中毕业,成为一名电力新兵。<br>那一年,人家不愿干的活,我干了,我成了一名外线工。<br>那一年,第一次参加公司线路技术比武,我拿下了一个总分第一、五个单项第一。<br>那一年,病重的父亲去世,可我正在工地排杆作业。<br>那一年,我解决了压接管校正难题,有了第一项创新成果。<br>那一年,我当上了省公司首届劳动模范,感受到了作为一名劳动者的光荣与自豪。<br>……<br>尊敬的各位领导、亲爱的同事们:<br>我叫杨××,国网××供电公司工程分公司线路三班班长。我是一个平凡的人。<br>30年前,我成了一名平凡的外线工。<br>外线工长期野外作业,干活不光又苦又累,施工中还处处险象环生,业内人常开玩笑地说,"选行不选线路行,有女不嫁外线郎",这,就是外线工的真实写照。<br>然而,伴随着那一排排铁塔,走向山山水水的遥远,青年人梦想的种子,深深埋进了这片广袤的土地,我渐渐喜欢上了这个行业。 |

续表

| | 原稿 | 修改稿 |
|---|---|---|
| 主体 | 如今,承揽的大小外线施工究竟有多少,我已经记不太清楚了,但首次外省作战的经历却记忆犹新、历历在目。<br>2007年10月,我们工程分公司承接了山西500kV府忻线路的施工项目。第一次承接省外线路,第一次承担500kV施工任务,第一次在偏远的山区复杂地形上进行施工,诸多的第一次让公司面临着巨大的挑战。公司领导再三权衡,最后决定由我担任山西府忻项目部经理。 | 我们班承揽了多少工程已经记不清了,但有三次重点工程,却一直记忆犹新。<br>第一次是2006年的"不扰民工程"。<br>……<br>第二次是2007年的"高难险重"工程。<br>……<br>第三次是2014年的政府"民心工程"。<br>…… |
| 结尾 | 我的人生答题还算漂亮,当选省公司首届十大劳模,是我职业生涯中的最大收获,也是省公司党委给予我的至高荣誉,在追梦的征程上,我成就了自己生命的辉煌。此时此刻,我忘不了各级领导对我的谆谆教诲,忘不了各位师傅对我的无私帮助,更忘不了各位战友给予我的鼎力支持,建设尖兵这一光荣的称谓,将激励我再接再厉,奋勇前行!<br>尊敬的各位领导、亲爱的同事们:<br>习总书记在二十大报告中强调"全面建设社会主义现代化国家,必须充分发挥亿万人民的创造伟力",我们要认真学习贯彻党的二十大精神,牢牢把握团结奋斗的时代要求,心往一处想、劲往一处使。中国梦是中华儿女奋斗实干之梦,也是我们国家电网人创新强企之梦。作为一名新时代的线路工,就是要把自己的梦想,汇入伟大的中国梦,汇入企业改革发展的滚滚洪流,在实现中国梦的雄壮交响中,奏出时代的最强音。 | 30年的工作历程,我最大的感悟就是:选定了职业就是选定了忠诚,守望忠诚,有牺牲、有奉献,也有收获和幸福。当选省公司首届十大劳模,是我追梦征程上一个莫大的鞭策。此时此刻,我心中充满了感恩,感恩各级领导对我的谆谆教诲,感恩各位师傅对我的无私帮助,感恩各位战友给我的鼎力支持,感恩父母妻儿给我追梦的力量!<br>走出初中,我踏入了社会,那是1985年。<br>人家都不愿干的活,我干了,我成了一名外线工,那是1986年。<br>参加××公司线路技术大比武,我拿了第一,那是1993年。<br>父亲病重去世,我坚守在排杆作业现场,那是1995年。<br>创新解决压接管校正难题,我开始了技术创新之路,那是2007年。<br>当上省公司首届劳动模范,是我再接再厉、奋勇前行的新起点,那是2014年。<br>一步步走来,是××公司这片沃土使我成长。一年年过去,是电力建设这份事业成就了我。<br>我是个平凡的人,但我有梦想,有了梦想才能启程。在平凡的岗位上,守望我热爱并忠诚的事业,我所追求的是——不怕行路万里,只愿光耀千家! |

通过对照稿可以看出:加了标记的线性演讲和没有标记的平面铺陈演讲,效果大不相同。有标记的演讲,恰如有一条线在牵着听众向前走,让听众从头听到尾,还挂在这条线上。

## 五、讲故事

要成为好的演讲者,首先要让自己成为故事大王。叙述时加入细节是讲故事的关键所在,演讲者应该让自己描述的情景再现。演讲和它的姐妹艺术"表演"有相近的地方,所有出名的演讲家都会有一种戏剧感。这不是只能在雄辩家身上找到的特质,孩童大多也具备这种丰富的语言才能,只不过长大后就慢慢退化了。我们周围的一些人还保留着这样的天赋,他们有丰富的面部表情,善于模仿或做手势,只要稍加努力,便能成为会讲故事的人。

叙述事件时加入动作和细节会给听众留下深刻的印象。有细节,紧扣主题的细节,而且是演讲者以再创造的热情来讲述的紧扣主题的细节,才是最成功和富有说服力的。在"党史一百年"演讲比赛中,对照一下表5-2的两段演讲,看哪篇更吸引人,现场效果更好:

表 5-2

| 一般表达 | 讲故事 |
| --- | --- |
| 百年奋斗路,是一条历经风雨、布满坎坷的路,是一条历久弥坚、磨炼成长的路,精神的力量坚不可摧,历久弥新。<br><br>在中国共产党人百年精神谱系中,有一种精神,也是红色基因的"传家宝",万众一心、众志成城、不畏艰险、百折不挠、以人为本的精神。 | 在中央红军长征出发纪念馆里,陈列着一盏马灯,虽然它锈迹斑斑,但却记载着87年前,一位母亲26年来等待儿子归来的故事。<br><br>她有10个儿子,她把8个儿子送进了红军队伍。她朴素地以为,孩子们打了胜仗,就一定会回来,可是她的8个儿子,一个也没有回来。她,就是江西赣州、于都河畔的农妇钟招子,一名8位红军烈士的母亲。 |

两相对照,不难看出,"讲故事"的演讲更能打动人,也会赢得更热烈的掌声。通常一场富有吸引力的演讲,"故事"环节会用去四分之三以上的时间。假设你的演讲总共5分钟,那你就有1分多钟的时间来说出你的期望和你的梦想,这与报纸消息所使用的"倒金字塔式"的顺序正相反:先讲故事,再以自己归纳的重点或对听众行动的请求作为标记。

## 六、中心开花

讲故事通常有它的顺序,而从故事中间部分切入、讲起,就是"中心开花"的讲述方法。它能立即抓住听众的注意力。

刘若英的歌《后来》就是一种"中心开花"的开场法:

后来,
我总算学会了如何去爱。
可惜你早已远去,
消失在人海。
后来,
终于在眼泪中明白,

有些人一旦错过就不再。
栀子花，白花瓣，
落在我蓝色百褶裙上……

"后来"本是"随后、之后"的意思，词作者却把它放在最前面，起到了半道插入、中心开花的作用。

某考生在考场上抽到一道即兴演讲题目"谈环保"，这个题目难度不算大，也没有太大新意，于是考生就按部就班地开始了演讲：

环保，是一个国家的大问题，我们是生活在空气中的，近年来，空气质量问题堪忧，引发了人们越来越重视……

考生说得平淡，考官也听得昏昏欲睡。因为会有不少考生抽到同一个题目，重复的语言和平庸的表达实在吸引不了考官们的注意力。直到这样一个考生使用了中心开花的方法：

设想一下，当你在 2046 年 8 月的一天早上醒来，往窗外看去，透过厚厚的玻璃窗，你会看到什么？

这个开场方式就是中心开花。有一些开场白，它能像磁石一样吸引人们的注意力：

2023 年 8 月的一天，我醒来时发现自己躺在医院的病床上……
办公室的门打开了，领班查理闯了进来……
我正在湖中央钓鱼，刚抬起头，看到一艘快艇正朝我快速开来。

如果开场白中讲清楚了时间、地点、人物、事件和起因，那么就是在使用最古老的获取注意力的方式。"从前"是个魔术字眼，能一开口就抓住听众，很多小朋友听故事就是从"从前"听起的。"从前"是个传统开场法，而"后来"就是中心开花：从故事的中间讲起。

要让听众看到你所看到的，听到你所听到的，感觉到你所感觉到的，要做到这一点，唯一的方法就是使用丰富而具体的细节。准备演讲的工作是重建答案的工作，它必须讲清楚时间、地点、人物、事件和发生的原因，用这五个问题的答案来刺激听众的视觉想象。

## 七、TMBK 原则和理查德结构模式

TMBK 原则主要用于有时间限制的即兴演讲。它包括能在瞬间组织起来演讲的 4 个部分：

题目　topic
中心意思　meaning
开头　beginning
关键词　keywords

即兴演讲常常是只有几分钟准备时间的演讲，要求在短时间内设计出有条理、有内容的一段话语。现在用"你为什么选择这个职位"的即兴演讲为例，把题目、中心意思、开头和关键词综合起来，可以按照表5-3的方式设计即兴演讲：

表 5-3

| 题目（topic） | 你为什么选择报考这个职位 |
|---|---|
| 中心意思（meaning） | 选择一个职业不仅要看它的收入、舒适度，更重要的是，这个职业给你带来的幸福感和认同感。 |
| 开头（beginning） | 在我考警校的时候，就做过这样的选择。其实，对这个工作的选择源自我小时候的一段经历。 |
| 关键词（keywords） | 高中、晚自习、警车、警徽、警校、幸福感、认同感 |

演讲由开头、主体、结尾三部分构成，每个部分都有它特殊的作用。演讲的开头、主体和结尾应有一定的比例，一般是两头小，中间大。据美国心理学家研究，听众在45分钟内，前15分钟获得较多的信息，而后30分钟则获益较少。整个演讲模块这样安排比较合理：

"悬念切入、优化成篇"是美国公共演讲专家理查德创建的演讲模式。理查德认为即兴发言应分为4个步骤进行，他主张直接用生动典型的事例画龙点睛，道出主题。

面对网购狂潮带来的问题，以《理性消费，适度网购》为题，套用"理查德结构模式"发表即兴演讲。表5-4是"理查德结构模式"与"常规结构模式"即兴成篇的比较：

表 5-4

| | 喂，请注意！ | 为何要费口舌？ | 举例子 | 怎么办？ |
|---|---|---|---|---|
| 理查德结构模式 | 点点鼠标在网上买东西，居然会扰乱生活，甚至掉了手指？ | 女性成为"网购"主力消费群并容易上瘾，是如今女性工作、生活压力大于男性时，对压力的一种宣泄。女性是"网购瘾"的最大和最易受害人群。 | 2012年11月22日晚，苏州的张女士一气之下剁了自己的左手大拇指，为了向丈夫表示"不再热衷网购"。血淋淋的事例表明"网购需谨慎"。 | 下面我告诉大家，当……时，应当……；当……时，应当……；当……时，应当……。这样，就可以把网络当作正常的工具，而不是任由网购扰乱我们的生活了。 |

续表

| | 喂,请注意! | 为何要费口舌? | 举例子 | 怎么办? |
|---|---|---|---|---|
| 常规结构模式 | 今天我要给大家讲的是节制网购,理性消费的问题。 | 理性消费是很重要的,现在网络发达,网购成风,带来一些问题…… | 造成大家热衷网购的原因有如下几点:<br>1.……<br>2.……<br>3.…… | 下面我提出几点建议供大家参考:<br>1.……<br>2.……<br>3.…… |

理查德认为,即兴演讲应当记住 4 句话,也就是 4 个步骤的提示信号,它们分别是:

——喂,请注意!"喂"的意思是,首先必须激起听众对你演讲的浓厚兴趣。开头的悬念就为激起听众的兴趣。

——为何要费口舌?向听众讲明为什么要听你说话,你所说的内容要使听众感到有直接的利害关系,产生紧迫感。这样易于吸引听众。

——举例子。举例子是为了形象化地将一个个论点印入听众脑海。生动的事例列举不但能深化记忆,激发听众兴趣,而且也能开拓演讲主题。

——怎么办?在这一步具体、实际地讲清大家该做些什么或怎么做。"怎么办"是演讲的目的所在。

"理查德结构模式"以"耸人听闻"的悬念开头,吸引听众的注意,并用鲜明警醒的议论"勾"住听众的感知兴趣,几部分衔接紧凑,表述通俗生动。"为何要费口舌"和"举例子"这两部分如同馅饼里的馅,味道全在里面,与开头的"喂,请注意"和结尾的"怎么办"相呼应。"网购"是个老话题了,"常规结构模式"给人以老生常谈之感。但按照理查德结构模式来布局,便可步步诱人深入。

### 感悟与训练

#### 一、"故纸堆"体赏析

在手机报里曾有一个"故纸堆"栏目,它的表述方式很有特点:虽然属于书面语,但独特的翻页阅读跟线性口语传达很相像,也具有单向性特征。下面是一个"故纸堆"段子,和"中心开花"比较,体会一下这种表述顺序的妙处。

清朝有个叫吴廷香的人,耗尽银钱办团练,抵抗太平天国。吴廷香遭遇危机时,派他的儿子吴长庆去向一个叫袁甲三的人借兵。袁甲三的智囊团就展开了讨论,有人主张不救,一个叫袁保庆的人则表示唇亡齿寒,愿意带兵去救。但还没发兵呢,吴廷香就阵亡了。虽然吴廷香死了,但是他的儿子吴长庆很受感动,就和这个叫袁保庆的人拜了把子。后来袁保庆的养子两次乡试都没考中,就去投奔了他爹的结拜兄弟吴长庆,吴长庆念及旧情,提拔了这个结拜兄弟的养子。1882年朝鲜发生壬午军乱,23岁的袁保庆养子随吴长庆的部队东征朝鲜半岛,镇压了兵变。1884年此人指挥清军击退了日军,1885年,他被封为清朝驻朝鲜大臣,从此在清末乱世中崭露头角。这个人,袁保庆的养子,名字叫作:袁世凯。

### 二、名句演讲训练

有些比较有名的人说了或写了一些话,流传甚广。体会一下,以它们为主题做即兴演讲。

当代作家的话——

没有比脚更长的路,没有比人更高的山。(诗人汪国真)

青春是道明媚的忧伤。(作家郭敬明)

快乐和幸福那么相似,可是快乐就是幸福吗?(作家郭敬明)

有精神的人死后,精神不死;同种道理,有钱人死后,钱不死。(作家韩寒)

所谓的正书,乃是过了七月份就没用的书;所谓闲书,乃是一辈子都受用的书。(作家韩寒)

我们的眼睛决定了,不论我们如何转动,永远都只能看到180°,而生活是360°,所以,总有些我们不知道的事情。(作家桐华)

经典古诗词——

宣父犹能畏后生,丈夫未可轻年少。(〔唐〕李白《上李邕》)

花开堪折直须折,劝君惜取少年时。(〔唐〕杜秋娘《金缕衣》)

谁道人生无再少?门前流水尚能西!(〔宋〕苏轼《浣溪沙·游蕲水清泉寺》)

矮人看戏何曾见,都是随人说短长。(〔清〕赵翼《论诗》)

宦途少累神先定,天性多情句自工。(〔清〕袁枚《读白太傅集三首》)

俗语谚语——

宁可做过,不可错过。

头回上当,二回心亮。

不怕山高,就怕脚软。

人多出正理,谷多出好米。

水大漫不过船,手大遮不住天。

百闻不如一见,百见不如一干。

要知父母恩,怀里抱儿孙。

只有上不去的天,没有过不去的山。

要吃辣子栽辣秧,要吃鲤鱼走长江。

三个臭皮匠,顶个诸葛亮。

名人名言——

时间乃是最大的革新家。(培根)

志不强者智不达(墨子)

自我控制是最强者的本能(萧伯纳)

有所作为是生活的最高境界。(恩格斯)

乐观的人永葆青春。(拜伦)

八字成语——

塞翁失马,焉知非福

一人传虚,万人传实

二人同心,其利断金

十步之内,必有芳草

千军易得,一将难求

人无远虑,必有近忧

尺有所短,寸有所长

不经一事,不长一智

失之东隅,收之桑榆

有则改之,无则加勉

前事不忘,后事之师

前人栽树,后人乘凉

桃李不言,下自成蹊

谋事在人,成事在天

愚者千虑,必有一得

### 三、单向与多项命题演讲训练

单项命题演讲是就某个单一的现象发表演讲,所提供的材料内容往往比较单一,难度较小。多项命题演讲是就两个以上现象提炼出主题来做即兴演讲,这种练习比单项命题演讲难度大了一点。阅读下面每组材料,从中提炼出一个共同的主题并做一段演讲。

**单项命题演讲**

知府想考察一下手下三位官员。一天,他召集三人开会,会后说:"我需要一根针,你们准备一下。"

第二天,三人都没来办公,知府便差人询问。差人报告说:"李官员昨天买了一根杵,正在家磨针,要告假一段时间。刘官员昨晚启程不知去哪买针了,估计两天后回来。王官员父亲生病了,正在家中照看。"官员点头不语。

后来,李官员来了,说:"大人,您说需要一根针,为了表示我的诚意,我特买了一根杆,日夜在家打磨,需再过两天才能给您。"刘官员说:"大人,在下买全了各种各样的针和线,供大人使用。"

王官员说:"大人,老父生病在家照看了几日。您要的一根针我从家里拿来了,您看合不合适,如不合适,我再到街上买。"知府笑了,说:"很好,我要的就是这个。"

第二天,知府便将王官员举荐给了朝廷。李官员和刘官员有点不服气,问知府为啥这样做。知府说:"我只要一根针,没让你们想那么复杂,凡事简单点,简单才是智慧。"

**多项命题演讲一**

1. 雪地行军是危险的,极容易使人患上雪盲症。但奇怪的是,若仅仅是因为雪的反光太刺眼,那为什么戴上墨镜之后,雪盲症仍不可避免呢?

美国陆军研究部门得出结论:导致雪盲症的并非雪地的刺眼反光,而是它的空无一物。科学家说:"人的眼睛其实总在不知疲倦地搜索世界,从一个落点到另一个落点。要是连续搜索而找不到任何一个落点,它就会因紧张而失明。"

美国陆军对付雪盲症的办法是,派先驱部队摇落灌木上的雪。这样,一望无垠的白雪中便出现了一丛丛、一簇簇的绿色景物,搜索的目光便有了落点。

2. 手表定律是指一个人有一只表时可以知道时间,而当同时拥有两只以上的表时却无法确定几点。更多的表并不能告诉一个人更准确的时间,反而会使看表的人失去对准确时间的信心。这就是著名的"手表定律"。

手表定律带来的启发是:对于一件事情同时设置两个不同的目标,将使人无所适从。

**多项命题演讲二**

1. 经济学里有个"羊群效应":头羊往哪里走,后面的羊就跟着往哪里走。羊群是一种很散乱的组织,平时在一起也是盲目地左冲右撞,但一旦头羊动起来,其他的羊会不假思索地一哄而上,羊群效应的表现是跟随现象。在一群羊前面横放一根木棍,第一只羊跳了过去,第二只、第三只也会跟着跳过去;这时,把那根拦路的棍子撤走,后面的羊走到这里,仍然像前面的羊一样向上跳一下,这就是所谓的"羊群效应",也称"从众心理"。人们会追随大众,自己并不会思考事件的意义。

2. 法国科学家让·约翰·法伯曾经做过一个松毛虫实验。他把若干松毛虫放在一只花盆的边缘,使其首尾相接成一圈,在花盆的不远处,又撒了一些松毛虫喜欢吃的松叶。松毛虫开始一个跟一个绕着花盆一圈又一圈地走。这一走就是七天七夜,饥饿劳累的松毛虫尽数死去。而可悲的是，只要其中任何一只稍微改变一下路线就能吃到嘴边的松叶。

3.一位石油大亨到天堂去参加会议，一进会议室发现已经座无虚席，没有地方落座，于是他灵机一动，喊了一声"地狱里发现石油了！"这一喊不要紧，天堂里的石油大亨们纷纷向地狱跑去，很快，天堂里就只剩下那位后来的了。这时，这位大亨心想，大家都跑了过去，莫非地狱里真的发现石油了？于是，他也急匆匆地向地狱跑去。

**多项命题演讲三**

1.19世纪末20世纪初的意大利经济学家巴莱多认为，在任何一组东西中，最重要的只占其中一小部分，约20%，其余80%尽管是多数，却是次要的。这种统计的不平衡性在社会、经济及生活中无处不在，这就是"二八定律"，也叫"巴莱多定律"。

| | |
|---|---|
| 20%的人成功 | 80%的人不成功 |
| 20%的人用脖子以上赚钱 | 80%的人用脖子以下赚钱 |
| 20%的人正面思考 | 80%的人负面思考 |
| 20%的人买时间 | 80%的人卖时间 |
| 20%的人找一个好员工 | 80%的人找一份好工作 |
| 20%的人支配别人 | 80%的人受人支配 |
| 20%的人做事业 | 80%的人做事情 |
| 20%的人重视经验 | 80%的人重视学历 |
| 20%的人认为行动才有结果 | 80%的人认为知识就是力量 |
| 20%的人"我要怎么做才有钱" | 80%的人"我要有钱我就怎么做" |
| 20%的人爱投资 | 80%的人爱购物 |
| 20%的人有目标 | 80%的人爱瞎想 |
| 20%的人在问题中找答案 | 80%的人在答案中找问题 |
| 20%的人放眼长远 | 80%的人只顾眼前 |
| 20%的人把握机会 | 80%的人错失机会 |
| 20%的人计划未来 | 80%的人早上起来才想今天干什么 |
| 20%的人按成功经验行事 | 80%的人按自己的意愿行事 |
| 20%的人做简单的事情 | 80%的人不愿意做简单的事情 |
| 20%的人明天的事情今天做 | 80%的人今天的事情明天做 |
| 20%的人想如何能办到 | 80%的人想不可能办到 |
| 20%的人记笔记 | 80%的人忘性大 |
| 20%的人受成功的人影响 | 80%的人受失败的人影响 |

| | |
|---|---|
| 20%的人状态很好 | 80%的人状态不佳 |
| 20%的人相信自己会成功 | 80%的人不愿改变环境 |
| 20%的人永远赞美、鼓励 | 80%的人永远漫骂、批评 |
| 20%的人会坚持 | 80%的人会放弃 |

"二八定律"告诉我们,不要平均地分析、处理和看待问题,要抓住关键的少数。经营管理中要找出那些能给企业带来80%利润、总量却仅占20%的关键客户,加强服务,达到事半功倍的效果;领导人要对工作认真分类分析,把主要精力花在解决主要问题、抓主要矛盾上。

2.《圣经新约》的《马太福音》中有一句名言:"凡有的,还要加给他,叫他有余;没有的,连他所有的也要夺过来。"这就是"马太效应"。

"马太效应",指强者愈强、弱者愈弱的现象,广泛应用于社会心理学、教育、金融以及科学等众多领域。"马太效应"与"平衡之道"相悖,与"二八定律"有相类之处,是重要的自然法则。"马太效应"可以归纳为:任何个体、群体或地区,一旦在某一个方面(如金钱、名誉、地位等)获得成功和进步,就会产生一种积累优势,就会有更多的机会取得更大的成功和进步。"马太效应"对于领先者来说就是一种优势的积累,当你已经取得一定成功后,就容易取得更大的成功。强者总会更强,弱者反而更弱。强者随着优势的积累,将有更多的机会。

### 四、卡耐基即席演讲训练法

戴维·卡耐基在《口才训练妙诀》一书中介绍了两种即席演讲的训练方法。

第一种是道格拉斯、卓别林、玛丽福特三人每天晚上玩的说话游戏。道格拉斯是这样描述游戏方法的:

我们三个人各取一张纸条,在每一张纸条上写一个说话题目,然后把纸条叠起来,三个人轮流抽取,抽到什么题目,就立即针对那个题目发表1分钟的演说。两年中,我们从没有重复过相同的题目。一天晚上,我必须针对"灯罩"这个题目发表1分钟的即兴演说。如果你认为这个问题很简单,不妨试试看,我可是好不容易才把这1分钟打发过去的。

长期玩这种游戏的结果,使我们三个人的思维变得异常敏捷,学到了应付各种复杂情景的技巧。更重要的是,面对任何场合都能很快把心中的想法整理出来,也就是说,我们已经学会了"站起来思考"的方法。

第二种是连缀技巧的游戏。卡耐基说:

这是一种颇具刺激性的练习方法。当一个学员被要求尽量以幻想的形式来说话时,他发表了如下的演说:"前几天,当我驾驶直升机时,发现了一群飞碟向我靠近。我正想降落时,一架最靠近我的飞碟对我开炮射击,但是我就……"铃声响了,时间已到,下一位学员接着这个话题往下说,如此循环下去。

这种在毫无心理准备状态下演讲的方法非常有效。大多数人经过训练之后,一旦遇到需要即兴演讲的场合,就能将这种能力充分发挥出来,达到其所期望的甚至是意想不到的效果。

要求:按照这两种方法,组织学生训练。

第一,由老师准备若干题目并制成签,学生抽签,抽到什么题目,就按题目当即发表1—2分钟的演讲,依次进行。

第二,教师领头,说一段话,学生依次接着说下去,不得改变话题。每人不得超过2分钟。

### 五、莫言的演讲

2012年12月8日,莫言在瑞典发表诺贝尔文学奖获奖演讲《讲故事的人》,演讲时间40分钟左右。莫言语速偏快,他的演讲主体是"文学",但却以故事开头,以故事结尾,以故事贯穿始终。虽然莫言这篇演讲并非即兴,但形式比较典型,故借用来做例子。莫言演讲中的细节部分已用下划线标出,体会一下他是如何做到"会讲故事的"(见表5-5)。

表 5-5

| 莫言演讲原文 | 评注 |
|---|---|
| 尊敬的瑞典学院各位院士,女士们、先生们:<br>通过电视或者网络,我想在座的各位,对遥远的高密东北乡,已经有了或多或少的了解,你们也许看到了我的九十岁的老父亲,看到了我的哥哥姐姐、我的妻子女儿和我的一岁零四个月的外孙女。但有一个我此刻最想念的人,我的母亲,你们永远无法看到了。我获奖后,很多人分享了我的光荣,但我的母亲却无法分享了。 | 类似"中心开花"的开头,用四个细节抓住听众:<br>细节一:高密东北乡<br>细节二:九十岁的老父亲<br>细节三:一岁零四个月的外孙女<br>细节四:母亲 |
| 我母亲生于1922年,卒于1994年,她的骨灰,埋葬在村庄东边的桃园里。去年,一条铁路要从那儿穿过,我们不得不将她的坟墓迁移到距离村子更远的地方。掘开坟墓后,我们看到,棺木已经腐朽,母亲的骨殖,已经与泥土混为一体。我们只好象征性地挖起一些泥土,移到新的墓穴里。也就是从那一时刻起,我感到,我的母亲是大地的一部分,我站在大地上的诉说,就是对母亲的诉说。 | 开始讲母亲的故事,依旧用"骨灰安放地""铁路"等细节吸引人 |

续表

| 莫言演讲原文 | 评注 |
|---|---|
| 我是我母亲最小的孩子。<br>　　我记忆中最早的一件事,是提着家里唯一的一个热水瓶去公共食堂打开水。因为饥饿无力,失手将热水瓶打碎,我吓得要命,钻进草垛,一天没敢出来。傍晚的时候,我听到母亲呼唤我的乳名。我从草垛里钻出来,以为会受到打骂,但母亲没有打我也没有骂我,只是抚摸着我的头,口中发出长长的叹息。<br>　　我记忆中最痛苦的一件事,就是跟随着母亲去集体的地里捡麦穗。看守麦田的人来了,捡麦穗的人纷纷逃跑,我母亲是小脚,跑不快,被捉住,那个身材高大的看守人扇了她一个耳光。她摇晃着身体跌倒在地。看守人没收了我们捡到的麦穗,吹着口哨扬长而去。我母亲嘴角流血,坐在地上,脸上那种绝望的神情让我终生难忘。多年之后,当那个看守麦田的人成为一个白发苍苍的老人,在集市上与我相逢,我冲上去想找他报仇,母亲拉住了我,平静地对我说:"儿子,那个打我的人,与这个老人,并不是一个人。"<br>　　我记得最深刻的一件事,是一个中秋节的中午,我们家难得地包了一顿饺子,每人只有一碗。正当我们吃饺子时,一个乞讨的老人,来到了我们家门口,我端起半碗红薯干打发他,他却愤愤不平地说:"我是一个老人,你们吃饺子,却让我吃红薯干,你们的心是怎么长的?"我气急败坏地说:"我们一年也吃不了几次饺子,一人一小碗,连半饱都吃不了!给你红薯干就不错了,你要就要,不要就滚!"母亲训斥了我,然后端起她那半碗饺子,倒进老人碗里。<br>　　我最后悔的一件事,就是跟着母亲去卖白菜,有意无意地多算了一位买白菜的老人一毛钱。算完钱我就去了学校。当我放学回家时,看到很少流泪的母亲泪流满面。母亲并没有骂我,只是轻轻地说:"儿子,你让娘丢了脸。" | 将细节化为"童年之最"讲述出来,这是最吸引人的演讲法 |
| 我十几岁时,母亲患了严重的肺病。饥饿、病痛、劳累,使我们这个家庭陷入困境,看不到光明和希望。我产生了一种强烈的不祥之感,以为母亲随时都会自寻短见。每当我劳动归来,一进大门,就高喊母亲,听到她的回应,心中才落下一块石头落了地。如果一时听不到她的回应,我就心惊胆战,跑到厨房和磨坊里寻找。有一次,找遍了所有的房间也没有见到母亲的身影,我便坐在院子里大哭,这时,母亲背着一捆柴草从外边走来。她对我的哭泣很不满,但我又不能对她说出我的担忧。母亲看透我的心思,她说:"孩子,你放心,尽管我活着没有一点乐趣,但只要阎王爷不叫我,我是不会去的。"<br>　　我生来相貌丑陋,……(省略150字)<br>　　我母亲不识字,……(省略90字) | 在"童年之最"的基础上继续说细节 |
| 　　有一段时间,集市上来了一个说书人。我偷偷地跑去听书,忘记了她分配给我的活儿。为此,母亲批评了我。晚上,当她就着一盏小油灯为家人赶制棉衣时,我忍不住地将白天从说书人那里听来的故事复述给她听,起初她有些不耐烦,因为在她心目中,说书人都是油嘴滑舌、不务正业的人,从他们嘴里,冒不出什么好话来。但我复述的故事,渐渐地吸引了她。以后每逢集日,她便不再给我派活儿,默许我去集上听书。为了报答母亲的恩情,也为了向她炫耀我的记忆力,我会把白天听到的故事,绘声绘色地讲给她听。<br>　　很快地,我就不满足复述说书人讲的故事了,我在复述的过程中,不断地添油加醋。我会投我母亲所好,编造一些情节,有时候甚至改变故事的结局。我的听众也不仅仅是我的母亲,连我的姐姐、我的婶婶、我的奶奶都成了我的听众。我母亲在听完我的故事后,有时会忧心忡忡地,像是对我说,又像是自言自语:"儿啊,你长大后会成为一个什么人呢?难道要靠耍贫嘴吃饭吗?" | 引出"讲故事"和"编故事" |

续表

| 莫言演讲原文 | 评注 |
| --- | --- |
| 我理解母亲的担忧,因为在村子里,一个贫嘴的孩子是招人厌烦的,有时候还会给自己和家庭带来麻烦,我在小说《牛》里所写的那个因为话多被村里人厌恶的孩子,就有我童年时的影子。<br>……(省略5 000字)对一个作家来说,最好的说话方式是写作。我该说的话都写进了我的作品里,用嘴说出的话随风而散,用笔写出的话永不磨灭。我希望你们能耐心地读一下我的书。<br>即便你们读了我的书,我也不期望你们能改变我的看法。世界上还没有一个作家,能让所有的读者都喜欢他。在当今这样的时代里,更是如此。 | 与文学有关的内容是本次演讲的重点,从这里开始演讲的主体部分。诗意地引出"我的文学路" |
| 尽管我什么都不想说,但在今天这样的场合我必须说话,那我就简单地再说几句。<br>我是一个讲故事的人,我还是要给你们讲故事。<br>20世纪60年代,学校里组织我们去参观一个苦难展览,我们在老师的引领下放声大哭,为了能让老师看到我的表现,我舍不得擦去脸上的泪水,我看到有几位同学悄悄地将唾沫抹到脸上冒充泪水,我还看到在一片真哭假哭的同学之间,有一位同学,脸上没有一滴泪,嘴巴里没有一点声音,也没有用手掩面,他睁着看看我们,眼睛里流露出惊讶或者是困惑的神情。事后,我向老师报告了这位同学的行为。为此,学校给了这位同学一个警告处分。多年之后,当我因自己的告密向老师忏悔时,老师说,那天来找他说这件事的,有十几个同学。这位同学十几年前就已去世,每当想起他,我就深感歉疚,这件事让我悟到一个道理,那就是:当众人都哭时,应该允许有的人不哭;当哭成为一种表演时,更应该允许有的人不哭。<br>我再讲一个故事:30多年前,我还在部队工作,有一天晚上,我在办公室看书,有一位老长官推门进来,看了一眼我对面的位置,自言自语道:"噢,没有人?"我随即站起来,高声说:"难道说我不是人吗?"那位老长官被我顶得面红耳赤,尴尬而退,为此事,我洋洋得意了许久,以为自己是个英勇的斗士,但事过多年后,我却为此深感内疚。<br>请允许我讲最后一个故事,这是许多年前我爷爷讲给我听的:有八个外出打工的泥瓦匠,为避一场暴风雨,躲进了一座破庙,外边的雷声一阵紧似一阵,一个个的火球,在庙门外滚来滚去,空中似乎还有吱吱的龙叫声,众人都胆战心惊,面如土色。有一个人说:"我们八个人中,必定有一个人干过伤天害理的坏事,谁干过坏事,就自己走出庙接受惩罚吧,免得让好人受到牵连。"自然没有人愿意出去。又有人提议道:"既然大家都不想出去,那我们就将自己的草帽往外抛吧,谁的草帽被刮出庙门,就说明谁干了坏事,那就请他出去接受惩罚。"于是大家就将自己的草帽往庙门外抛,七个人的草帽被刮回了庙内,只有一个人的草帽被卷了出去,大家就催这个人出去受罚,他自然不愿出去,众人便将他抬起来扔出了庙门。故事的结局我估计大家都猜到了,那个人刚被扔出庙门,那座破庙就轰然坍塌了。<br>我是一个讲故事的人。<br>因为讲故事我获得了诺贝尔文学奖。<br>我获奖后发生了很多精彩的故事,这些故事,让我坚信真理和正义是存在的。<br>今后的岁月里,我将继续讲我的故事。<br>谢谢大家! | 主体部分结束后,依然用故事来结尾,结尾的三个故事概括了演讲者要表达的意思 |

## 第二节　即兴问答专项训练

即兴口语中的对话性口语,从心理活动、语言组织和表达来看,是口语中最简单的形式。日常对话是由问答组成的,纯粹的双方叙述状态很少。对话过程中双方有问有答,彼此意会,在语法和逻辑上不要求那么完整和严谨。在对话性口语中,通常是两个人或几个人交流,有来有往,有听有说,一般不长篇大论,也不是机械地每人说一段。虽然即兴问答通常是语句简短、语意浅显的,但不能掉以轻心,因为很多决定人生重要选择的时刻是在问答中度过的。本节就从"问"和"答"两方面分别展开训练。

### 一、即兴提问的分类

在即兴口语表达中,提问是一种以解疑为宗旨的表达方式。提问往往是交谈的起点,通过提问,可以控制谈话的进程。根据"问句逻辑"的理论,每一个问题都限定了可能回答的范围。从提问方式来划分,常用的提问方式有以下几种:

(一)引导式提问与非引导式提问

**1. 引导式提问**

引导式提问中,一方问的是特定的问题,另一方只能做特定的回答。问一句,答一句,是由提问者引导应答者趋向的一种特定的提问方式。这类问题主要用于征询某些意向,它需要一些较为肯定的回答。例如,在央视《赢在中国》节目中,评委熊晓鸽向"最牛选手"黄艳泽提问:

**熊晓鸽**:您现在的这个参赛项目叫"TT俱乐部",是吧?

**黄艳泽**:是的。

**熊晓鸽**:您全资拥有?

**黄艳泽**:90%。

**熊晓鸽**:还有10%呢?

**黄艳泽**:是刚刚分出去的。

**熊晓鸽**:您管的员工人数?

**黄艳泽**:15人左右。

……

**熊晓鸽**:您现在已经做了半年了,有多少客户?

**黄艳泽**:我们的会员突破了1 700人。

**熊晓鸽**：培训时间多长？
**黄艳泽**：最长的就是一天一夜。
**熊晓鸽**：每个人收多少钱？
**黄艳泽**：350块钱。

……

这就是典型的引导式提问，应答者只要答出提问所需的基本信息即可，不必做出其他过多的解释。

**2. 非引导式提问**

对于非引导式提问，应答者可以充分发挥，自由地说出自己心中的感受、经历过的事件、某个方法的步骤等。这样的问题没有"特定"的回答方式，也没有"特定"的答案。例如，熊晓鸽在提问黄艳泽时总是得到简短的回答，因而在引导式提问中她也插入使用了非引导式提问：

**熊晓鸽**：还是给大家描绘一下这一天要干吗？
**黄艳泽**：军事野战比较累的时候，我们搞一些相对比较简单的拓展活动。

这就是非引导式提问。与引导式提问相比，非引导式提问中，应答者可以尽量多说，想说什么就说什么，因此可以提供丰富的资料。应答者的阅历、经验、语言表达能力、分析概括能力等都能得到充分的展现。但这个例子很特殊，在这段问答里，黄艳泽面对非引导式提问依然没有给出充足的信息，因而获得了"最牛选手"的称号。

当应答者面对一个非引导式提问而拒绝提供充分信息时，通常可以理解为应答者并不太配合提问。白岩松在为清华大学"海外巡回辩论队"选手海选做评委时，一位大一新生向白岩松提了两个问题：

您做您现在这个工作快乐吗？
您是以什么样的方式来表达自己的快乐的？

第一个问题属于引导式提问，而第二个问题则属于非引导式提问，按说应该得到比较多的信息，然而白岩松也并没有提供选手想要的有效信息。

(二)封闭式提问与开放式提问

**1. 封闭式提问**

封闭式提问是日常最常见的提问方式，也是最被滥用的一种提问方式。提问时给对方一个框架，让对方在可选的几个答案中进行选择，这种提问对回答的内容有一定限制,答案具有唯一性,范围较小。这种提问方式表现了提问者对对方较强的控制性,它能够让应答者按照指定的思路去回答问题而不至于跑题。封闭式提问是可以用"是"或者"不是"、"有"或者"没有"、"对"或者"不对"等简单词语来作答的提问。封闭式提问可以缩小讨论范围,获得特定信息,澄清事实,或使对话集中于某个特定问题;这种提问易于回答,节省时间,但难以得到问句以外更多的信息材料。在日常即兴口语表达中,封闭式提问是必要的,但它往往会限制自由表达,所以一连串的封闭式提问会使应答者变得被动和沉默。从提问艺术的角度来说,提问的设计不宜过满,应适当留有余地,让应答者提供更多的信息,否则容易造成《赢在中国》中这样的对话局面:

**熊晓鸽**:你现在是在大连,对吧?

**黄艳泽**:是。

**熊晓鸽**:你以后想发展到全国各地去?

**黄艳泽**:是。

**熊晓鸽**:做连锁店还是直营店?

**黄艳泽**:先开直营店。

**熊晓鸽**:做你现在这个花了多少钱?

**黄艳泽**:将近100万(元)。

**熊晓鸽**:你估计多久可以把成本收回来?

**黄艳泽**:现在已经收回来了。

**熊晓鸽**:半年就收回来了,是吧?

**黄艳泽**:3个月。

**熊晓鸽**:1年你的销售额能做多大?

**黄艳泽**:600万(元)左右。

**熊晓鸽**:能赚多少钱?

**黄艳泽**:……很挣钱。

这一段对话,可以看出应答者回答的信息偏少,但又不能说他哪一个问题没有回答出有效信息来。这只能说是提问者的问题设计得比较封闭。封闭式提问是一种可以得到具体回答的问题,这类问题比较简单、常规,涉及范围较小,但容易使对话"死机"。

**2. 开放式提问**

开放式提问能引发对方详细的说明,应答者不能使用简单的"是"或"不是"来回答,而必须另加解释才能回答圆满。例如:

封闭式提问:你在大学期间参加过社会工作吗?

开放式提问:你在大学期间参加过哪些社会工作?

开放式提问逻辑上是与封闭式提问相对的,要求应答者详细回答。这种方式优于封闭式提问,保证可以让对方讲话,通常不会出现封闭式问题那种提问者问一句,应答者一个字就答完,然后冷场的情形。例如:

封闭式提问:你能做到在压力下工作吗?
开放式提问:你怎样做到在压力下工作?
每个人都可能遇到压力,你通常如何处理工作中的压力呢?
在压力之下,你是如何自我减压的?
面对压力,你是怎么样将工作效率最大限度地发挥出来的?

这类提问的目的是为了从对方那里获得丰富的信息,并且鼓励对方回答问题,避免被动。提问方式常用"如何……""为什么……""哪些……"等。

(三)特指问与选择问

疑问句根据提问的手段和语义情况,通常分为特指问、选择问、是非问和正反问等,这里主要来分析一下较有对照性的特指问和选择问。

**1. 特指问**

特指问是用疑问代词或含有疑问的短语代替未知部分来进行提问的问句,通常使用升调。还是以《赢在中国》中的提问为例:

做你现在这个花了多少钱?
你估计多久可以把成本收回来?

出现在问句中的"多少""多久"就是疑问代词,它导向一个自由度比较大的回答,但是引导性比较强。

**2. 选择问**

选择问是在提问中列举出两种或两种以上的可能性,供应答者在里面选择的问句。这类问句通常用"是……还是……""……还是……"等把若干可能性连接起来提问。选择问给出几种不同的可供选择的答案,既提出了思考问题的多个参考角度,也从另一个角度对应答者进行了范围的限定。比如:

做连锁店还是直营店?

选择式提问可以加强对对方的控制,它会通过提问的几个选项对应答者起到控制作用。前面提到的正反问也是一种带有选择性的提问方式,但它是就一种现象的正反两个方面提问,提问只限于两项,通常用"有没有""可不可以"等来提问。正反问常起到对信息的确认作用。

正反问和选择问都是提问者提出可能性供应答者选择,使用选择问和正反问可使应答者自由选择答案,使其感到结果不是别人强加的,容易营造一个友好的谈话氛围,看上去像是提问者在征求意见,其实对应答者的控制是潜在的。

## 二、即兴提问的顺序

提问往往不止一个,有时会成串出现,这时就有个提问的顺序。从提问的顺序上来看,常见的有隧道式提问、漏斗式提问、烟囱式提问和五步提问法等。

### (一)隧道式提问

这种提问方式就是追问,是一系列相关问题的组合,有可能是开放式或者封闭式问题的组合。这些提问可能涵盖了不同的话题,为了获取某些特定的信息,或者评估不同的态度。下面就是一个典型的隧道式提问:

谈谈你的大学吧。
那里的学习氛围怎么样?
餐厅的饭菜怎么样?
未来就业的发展机会如何?

隧道式提问常见于非结构化面试、民意测验、调查采访、咨询等,目的是引导出应答者更多的信息、态度、反应和想法。如果是一连串封闭式提问,那么获取的信息很容易被记录并且量化。

### (二)漏斗式提问

漏斗式提问是从一个宽泛的、开放式的提问开始,然后推延到限制性更强的问题。这种提问能有效地调动问答气氛。如:

谈谈你这次的西藏旅行吧!
你在西藏参观了哪些地方?
这次旅行中让你觉得最难忘的地方是哪里?
你还会再去西藏吗?

如果应答者对某个话题比较熟悉,那么以开放式开头是比较合适的。漏斗式提问避免了一些回答偏差,可以在先有"热身运动"的前提下,慢慢进入状态。试着将这4

个问题的顺序倒过来问,我们就能体会到提问顺序的重要性了。假如以一个封闭式的提问开始,比如"你认为××案是否有处理失当的地方",那么应答者就会被迫选择一个极端的立场,这可能会使应答者在后面的对话中处于防御状态。而如果采用开放式提问"你怎么看待××案",就容易令应答者自由地描述和解释自己的立场。

(三)烟囱式提问

烟囱式提问是以一个封闭式问题开始,然后扩展到开放式问题的提问方式。烟囱式提问给那些不愿意说话的人提供了一个热身的过程和打开话匣子的方式。以下是一段对年轻人婚恋问题的采访:

**问**:你是在大学一毕业就结婚的吗?

**答**:是。

**问**:那是在哪一年?

**答**:2021年。

**问**:那他是你的大学同学吧?

**答**:不是,算是相亲认识的吧。挺没创意的,是不是?

**问**:我听说很多女孩子很享受单身的生活啊,还有的干脆就是不婚族,喜欢自由,或者延长婚前的时间,多过一段自由自在的生活。你们并不是青梅竹马或者是多年同学,那就是说你可以有很多选择的,为什么会做"毕婚族"呢?

**答**:哎,说来话长啊,一开始我也没想做"毕婚族"的,原来也是打算……

烟囱式提问的好处是在对话一开始,让应答者一定有话说。无论对方多不善言谈,烟囱式提问就好像是一个带有诱饵的导向仪,牵着对方慢慢地走进提问者预设的领地,然后问题一步步开放,应答者的话匣子也就会慢慢被打开。

(四)五步提问法

美国著名的民意测验设计者乔治·盖洛普发明了五步提问法,这种提问在评估一个人的态度和信念时很有效。五步提问法的步骤分别是:应答者对问题的了解程度、对问题的固有态度、对问题的具体态度、持此态度的原因和持此态度的强烈程度。例如:

第一步,对问题的了解程度:你对于半年之内油价三次上涨的情况知道多少?

第二步,对问题的固有态度:油价上涨有多大可能影响你的用车计划?

第三步,对问题的具体态度:你支持不支持油价上涨?

第四步,持此态度的原因:你为什么这样认为?

第五步,持此态度的强烈程度:你这样的感觉有多强烈?是不是任何事情都不可能让你改变想法?

五步提问法的有效性已经在盖洛普组织的成千上万个关于公众舆论的民意测验中得以证明。日常生活中通常用不着这么专业的提问,但它可以在收集信息时提供很好的提问路径。

### 三、即兴提问的层次

按照即兴提问的层次来划分,可以分为初级提问和次级提问。

(一)初级提问

初级提问用来引出话题或者同一话题新的方面。初级提问是一个新问题,不是跟在其他提问的后面,而是可以脱离语境独立存在的。例如:

你怎么会对这个职业产生兴趣呢?

前一阵儿你忙于拍片,有传言你和××的感情生活触礁了?

这些开放式提问或封闭式提问都属于初级提问。

(二)次级提问

次级提问被设置在一个初级提问或者次级提问之后,用来发现其他隐含信息,因此也被称作后续提问。一个次级提问只有和它前面的提问结合在一起时才有意义。也就是说,一个次级提问只有在固定的语境中才有意义。当应答者顾左右而言他、答案含糊不清或者给出了建设性意见时,次级提问都是必不可少的。例如,关于某明星感情生活的提问:

**初级提问**:前一阵儿你忙于拍片,有传言你和××的感情生活触礁了?

**答**:抱歉,公司规定这次发布会只谈工作,不谈个人私事。

**次级提问**:哦,那你和××这次都被选中为新产品做代言,新的工作会有很多在一起的时间,这样会不会很开心啊?

再如,关于职业的提问:

**初级提问**:你怎么会对这个职业产生兴趣呢?

**答**:说来话长。

**次级提问**:那有没有一个特别的点触发了你的兴趣?最直接的原因是什么?

由此可见,在初级提问无法获取有效信息时,一个改头换面的次级提问可以暗中"助力",达到提问者的提问目的。

## 四、低效提问与高效提问

提问是用来获得信息,沟通感情的。能达到目的的提问才是高效的提问,否则就是低效的。

(一)无效提问和低效提问

有些提问方式使人不快,问出来只有负面作用,却得不到有效信息,这就是无效提问。如在菜市场有人问:

你这菜新鲜吗?

这草莓是催熟的吗?

在饭店就餐时有人问:

这酒是假的吗?

这菜用地沟油了吗?

这些问题由于直接导向一个根本无法接受的目标,因而可以预想对方不会提供有效信息。

还有的提问虽不会惹人不快,但很难得到有效信息,或可能得到虚假信息,这就是低效提问。低效提问包括程序化的提问、浅层次的提问等。日常生活中绝大部分提问并不是课堂提问,不是问一个问题后看对方答得对不对。大部分提问更像是"调查取证"的过程,问的问题越大,需要获取的"证据"越多。

常见的低效提问有好几种表现方式,一些容易引发争议的"低情商"提问通常会被划归到低效提问中。表 5-6 是近年来在媒体上出现过的一些低效提问:

表 5-6

| 低效原因 | 提问者 | 提问对象 | 语料举例 |
| --- | --- | --- | --- |
| 两极性选择 | 中央电视台某体育记者 | 110 米栏运动员刘翔 | 1.你比赛服的号码是 441,4+4+1=9,今天你又在第 9 道,是不是这次 9 是你的幸运数字?<br>2.你今天跑这么快靠的是实力吧?<br>3.你是不是在比赛前对自己特别有信心?<br>4.你昨天的比赛是不是感觉非常完美?<br>5.经常参加国际大赛对提高你的心理素质是不是非常有帮助?<br>6.你的教练是不是给了你很大的帮助?<br>7.如果将来有新人上来你是不是会更刻苦地训练? |
| 两极性选择 | 中央电视台某体育记者 | 110 米栏运动员史冬鹏 | 1.你同刘翔生活在同一时代是不是你的悲哀?<br>2.你今天尽全力了吗? |

续表

| 低效原因 | 提问者 | 提问对象 | 语料举例 |
|---|---|---|---|
| 侮辱性提问 | 贵州电视台某记者 | 违章女司机 | 现在正值"三创一办",请问你是否觉得你的行为给贵阳市丢脸了? |
| 刁难性提问 | 现场观众 | 歌手张信哲 | 我在网上搜索"过气歌手"的时候,它的相关链接里面,就会出现张信哲。我先问一下,就是我提"过气"这两个字的时候,你会不会内心被突然抓了一下? |
| 不当表述 | 在四川灾区采访的某记者 | 步行入震区的武警战士 | 1. 这是不是你们这辈子走得最长的一次路?<br>2. 那你们想没想过把背上这些东西扔掉再走呢? |

### (二)有效提问和高效提问

有效提问是可以获得相关信息的提问。高效提问是简单有效的提问,通过提问可以引发应答者的回答欲望,激发出较大的话语量,获得充分信息。高效提问对媒体工作者来说非常重要。

**1. 问细节举例子**

通过询问具体细节,提问者可以将对话引向深入。这些提问本质上是开放式的,简便易行。通常可以这样问:"说说在……时你的情况""给我一个……的例子"。

这种提问非常简便,只要在对方说话的基础上问个具体细节或请对方举个例子,就可以轻易地将话题引向深入。

**2. 问不同之处**

人生中没有完全的重复,一些看上去重复的情节,一定是另外一种层次上的重复。寻找不同之处是最具有启发性的,同时还可能会激发出更多的信息。例如,问刚刚凯旋的奥运冠军:

你这次回家和以前感觉有什么不同啊?

或者提问一个多次参加考试,屡败屡战的老"考虫":

今年考试和去年感觉有什么不一样的地方吗?

这样的提问很容易激发出对方的应答欲望,一般比较容易得到相对满意的回答。

**3. 问特别的经历**

一些特别的经历总是让人很有话说。提问者可以抓住这样一个心理,寻找最恰当的切入点。例如:

虽然你经常旅行,但这次来云南旅游感觉最特别的是什么?有没有什么不同寻常的经历?

**4. 善于假设**

如果要得到更多信息,了解对方对某事件的进一步想法,激发出更多的话语,可以为应答者假设一种情况:

假如你是他,你会怎么办?

如果你是他的家长,这种情况下你会送他去学校吗?

采用假设式提问切入,让应答者在特定情况下做出反应。这种提问广泛运用于即兴主持或者采访环节,它要求提问者思维活跃,反应迅速,能够从事物的多个角度来看问题。

## 五、即兴答问

即兴答问是一种随机性很强的对话形式,在很多场合中它体现了应答者的思想和机智。即兴答问主要是针对有"效益"的答问,比如面试答问、答记者问等。一般日常答问不在此列。

### (一)把握提问者的意图

即兴提问是随机的,只能随时思考,即兴作答。除了寒暄外,提问都是有某种意图的。如果不考虑提问的意图就贸然答问,往往会失去把握局面的最佳时机。

当对方提出问题时,应答者要往深处想一想,他这样问有什么意图。比如:

你这个假期到云南去吗?

弄清提问者的意图是进行安全回答的第一步,否则就会出现事与愿违的情况。

### (二)预测提问者期待的回答

要避免被动,获得交流的主动权,应答者就要先弄清楚对方希望你回答什么。"你这个假期到云南去吗?"在回答之前,先弄清对方希望你回答去还是不去。

很多人认为,答问就是把问号换成句号,据实回答就行。作为日常对话当然可以,但这样成不了即兴答问的高手。

### (三)回答突破提问的限制

许多提问看上去没有什么特别之处,其实它本身就是带着种种限制的。

在《非你莫属》中,姚劲波和求职者李一舟之间有这样的问答:

**姚劲波**：你比较欣赏的国内的这种互联网的产品，你觉得设计很好、体验很好的，随便说两个。

**李一舟**：豆瓣。

**姚劲波**：还有呢？

**李一舟**：我能就说一个吗？我就觉得豆瓣比较符合我的一种感觉。

**姚劲波**：豆瓣好在哪儿？

姚劲波的提问有一个前提，就是限定李一舟提供两个他认为做得好的产品，但李一舟只选择了一个自己熟悉的点来集中分析，这个应答既突破了提问的限制又取得了良好的效果。在同一期节目中，还有求职者面对周鸿祎的提问：

**周鸿祎**：你觉得你是喜欢设计很酷的、给小众的这种东西，还是给大众的？中国互联网给大众设计东西，有的时候就不免"三俗"，因为大量的用户都是"三低"用户……一个是下里巴人的感觉，一个是阳春白雪的感觉，如果让你二选一的话，你会偏哪一方面？

**李一舟**：其实我觉得您这也不是一个选择问题，我们不能为了达到挣钱或者说抓用户的目的，就人为降低用户的品位，我觉得这是不对的，所以我们在把它做得简洁简单的同时，要提升用户的一个体验。

周鸿祎提问求职者李一舟的问题，已经给应答者李一舟规定了两个答案，要么是小众的，要么是大众的。在紧张的对话环境中，经常有人中圈套，在两个明显都不适合自己的选项中勉强挑一个来回答。其实，根据个人情况，回答可以突破提问的限制，这样的回答显得更加自如、更有想法。

李一舟打破了提问的限制，提出了自己的见解，看似答非所问，但恰恰表现出了他的突破性和创新力。

从回答的角度来看，应答者要突破提问的限制，扩宽思路，才能收获最好的应答效果。有记者采访费迪南德、C罗和安德森，问了他们一个问题：

**记　者**：谁是这个世界上最棒的球员？

**费迪南德**：马拉多纳。

**C　罗**：我。

**安德森**：我叫马拉多纳。

现场哄堂大笑，三个回答中，安德森的回答被认为是最出彩的，这个回答缓解了C罗带来的现场尴尬，使得整个气氛活跃了起来。这就是突破提问的限制带来的灵气。

**感悟与训练**

### 一、体会面试提问的意图

以下是部分高校自主招生面试的题目,先分析这些提问的考查意图和考官所期待的回答,再试着做出回答。

1. 怎样的机制能够鼓励见义勇为,减少袖手旁观?

2. 玉皇大帝与如来佛哪个权力更大?

3. 一般来说青少年的阅读爱好总是和成年人有所区别的,那么对于公认的经典作品而言也存在这种区别吗?请举例分析。

4. 母语对于学习和掌握一门外语有帮助吗?一个母语很差的人,他学外语能够精通吗?

5. 如何向小学生解释"椭圆"这个形状?

6. 如果你要给一所学校建造房子,你会建造高楼还是小房子?

7. 现在城市的交通拥堵很厉害,你有什么好的解决办法吗?

8. 谈谈中药和西药的差别。

9. 柏拉图在《理想国》中认为,应该由哲学家来统治和管理国家。你是否同意他的意见?

10. "科学"的对立面是不是"迷信",为什么?

11. 同是封建社会,在西欧"领主永远是领主,农奴永远是农奴";在中国却有"朝为田舍郎,暮登天子堂。将相本无种,男儿当自强"的情形。这对中西方社会的发展产生了什么影响?

12. 经济学原理告诉我们,某物价格高趋,购买者盖寡;反之,价格低趋,购买者必多。但现实生活中却是:前几年房地产价格不断上涨,购买者趋之若鹜;而今房地产价格下跌,买楼处却门可罗雀。为什么?

13. 你是如何认识进化论的?

14. 如果你得到一个荒岛,你会如何开发它?

15. 你是如何看待良知和真理的?如果这两者发生冲突,你如何解决?

16. 你是否被老师批评过?是为了什么事被批评的?你如何看待被老师批评这件事?

17. 你看过《诗经》原著吗?

18. 有一艘船快沉了,上面有三个人:总统、农民工和科学家。船只能装两个人,你如何处理?

19. 有个村庄共600人,他们都得了怪病。现在有100%的可能可以治好200人;

也有三分之一的可能可以治好全部人,但三分之二的可能是全部死光。你怎么选?

20. 如果你是外星人,在地球上待了一段时间要回去了,你最想带回去的东西是什么?为什么?
21. 请用哲学中的辩证法来描述一个苹果。
22. 请用10个词形容自己。如果请某一位你的同学形容你,他会怎么说?
23. 除学习外,你花时间最多的是什么?
24. 请你描述10年后的今天的情形。
25. 有人把人生比作是一条曲线,你会如何描述这条曲线?
26. 给你一杯3升的水和一杯5升的水,如何倒出4升的水?
27. 请你列举一种清洁能源的搜集、转换和应用的过程。
28. 蚂蚁从10层楼上摔下来会不会摔死?
29. (问理科生)亚马逊的一位高管曾说过,数据是新时代的石油,你对此怎么看?
30. (问文科生)屈原、李白和杜甫你最喜欢谁?如果李白和杜甫生活在屈原的时代,他们会有怎样的举动和结局?

**二、固定提问与应答分析**

每档电视栏目都有一些固定环节,比如,每期嘉宾会变,但主持人有几个提问的问题会固定不变。下面是北京电视台《非常接触》栏目中主持人阿忆与嘉宾鲁豫的一段对话。

第一,体会一下这三个固定问题的设计,它的设计意图是什么?
第二,分析鲁豫做嘉宾时独特的应答特点,如果不是鲁豫,其他人会怎么回答?
第三,若嘉宾换作是你,你会怎么回答?

**阿忆:** 假如有一个孤岛你必须去,去那个地方你会衣食无忧,但是你绝对不能跟外界联系,你可以带一本书而且只能带一本书,你会选择哪本书呢?(固定问题一)

**鲁豫:** 那我可能只能带本字典了。因为我看所有的书都看得特别快。而且我很不习惯一个人待着,如果我在孤岛上一个人待很长时间的话肯定疯了。

**阿忆:** 如果是在这种情况下,要去一个孤岛,别人强迫你只能带一本书,你又选择字典的话,你多半有自闭症的倾向。

**鲁豫:** 自闭症就是说,只愿一个人待着是吗?

**阿忆:** 不不不,它不是说很自闭,你要有这种症状的话,标志就是晚上睡觉必须拿着一个什么东西。

**鲁豫:** 那我没有。

**阿忆:** 小的时候呢?

**鲁豫:** 小的时候也没有。我觉得那种人多半要某些地方是天才,是吧?

**阿忆**:对。

**鲁豫**:我倒没觉得自己有。

**阿忆**:你播音就有天才啊。自闭症还有一个特点,就是他在某一个专业极其有天才,是别人比不了的,非常像你。自闭症还有一个特点,眼睛特别大。

**鲁豫**:哈哈。

**阿忆**:还有一个题。<u>如果最近让你做一次长途的旅行,旅行当中适宜你拿一本书看,不是非常颠簸的,你会选择什么书呢?</u>(固定问题二)

**鲁豫**:我坐飞机只带杂志。

**阿忆**:只带杂志,杂志叫书吗?

**鲁豫**:书对我来说,(就是)可以阅读的东西,文字的,可以阅读的就可以。

**阿忆**:能告诉我哪些杂志你经常买吗?

**鲁豫**:我会买英文叫 *Vanity Fair*,中文翻译叫《名利场》(的杂志)。或者买一些时尚类的杂志、时装类的杂志。

**阿忆**:就是怎么穿衣服好看,怎么化妆好看。

**鲁豫**:对。也包括一些八卦类的杂志,纯消遣的。在旅途当中我只看纯消遣的杂志。

**阿忆**:总的来说这是一个女人的习惯。

**鲁豫**:男人一般看什么书啊,在旅行的时候?

**阿忆**:或者是……火车站买的那种……嘿嘿……

**鲁豫**:哦,那个我不看。哈哈哈。

**阿忆**:最后一个问题:<u>假如是临终的时候,弥留之际你可以带一本书乘鹤西行的话,你选择带哪本书呢?</u>(固定问题三)

**鲁豫**:你指带着跟你一起到另外一个世界去吗?

**阿忆**:对。

**鲁豫**:我没有想过。具体带哪一本书跟你一块,我觉得不是很重要的一件事。

**阿忆**:就是我们一辈子可能读了70本书、80本书,现在我们走的时候实际上已经变成了我们的血液一起走了,但是有时这个标志性的东西啊,对我们国人来说还非常重要。

**鲁豫**:那一定这个作者要是我认识的,跟我有某种关系的一个人,他的书。

**阿忆**:比如说呢?

**鲁豫**:我现在不知道。

**阿忆**:你认识好多人,余秋雨?

**鲁豫**:我就带你的书吧。哈哈。

### 三、专访答问分析

这是凤凰卫视《名人面对面》主持人许戈辉对梁朝伟的一段采访，体会梁朝伟回答的巧妙之处：

**许戈辉**：如果让你就用一个词来形容男人最可贵的品质，你会告诉我是什么？

**梁朝伟**：责任吧。

**许戈辉**：所以如果要是别人来说，啊，梁朝伟怎么怎么样，你就觉得如果人家说你有责任感，就是对你最高的褒奖？

**梁朝伟**：我不需要人家对我说，我本来就很有责任感。我对家人啊，从小到大都非常有责任感。这个我对自己都没怀疑的。反而工作上就不一定有信心了，需要慢慢建立。

### 四、采访问题分析

记者等在公务员笔试考场外准备采访一位考生，这位考生连续三年参加考试了。下面是记者为采访准备的问题。

首先，从提问的顺序来分析一下它属于哪一类提问。

其次，这组提问设计得怎么样？能得到有效信息吗？

再次，请你模拟回答一下。

最后，重新设计一组提问。

第一问：你觉得这次考试考得怎么样？

第二问：和去年考试相比，今年的题目有什么变化啊？

第三问：这次考试中让你觉得最难的地方是哪里？

第四问：和去年的考试相比，你是不是感觉这次题目更难把握了？

### 五、模拟烟囱式提问

烟囱式提问给那些不爱说话的人提供了一个热身的过程和打开话匣子的方式。假设你去采访一个沉默的"感动中国年度人物"候选人，他的事迹是"放弃大城市的生活，在西部支教15年"。请使用烟囱式提问法对候选人的心路历程和生活境遇进行采访，设计一下提问的四步或五步环节，并且安排应答者模拟回答。

### 六、次级提问设计

模拟采访是练习即兴提问的方式之一。假设你是某电视台的外拍记者，下面这些初级提问是你在采访中提出的，但遇到的对手并不配合，这些回答也不是你想要的，请根据这一问一答设计相应的次级提问。注意你的提问不应引出新的话题，要针对被采访者的回答，做进一步有价值的刺探。

1.（采访正在为校庆排练节目的大学生）

初级提问：你们这一段很辛苦吧，如果因为校庆耽误课程的话，大家会有意见吗？

答：不清楚。

次级提问：＿＿＿＿＿＿＿＿＿＿＿＿＿＿＿＿＿＿＿＿＿＿＿＿＿＿

2.（圣诞节前夕在某高中门口采访高中生）

初级提问：你们班同学都喜欢过圣诞节吗？

答：班主任会生气的。

次级提问：＿＿＿＿＿＿＿＿＿＿＿＿＿＿＿＿＿＿＿＿＿＿＿＿＿＿

3.（汽油提价了，在某加油站前采访前来加油的年轻的私家车车主）

初级提问：这次汽油提价幅度不小，对你用车会有影响吗？

答：一言难尽啊！

次级提问：＿＿＿＿＿＿＿＿＿＿＿＿＿＿＿＿＿＿＿＿＿＿＿＿＿＿

4.（情人节当晚，在商业街采访抱着花的年轻情侣）

初级提问：这是男朋友送你的花啊，通常情人节会消费多少钱呢？

答：我喜欢花啊。我们宿舍有男朋友的同学都得到花了啊，刚才这一路走过来都有卖的呢。虽然送花不一定就代表他爱你有多深，但起码要是个心意吧，所以我觉得花还是不能少的，至于其他东西么，巧克力什么的就无所谓了。

次级提问：＿＿＿＿＿＿＿＿＿＿＿＿＿＿＿＿＿＿＿＿＿＿＿＿＿＿

5.（因天气原因菜价大涨，在菜市场采访家庭主妇）

初级提问：你通常一周会花多少菜钱呢？

答：没准儿。

次级提问：＿＿＿＿＿＿＿＿＿＿＿＿＿＿＿＿＿＿＿＿＿＿＿＿＿＿

## 第三节　即兴论辩专项训练

论辩不同于一般的口语，它需要用正确的思维和辩驳技巧来进行口语活动，是比较高端的即兴口语表达样态。论辩是观点对立的双方围绕同一问题，力求证明自己的观点正确，说服或者战胜对方而相互论争的过程。进行论辩训练对提高思维的速度、语言的流畅度有重要作用。

### 一、论辩口语的要求

论辩需要一对矛盾命题。如"消防员下13米悬崖找回游客掉落手机值不值得"，正方所持观点是"值得"，反方观点是"不值得"，双方的观点是截然对立的，双方在论辩中经过言语碰撞,批驳对方观点,同时证明自己观点的正确性。在日常生活中,观点对立、情感对立、立场对立的对话,或者买卖双方的讨价还价等都是论辩。双方针锋相对,边破边立,这是论辩与其他即兴口语表达形式最本质的区别。与其他即兴口语相比,论辩口语有一些特殊之处。

(一)前期积累的丰厚性

论辩是对个人观点的论证维护过程,需要在即兴状态中据理力争、旁征博引,在短时间内以具有说服力的事实和较为严密的理论体系来论证观点。以"消防员下13米悬崖找回游客掉落手机值不值得"这个辩题正方的立论为例:

**正方**:主席好,对方辩友好,今天我们的论题是消防员下13米悬崖找回游客掉落手机值不值得,我方的观点认为值得。首先消防员拥有足够的规避风险的能力,并且能救回手机的。消防员在选拔和训练的时候,就被要求拥有强壮的身体素质和过硬的专业本领,救援能力包括了判断能力、思维能力以及观察能力,这就表明了消防员在危险面前并不是一味逞强,而是通过理性判断和智慧进行帮助的。其次,帮助群众正是消防员的职责所在,消防员的主要职责是消防灭火以及救护,同时也参加其他的救援工作,帮助游客找手机属于其他救援工作的一部分。最后,帮助群众,同时也是社会主义制度优越性的体现,游客也是我国公民,相关部门扎实办好民生小事是国家的要求,小事虽小以小见大,如果说国家公职人员因为一点小困难就退缩,拿什么来实现我们的共产主义蓝图?

这是"二对二"创新论辩中的正方一辩的开篇陈词。从这一段中可以看出,论辩者积累了比较丰富的材料,涉及消防员、国家政策、社会制度等。即兴论辩的出口成章是以论据为基础的,在话题所涉及的范围内,能系统地组织起对抗内容,这需要在日常生活中善于积累,博闻强记。

(二)口语转化的快捷性

相对于其他形式的即兴口语来说,一些竞技性的论辩可能是有文案准备的,但在唇枪舌剑中不可能完全借助文字稿。论辩语言的难点就在于充满逻辑性和辩驳色彩的内部言语向外部言语的瞬间转化,不少脑子快的人由于嘴跟不上而难以有好的论辩效果。除了具备论辩思维外,论辩者还要有相应的语言表达功力才能胜任。再来看前面这道辩题的反方观点:

**反方**:咱们先看一下辩题,13米的悬崖,让你去13米悬崖你害不害怕?肯定也会,因为它具有一定的危险性。让我们再看最后这个值得还是不值得,说明什么?说明它的价值问题。再想一下消防员他是以自己的生命安全为代价去救你的手机,可以想象一下生命的价值和手机的价值哪个比较大,当然是生命的价值比较大了。来让我们再想一想刚才对方辩友所说的,这是他们的职责,是消防员的职责,但是法律也规定了,生命权要高于一切,同时是高于所谓的财产安全权的。如果你觉得这件事值得去做,你为什么不去呢?手机可以再买,命可以再来吗?难道20年后又一条好汉,人家还不一定20年后就做一名消防员呢!再一个就是值不值得本身是各人的判断,你让消防员去帮你找回手机,你的手机掉下去,本身是你自己的失误,是属于你的过错,但是你的过错反而让有限的国家紧急资源去帮你弄回来,这明显是不合理的,所以你这个价值根本就是不值得的。

再一个,你的职责是保护好自己的私人物品,这本来是你的一方错误;再者,手机摔下13米的悬崖,极大可能它被摔坏了。消防员去帮你收上来之后,你发现它坏了,它的价值就更低了,可以想一下,这就是你有点自私了,万一人家给你拿上来之后,你的手机摔坏了,你会不会说人家是半路的时候没保护好而弄坏的?

反方既要有立论,还要有对正方的反驳。反方的语言从严谨性上看,比正方要弱一点,但这种一瞬间组织起的语言,现场听众也能理解,但推敲起来还是有一些不严谨之处。

论辩语言要求急智和妙语,短促明快。即兴形式的论辩要在瞬间做出一系列的推理以及准确的判断,因为论辩是在有限的时间里进行的,双方发言的时间间隔不能长,必须对对方提出的观点和问题迅速做出反应。要在即兴论辩中使用辩驳性强的话语,就要避免照本宣科,否则容易使话语体现出书面语的特点。最好的即兴论辩是近乎自然状态的口语表达。

(三)表达的多元性

语言自身的发展是日新月异的,一些旧的表达方式用久了,就会有新的冒出来取而代之。论辩属于高端的即兴口语,瞬间的调取往往难以特别严谨规整,因而具有语言瞬时调取和组接能力的表达者,有时可能会打破常规,运用特定话题、特定语境中,对手和观众都理解的话语形式来进行攻守。在当今网络语言的强势影响下,论辩语言也有着无限创新和借鉴的可能性。好的表达是既能深入又能浅出,论辩中可以多使用比喻、举例、排比等手法。面对同一个论辩观点,换一种表达方式,就有可能出现截然不同的效果。换元、中心开花等方法都有助于塑造多彩的论辩语言。

二、论辩训练的形式

作为即兴口语的表现形式之一,论辩口语根据参与者的多少以及辩题的设置而呈现出不同的样态。

(一) 一对一论辩

一对一论辩是对立双方每方只有一个人,是一个辩者对另一个辩者的论辩。在生活中,一对一论辩形式比较多见。

(二) 一对多论辩

一个辩者对多个辩者展开的论辩,这就是一对多论辩。一对多的论辩较为复杂,《三国演义》中的诸葛亮舌战群儒就是典型的一对多论辩。人多势众的一方力量大、攻势猛,气势上容易压倒对方,这是有利于取得论辩胜利的。但是人多也有不利的一面,例如众口不一、步调不一、疏于照应等。人少的一方,舌战群儒必须自信,相信自己论证的实力。社会生活中类似一对多的论辩诸如面试环节考生应对多个考官提问,毕业论文答辩中答辩者对答辩委员们的提问应答等。

(三) 多对多论辩

一对一论辩是简单常见的论辩形式,如果对阵双方各自都有两个或两个以上的辩者,就是多对多论辩。常见的有二对二论辩、三对三论辩和四对四论辩,极少有超过五个人的,因为人太多了,容易杂乱,论辩难以有序进行。多对多论辩是较为复杂的论辩活动,论辩比赛、外交谈判、贸易洽谈等大多是这种形态的论辩。二对二论辩形式是简便易行的多对多论辩,相对于流程复杂的三对三、四对四论辩,二对二更适合随堂论辩练习,也适合在宿舍、小组中随机进行小型论辩活动。

(四) 多方论辩

围绕同一个辩题,形成三个或三个以上对立的辩方,这就是多方论辩。一些学术论争,还有公务员面试中的"无领导小组讨论"等属于多方论辩。这样的论辩,围绕同一个辩题有多个不同观点,参战辩者人数也多。之所以会出现多方论辩,多因一个复杂的辩题具有多方面的意义,几位辩者的立场和认识角度、方法又不相同,于是各执一端,相持不下。

### 三、即兴论辩的准备

论辩这种即兴口语表达形式具有竞技性,它有相对固定的流程和评判标准。简单来说,就是论辩的准备主要包括找切入点、确立底线、划分战场、组织攻守四个环节。

(一) 找切入点

在展开论辩练习之前,首先要审题,根据辩题确立一个最有利于本方论证的切入点。所谓最有利于本方,就是指该切入点用之攻,能最大限度破对方立论;用之守,能抵挡对方各种攻击。

确立切入点,首先要吃透辩题。对辩题字面上的每个字或词逐个进行概念分析,搞清其内涵与外延的大小,这就是通常所说的"破题"。这种分析要站在对立双方的立场来审视,哪些字词对对方立论有潜在的有利因素,可能成为双方争论的焦点。通常双方会从辩题中的某个词语解释入手开始论辩,故应站在一定理论高度,对辩题做出有利于本方观点的界定。如"现代社会年轻人应不应随意着装"这一辩题,可先从概念入手进行破题,要解释的概念有"现代社会""年轻人""应该""随意""着装",这些缺一不可。任何一个概念都有可能成为对方的攻击点。寻找概念切入点可以从逻辑角度对概念的各个内在因素进行界定,它主要包括三部分:

**1. 明确内涵**

明确内涵就是给概念下定义。概念定义可以通过网上检索或查《现代汉语词典》来获得。辩题"现代社会年轻人应不应该随意着装"争论的焦点通常会落在"随意"二字上。再如"大学应不应该让名人免试入学"争论的焦点通常会在"名人"这个概念上,"名人"可以是"杰出的人士"或者是"引人注目的人物"。一些名人是通过社会事件出名的,这种社会事件可能是正面的,也可能是负面的。如果一个人的名气体现了积极的社会价值,就是"对国家有特殊贡献的人"。由此看出,基于不同立场的概念界定,直接决定了论辩的难易度,并对论辩能否获胜具有决定性作用。

**2. 明确外延**

概念的外延就是概念的适用范围。外延的任何扩大与缩小都会对论辩产生重大的影响,因而常为诡辩者所用。"人类可不可以实现和平共处"这个辩题,正方要降低论辩难度,就要将"和平共处"的外延缩小,指出"只要人类没有战争,就是和平共处";而反方则要将这个概念的外延扩大,即把人际关系也纳入和平共处的范围,强调人与人之间只要出现暴力、冲突都不能算是和平共处,这样扩大外延后,反方的论辩难度就会大大降低。

**3. 发展视角**

对辩题中某个关键概念的界定,应从事物运动发展的角度、从历史的角度来进行。既要在运动中具体地认识概念,又要在特定的条件下静止抽象地认识概念。例如,"道德"就不能一概而论,不同历史时期道德的标准是不同的。再如"大学应不应该让名人免试入学"中"名人"这个概念,过去仅指各行各业中能力强、受景仰的人物,而现如今网络发达、自媒体盛行、资讯泛滥,大量"名人"的出现只是因为其行为吸引了公众的眼球。概念从发展的角度来看,会有比较灵活的使用空间。

在找切入点时，发现对方的软肋也是为自己的进攻寻找最佳攻击点，同时保护好己方的软肋。任何一方都有一个最佳攻击点，即对己方有利、能够牢牢困住对方并且一击即中的点，找到这个点对论辩获胜至关重要。软肋则是自己需要死守的一个点，这个点通常是对方的最佳攻击点。每一方都有最佳攻击点，同时也有最薄弱的环节。只有护住己方软肋，不在上面做任何纠缠，全力攻击对方软肋才会获胜。

## （二）确立底线

论辩中的底线是一方必须坚守的基本立场，是论辩中不能更改的防线，一旦疏忽就可能会被动挨打。底线是确立立场的基本思维点，其他所有观点都是围绕底线衍生出来并为之服务的。

检验底线，只需结合切入点，站在对方立场上加以进攻。例如，"现代社会年轻人应不应该随意着装"这道辩题，很多人认为正方论辩难度小，因为现代社会宽容的思想和开放的氛围决定着这一切，正方还可以随口举出许多街头的个性装、模特的暴露怪异着装等，但反方把世界公认的着装"TOP 原则"作为着装底线，论辩难度就会大大降低。TOP 原则是服饰应当符合 time（时间）、place（地点）、objector（目的）的要求。人首先是一个社会角色，着装应该服从特定的时间、地点和目的，其次是适合具体活动的层次。这就可以说明街头装、车模装也不是随便穿的，只能穿在街头或车展这些特定场合，而不能去运动场、会议室或者面试考场。这样一确立底线，着装真的就不能随意了。

## （三）划分战场

底线的扩展就成为战场。确立底线之后，围绕底线划分战场，论辩者可以围绕底线进行前期准备和场上正面交锋，并以战场为坐标安排团队配合。战场可以进一步划分为进攻战场与防守战场。进攻战场是针对对方可能的立论而预先准备的质询问题或典型论据，防守战场是建立、维护本方立场的理论和事实论据。预先做好的这些文字准备，属于次生口语，但它们是开始论辩后即兴表达的重要依据。

《孙子兵法》说："攻而必取者，攻其所不守也；守而必固者，守其所不攻也。"所有的辩题，在准备时都可以发现对方一定会说的东西，任何论辩都可以事先对对方必然要说的东西备好驳论。

## （四）组织攻守

攻守环节是论辩的实战环节。以"应不应该毫不犹豫地扶起跌倒老人"这个辩题为例，这是个有难度的热点话题，通过相关论辩设计，可以清楚地把握即兴论辩攻守的流程和要点，先是寻找正反方的最佳攻击点，再围绕底线收集材料：

2007 年，发生在南京的彭宇"扶人"还是"撞人"案以庭外"和解"告结，"彭宇案"一没有目击证人,二双方口述不一致,三原告方居然提供了警方丢失的证据照片……这种情况下,形成的证据链如何采信?在原告不能举证的情况下,裁判应该有利于彭宇。

法官根据"日常生活经验"和"社会情理"分析,彭宇"如果是做好事,在原告的家人到达后,其完全可以在言明事实经过并让原告的家人将原告送往医院,然后自行离开",但彭宇"未做此等选择,显然与情理相悖"。对事发当日彭宇主动为原告付出200多元医药费,一直未要求返还的事实,法官认为,这个钱给付不合情理,应为彭宇撞人的"赔偿款"。这些不恰当的分析推论,迅速被一些关注彭宇案的媒体抓住、放大,引起公众的普遍质疑与批评。各地出现多起"彭宇案",让"扶一把倒地的老人"变得有点难。①

2011年9月6日,卫生部网站发出了《老年人跌倒干预技术指南》,指南中规定"发现老年人跌倒,不要急于扶起,要分情况进行处理"。2014年,《扶不扶》作为热门小品登上了央视春晚的舞台。

2018年9月,浙江金华的滕先生出于好心,扶起一名骑车摔倒的老人,结果反被路人指责,被对方报警称其为肇事者,交警通过调阅监控后还了滕先生清白,滕先生决定起诉老人及指责他的路人。

2022年12月,天津一名穿便装的女民警在路上扶起摔倒老人并送医救治,还垫付3 000元医疗费,结果被老人及其儿女指责为撞人者,不仅不支付垫付的医药费,还索赔10 000元。交警调阅监控后查清真相,女民警要求老人及其家人赔偿40 000元精神损失费,并以敲诈勒索的罪名将其刑事拘留。②

这个题目作为辩题时,反方往往被认为是抽到了一个很难获胜的立场。反方在找切入点时,可以对主要进攻方向进行调整,保护软肋,避开正面进攻,使论辩向利于己方的方向发展。表5-7列出了双方论辩的基本设计。

表5-7

|  | 正方:应该毫不犹豫地扶起跌倒老人 | 反方:不应该毫不犹豫地扶起跌倒老人 |
| --- | --- | --- |
| 最佳攻击点 | 中国是礼仪之邦,尊老爱幼是我们的道德规范,看到老人跌倒扶起是基本的符合道德规范的行为。 | 老人跌倒了扶不扶首先是医学问题,其次是技术问题,不能简单以道德问题来涵盖。 |
| 软肋 | 1. 卫生部已经出台了相关的指南。"不急于扶老人"有了理论依据。 | 尊老爱幼是基本的道德规范。"不急于扶"并不是"不扶",这是偷换概念。 |

---

① 彭宇承认与老太碰撞 "彭宇案"不该被误读[J]. 瞭望. 2012-01-16.
南京官方:警方丢失询问笔录使彭宇案缺少原始证据[N]. 郑州晚报,2012-01-17.
② 好心扶人反被讹,判定无责不是终点[EB/OL]. (2023-01-08)[2023-04-11]. https://m.163.com/dy/article/HQJ29JHL0514EV7Q.html.

续表

|  | 正方：应该毫不犹豫地扶起跌倒老人 | 反方：不应该毫不犹豫地扶起跌倒老人 |
| --- | --- | --- |
| 攻击问题 | 1. 你希望我们的社会是互助友善的，还是自私自利各扫门前雪的？<br>2. 如果跌倒的是你的亲人，你希望人们旁观还是扶起？ | 1. 如果热心扶老人反倒惹纠纷和麻烦，这样有利于社会的安定发展吗？<br>2. 许多跌倒，其实不能马上扶。如果从医疗角度来说身体不能挪动，对方辩友还要坚持马上扶吗？ |
| 论据 | 1. 扶老人体现的是社会主义核心价值观，这个问题根本不应该拿出来讨论。对方所说的"扶起被讹"只是小概率的特殊事件，不能作为"不扶"的论据。<br>2. 2011年1月，深圳市见义勇为基金会奖励罗湖外语学校高三学生周天成、罗炜各1万元，因为他们搀扶起跌倒的78岁老人，"体现社会主义核心价值观，体现了人与人之间的互助友爱和无私奉献精神"。而周天成说："在如今的社会环境下，做好事似乎都需要思考很久，但我相信有很多人还是有社会责任心的。" | 1. "犹豫"可以避免"好心惹麻烦"。近年来多次出现的"扶人者被讹"事件，使得这种"毫不犹豫"的"扶"需要先"犹豫"一下。有技术地提供帮助，动手扶之前先要拍照录视频为证，或者确认事发地有监控。<br>2. "犹豫"可以避免"好心办坏事"。据调查，约有1/4的脊髓损伤病人病情加重缘于现场救护不当，有些疾病如中风、脑出血和脊柱骨折病人不适合移动，否则会加重病情，脊柱骨折的老人挪动可能导致高位截瘫。有些人病本不很严重，却因为不当搬动而丧生。 |

## 感悟与训练

### 一、论辩设计

仿照"应不应该毫不犹豫地扶起跌倒老人"这一论辩设计，在下列表格中做相应的论辩设计练习，题目可以结合热点问题自拟，也可以使用第二题论辩训练的题目。

|  | 正方观点 | 反方观点 |
| --- | --- | --- |
| 最佳攻击点 |  |  |
| 软肋 |  |  |
| 攻击问题 |  |  |
| 论据 |  |  |

### 二、论辩训练

根据下面的辩题进行论辩训练，双方可以根据练习的人数采用一对一、一对多或多对多的形式。

1. 学者明星化有利于学术传播 vs 学者明星化不利于学术传播
2. 财富越多越自由 vs 财富越多越不自由
3. 读万卷书比行万里路更重要 vs 行万里路比读万卷书更重要
4. 校园爱情更应看重过程 vs 校园爱情更应看重结果

5. 相濡以沫的爱情更美 vs 相忘于江湖的爱情更美

6. 大学生送外卖是观念的进步 vs 大学生送外卖是人才的贬值

7. 斜杠青年会成为一种趋势 vs 斜杠青年不会成为一种趋势

8. 美颜技术的普及对社会审美利大于弊 vs 美颜技术的普及对社会审美弊大于利

9. 短视频火爆体现了当代人精神生活的丰富 vs 短视频火爆体现了当代人精神生活的匮乏

10. 用人不疑,疑人不用 vs 用人要疑,疑人也用

11. 网络文明的实现重在科技水平的提高 vs 网络文明的实现重在道德水平的提高

12. 企业用人应以才为先 vs 企业用人应以德为先

13. 年轻人应选择大城市的一张床 vs 年轻人应选择小城市的一间房

14. 大数据时代应该以隐私换便利 vs 大数据时代不应该以隐私换便利

15. 门当户对是过时的婚恋价值观 vs 门当户对不是过时的婚恋价值观

### 三、"一对一"对辩练习

两人一组进行论辩练习。对辩这种形式简便易行,可以用于论辩练习也可用于论辩测试,线上线下均可进行。如果是线上练习,双方开启摄像头,保持网络通畅即可。以下为具体练习要求:

第一,抽签进行"一对一"对辩,正方先发言。正反方可以自己选定。现场抽题目,各自准备。每组论辩总时长10分钟。个人发言不再分别计时。

第二,为保证每组练习时间的均衡,给每组准备时间约1小时左右。第1组于练习开始前1小时抽题,第2组比第1组晚10分钟抽题。以此类推。

第三,每组论辩事先指定点评人,在对辩结束后点评人进行点评,观众也可即兴点评。最后由老师进行总评。

第四,对辩练习评判参考:

(1)双方论辩应展开交锋和对辩,对辩是即兴表达而不是简单的正反方轮流发言,若只"论"不"辩",不利于取得高分。

(2)好辩手能主导论辩,主动进攻,主动抛问题,能根据对方的话语展开反驳或提问。

(3)论辩过程中,辩手可以看手中的文字提示,但不应念稿子。反应迅速、旁征博引、表达流畅的论辩者可获高分。

(4)虽然没有单独的计时要求,但对辩过程中,应注意双方均衡的参与度和话语量,避免一人持久长篇大论。

## 第四节　即兴主持专项训练

随着广播电视事业的发展，特别是近年来网络直播的风起云涌，镜头前的即兴表达给我们带来了自然、真实的感觉。模仿镜头前的即兴表达这种方式进行即兴口语训练，参照性强，富于趣味性。即兴主持专项训练可以提高练习者的交流感，提升对文字材料的提炼能力和依据文字自如说话的能力。

### 一、即兴主持训练特点

即兴主持训练也称模拟主持训练，是口语表达者在虚拟的广播电视播出场景中模拟播出的一种主持形式。模拟主持一般是根据既定选题或者节目素材，将之改编成一档短小的、适合广播电视媒体播出的完整节目或节目片段。训练时，练习者可以根据素材要求自由选择新闻类、生活服务类、法律类、社教类、文体类、旅游类等节目类型。对于播音与主持艺术专业的学生来说，这种训练不仅能增强语言的驾驭能力，而且对提高播音主持业务的综合能力也有切实的作用。

（一）即兴主持表达语境的虚拟性

相对于即兴演讲、即兴评说等训练方式来说，即兴主持更能培养练习者的对象感和交流感，有助于增加其语言表达的亲和力。下面是一则以"安全生产"为主题的即兴主持模拟练习：

收音机旁的听众朋友，您好。您现在听到的是《星空夜话》节目，我是主持人。上期节目中我们为您播放了小说《梅的世界》，《梅的世界》以带着孩子给人擦皮鞋的妇女梅为主线，介绍了梅的生活遭遇。《梅的世界》开头两个情景描写取材于两幅真实的新闻图片，不到600字的小说却涉及了许多社会问题，如农民工问题、贫富差距问题、煤矿安全问题等。

上期节目我们留了话题和参与方式给听众朋友，欢迎听众通过留言参与话题讨论。本期节目我们就先来看一下微信平台。一位来自济南的听众说，在现实生活中不知从何时开始，农民工成了贫穷、落后、肮脏的代名词，甚至成了一些影视娱乐节目中取笑的对象。他说这样很不好，希望影视媒体不要歧视农民工。

一位来自北京的听众说，维护农民工权益的长效机制尚未建立，拖欠农民工工资问题没有得到根本解决。农民工经常从事一些超负荷的工作，他们的合法权益没有得到维护，希望政府能够继续完善相关政策。

还有一些朋友通过短信平台的方式参与了节目。一位来自太原的手机尾号为0863的听众说,我国经济持续快速发展,能源需求量与日俱增。而粗放的经济增长方式和高能耗的产业结构加剧了煤矿供需紧张。一些小煤矿违规开采,多数采用落后的采煤方法,事故率高。还有就是目前行业管理弱化,安全监管体制不顺。这是目前造成这些问题的主要原因。

好了,听众朋友,今天晚上的《星空夜话》就要结束了。下面我们将送出两位幸运听众的礼物。

他们是来自济南的手机尾号为6369的听众和来自重庆的手机139尾号为5865的听众。

我是主持人,感谢收听,我们下期节目再会。

由这段练习可以看出,模拟主持是在虚拟的演播环境中进行的节目主持,它并不总是单方面地传播语言信息,有时还要在模拟主持过程中呈现双向互动交流样态。模拟主持的语境与节目播出的语境是基本一致的,只是实际主持侧重于播出效果,而模拟主持侧重于练习效果。

(二)即兴主持节目的仿真性

即兴主持既然为模拟的主持,就往往受时间限制而呈现为短小的"浓缩版"节目主持,有的只能表达一档节目中的片段,但无论怎样都会呈现为完整的节目形态,即有头有尾。整个节目流程通常分为四步:

第一步:开场——观众朋友,大家好,欢迎收看本期的……节目,我是主持人……

第二步:过渡——上期节目我们……,本期节目我们来谈谈……

第三步:主体——节目主要内容。通常是把原始材料以节目播出语言的样态表达出来,现成材料的内容约占模拟主持总内容的70%。

第四步:收尾——本期节目到这里就要和大家说再见了,我们下周同一时间再见。

(三)即兴主持语言的口语化

节目主持虽然涉及社会生活的方方面面,但是模拟出来的受众都希望在轻松愉快的状态下收听、收看节目,所以成功的主持语言要注意表达的多样性,符合口语传播环境的要求。

比较下面两段话的语体特点:

**语段一**

嗨,你知道吗?

我们,能看到清晰无雾的夜晚48公里处的烛光。

我们,能听到安静条件下6米外手表的滴答声。

我们,能尝到一茶匙糖溶于7.5升水中的甜味。

我们,能闻到一滴香水扩散到三室一厅空间的香味。

我们,能感觉到一只蜜蜂的翅膀从1厘米高处落到你的面颊。

不知大家听完上一段有什么感想呢?我觉得很美好呢。这个世界有时候有点吵,让我们忽略了自己的感官所能感受到的那些最细微的美好。嘘……稍稍静一下,我们也许可以发现更多美好,不是吗?

**语段二**

绝对阈限指的是产生感觉体验需要的最小的物理刺激量。不同的感官有不同的阈值:

视觉:晴朗黑夜中48公里处看到的一根燃烧的蜡烛。

听觉:安静条件下6米外手表的滴答声。

味觉:一茶匙糖溶于7.5升水中。

嗅觉:一滴香水扩散到三室一厅的整个空间。

触觉:一只蜜蜂翅膀从1厘米高处落在你的面颊。

绝对阈限研究的结果总结为心理测量函数,横轴是刺激强度,纵轴是察觉到的百分数。由于不能在一个特定的点上突然觉察到刺激,绝对阈限又被定义为,有一半次数能够察觉的刺激的强度。

从这两个语段对比可以看出:"语段一"中的语言使用的是口语语体,在语言表达上显得更加亲切自然,在观众以"听"为主要接收渠道的语境中更容易达到传播效果。在即兴主持训练中,我们特别要注意的就是顺应表达的口语特点。

## 二、即兴主持训练路径

即兴主持可以有多种形式的训练方法,这里借用播音与主持艺术专业考试的几种常见形式来加以训练。

(一)材料主持

即兴主持给出的材料往往是一则新闻,练习者根据材料内容设计一段主持,中间部分用现成的材料,只要把它按照说新闻的方式说出来即可。即兴主持原则上要将准备的重点放在开头和结尾。例如,以下面的材料为依据,设计一档《教育在线》节目并模拟主持。

9月1日开学第一天,朋友圈里晒开学的家长特别多,但都火不过一个"背葱哥"。一位江苏常熟的宝妈发了自家萌娃的上学装备图,瞬间火了。大家感受一下这位小宝贝的上学装备:背上背着两根大葱,两只小手还各拎着一大袋东西,全副武装,一副要走江湖的样子。

为什么孩子要背着大葱去上学?拎的东西又是什么?原来,这位小朋友今年刚刚上幼儿园。常熟当地的风俗,外甥的书包要由舅舅买,娘家还给孩子准备了葱、苹果、烤果、统一100方便面、糖果、菱角,还有一些文具用品等,都是取其谐音,"葱"代表"聪明","苹果"代表"平安","烤果"代表"考试必过","菱角"代表"伶俐可人"……这些也是全家人对他的期许,希望他以后学业有成、开心平安。这么多东西,最后都去了哪里?小朋友的妈妈笑称"这些东西五六斤都不止,烤果就准备了88个,但孩子一点没嫌重,背上很开心。东西带到幼儿园,能吃的就都分给小朋友吃光了。"

对这样一则材料,在做模拟主持时大体可以按照下面的步骤来准备:

第一步:节目引导语。

大家好,欢迎大家收看本期《教育在线》节目,我是主持人。

第二步:过渡。

上期节目我们讨论了"衡水小吃助力高考"的话题,得到了不少观众的热心参与,我们已经在其中抽取了两位幸运观众,每位幸运观众将得到由××公司提供的奖品一份。本期节目,让我们把镜头摇向江苏常熟。

第三步:主体——把提供的材料套上去,可以通过缩短语句、增加语气词等方式将书面材料口语化。现成材料的内容约占模拟主持总内容的70%,还有一部分是简评,但简评不可以是主持人说自己的观点,而是要借助观众和网友的嘴来说出不同的意见。

大家请看这张图片。看到这张照片啊,有朋友说了,这是谁家买菜啊,菜篮子不够用就让孩子的小书包里都装上了葱啊,小朋友也真懂事,帮家长提了这么多的东西。不过,这张照片可不是拍的菜市场,小朋友也不是帮爸爸妈妈提菜兜,而是9月1号开学日,这位小朋友要上幼儿园,这些东西,是家长为了给孩子讨个"好口彩"带上的。"葱"代表"聪明","苹果"代表"平安","烤果"代表"考试必过","菱角"代表"伶俐可人",东西真不少,光烤果就带了88个呢。

这消息一传开啊,网友们可都乐了。有的说:"应该再配上姜表示'大将之才',蒜表示'算术全会',花椒表示'多交桃花',就可以报个厨师班了,人生也算圆满了!"有的说:"终于找到自己不聪明伶俐的原因了,原来当年上学没有背葱啊。"

不过,也有人说,由此可见家长的期许有多大,宝贝未来的学业负担有多重。加油吧,不考上北大清华,都对不起当年背的那些葱。

第四步:节目结束语。

好了,您对这位"背葱哥"是怎么看的呢?欢迎在微信平台参与我们的节目,幸运者可以获得由××公司提供的奖品一份。本期的节目到这里就要和大家说再见了,下周我们将把关注的焦点投向"开学焦虑症"。好,我们下周同一时间再见。

这样,一段完整的,有新闻由头、有事实、有观点且具备一定可看性的模拟主持就出炉了。可以观摩一下相关的电视节目,如央视的《新闻联播》和《主播说联播》,这种语态的变化比较接近从"书面语传播"到"口语传播"的样态。

(二)串词主持

串词连缀在播音与主持艺术考场上很常见,也是广播电视编导类考生的主要考试项目,只不过编导类考查的通常是串词编故事,而不是模拟一档节目。

**1. 串词主持要求**

在串词类的即兴主持中,练习者通常会根据事先提供的2—4个关键词,在短时间内设计出一个节目,播出时话语中必须出现给定的关键词。这类即兴主持要求符合节目特点,风格自然、积极,同时能用流畅优美、吸引人的语言表达出来。

某高校播音与主持艺术专业考试中的"命题节目主持"是这样的:

现场抽取3个关键词,根据这3个关键词设计一档广播电视小节目,并用口语主持播出,顺序不限,节目类别不限,限2分钟以内。

具体要求:

①设计节目加头加尾。
②关键词设置合理,节目导向正确。
③语言连贯,善用口语。
④朴实自然,状态松弛。

下面是两位考生抽到的题目,以及现场的模拟主持:

考生一:抽到题目"梳子 光盘 厨房",节目时长1分40秒。

"独特的视角,独特的观点"。观众朋友好,欢迎收看本期的《生活杂谈》。首先呢,我们还是来进行第一个环节就是"生活小窍门"。今天我们请到的是张阿姨,张阿姨可谓是厨房的好手了,厨房对她来说就是战场。那么她今天给我们介绍的小窍门是关于猴皮筋的,这个猴皮筋可以用来干什么呢?有的时候我们从冰箱里拿出几个鸡蛋来,鸡蛋经常会在桌子上滚得到处都是,那么放一个猴皮筋在下面呢,鸡蛋就可以很轻快地立在桌子上了。那么猴皮筋除了这个用处呢,还可以打扫那个电视机的遥控器,遥控器的缝隙是很难打扫的,那么用猴皮筋呢就会很轻松地打扫干净了。

下面是一则有趣的消息。您听说过用梳子演奏吗?来自澳大利亚的一个特殊艺术家就是用梳子来演奏歌曲的。他的梳子呢可不同于一般的梳子,它是由很多齿连成的一把很长的梳子,用这把梳子演奏出来的乐曲呢也是非常美妙动人的。

下面是一则关于环保的消息。法国最近举办了一次服装展,区别于其他服装展的是,这次服装展的模特儿身上的衣服是有别于平时的服装材料的,是由许多废弃的塑料瓶、光盘来组成的。那么闪闪发光的也非常耀眼的服装呢也是这次服装展的一个亮点。

好了,本期的《生活杂谈》节目就到这里了,谢谢观众朋友的收看,下期再见。

考生二:抽到题目"风铃 汽车 座位",节目时长1分25秒。

亲爱的观众朋友大家好,欢迎收看今天的《车行天下》节目,我是主持人。大家都知道,汽车是一种普通的交通工具,但是现在,随着这个社会的发展呢,它不仅仅是一种交通工具,而且还是一种身份的象征。随着××汽车系列所推出的女性汽车呢,小款汽车更受现在白领女士的欢迎。汽车可以说是一个移动的家,那么汽车里面的装饰呢就非常重要。作为一个女性朋友来说,汽车呢就相当于自己一个个性的体现。那么我们首先从汽车的座位说起,汽车座位呢现在有很多舒适并且美观可爱的座套,比如说,维尼熊或者是Kitty猫,这些都是女性很喜欢的一些卡通形象。也可以在车上挂一个风铃,它不仅可以带来一种心理愉悦,而且能够适时地提醒那些疲劳驾驶的驾驶员集中注意力,能够掌握自己的方向盘,然后把车往前开而不是中间走神,这样呢,就会保证行车时的安全。当然,这种风铃的材质不要是金属的或玻璃的,现在有一些布艺的或红木的风铃都比较好,重在造型,铃声不大,不会干扰到司机。好啦,亲爱的观众朋友,今天的《车行天下》节目到这里就结束了,下期节目我们将关注"雨刷的正确保养"。

下期节目再见。

**2. 串词主持练习模板**

对即兴主持的初学者来说,有一些巧妙方法可以作为串词类主持的练习模板,这个模板也适用于艺考中的模拟主持。表5-8中用简略的方式把节目的练习思路描述了出来,注意表中提到的"主词"和"副词",这里的意思是"主要"和"次要"的意思,而非词类中的副词。带下划线的为模拟主持的栏目名。

**表 5-8**

| 方法 \ 题目 | 例题1<br>网络<br>咖啡<br>椅子 | 例题2<br>巧克力<br>豆沙<br>拜年 | 例题3<br>瓶盖<br>电线<br>轮胎 | 例题4<br>黄金<br>高考<br>历史 | 例题5<br>金字塔<br>熊猫<br>木乃伊 | 例题6<br>关汉卿<br>秋千<br>白血病 | 例题7<br>瑞士<br>变形金刚<br>牙刷 |
|---|---|---|---|---|---|---|---|
| 一拖二<br>(选一个词作为主词,话语间带出另外两个副词。加点的为主词) | 《美食天地》:教你做咖啡(带出副词网络、椅子)。《网民沙龙》:网络世界(带出副词咖啡、椅子)。 | 《春节特别节目》:拜年的礼物(带出副词豆沙、巧克力)。 | 《车行天下》:轮胎的保养(带出副词瓶盖、电线)。 | 《教育在线》:关注主词高考(带出副词书中自有黄金屋、文综考生历史部分晕场现象)。 | 《走进科学》:介绍埃及的金字塔(带出副词熊猫和木乃伊)。 | 《文学之窗》:介绍元杂剧奠基人关汉卿(带出两个副词) | 《海外趣闻》:在瑞士举行的变形金刚大赛,某变形金刚由牙刷制成。 |
| 二带一<br>(两个主词带一个副词) | 《家居生活》:爱网络的网虫们如何挑选有利于健康的椅子,带出咖啡。 | 《美食天地》:(副词:先给大家拜年)介绍春节食品,用豆沙和巧克力做的点心。 | 《车行天下》:两个主词轮胎和电线,带出副词瓶盖。 | 《教育在线》:两个主词高考和历史,带出副词黄金。 | | | |
| 办展览<br>(将三个词分摊在节目中) | | | 《教育在线》:青少年科技创新大赛手工制作,制作材料分别为瓶盖、电线、轮胎。 | | 《科技与生活》本期节目介绍"现代艺术展":第一个展品是金字塔,第二件是熊猫,第三件是木乃伊。 | | 《科技与生活》现代科技展:第一件是特制的瑞士地图,第二件是变形金刚,第三件是新型牙刷。 |
| 点睛法<br>(将其中一个词放入栏目名中) | 欢迎收看《网络大世界》。 | 这里是中央广播电视总台特别节目——《拜年》。 | | 《高考专线》:高考作文题目《书中自有黄金屋》。 | | | |

续表

| 方法＼题目 | 例题1<br>网络<br>咖啡<br>椅子 | 例题2<br>巧克力<br>豆沙<br>拜年 | 例题3<br>瓶盖<br>电线<br>轮胎 | 例题4<br>黄金<br>高考<br>历史 | 例题5<br>金字塔<br>熊猫<br>木乃伊 | 例题6<br>关汉卿<br>秋千<br>白血病 | 例题7<br>瑞士<br>变形金刚<br>牙刷 |
|---|---|---|---|---|---|---|---|
| 讲故事（在节目中讲一个故事，串进三个词） | | 《动画城》：黄鼠狼提着巧克力和豆沙包去给鸡拜年。 | | 《历史上的科举》：从今天的高考，引出黄巢"满城尽带黄金甲"的故事。 | | 《影视剧场》：本期上演的关汉卿剧作公益演出，为资助秋千上的白血病女孩。 | |
| 承上启下（将难词放进节目的开头或结尾） | | | 《巧制作》：上期节目中介绍了瓶盖的妙用，本期来看一个用废旧电线和轮胎制作的简易小座位。 | | 《百科探秘》：上期节目是中国的大熊猫，本期节目来到埃及，把镜头指向金字塔和木乃伊。 | | |
| 点缀法（也叫嵌入法，将一个难词放入节目的某个细节中） | | | | | 《百科探秘》：金字塔中的木乃伊，其地位好像中国的大熊猫。 | 《关注》：上期关注的白血病女孩病情好转，可以荡秋千，枕边放着关汉卿的剧作。 | |
| 中奖法（也叫赞助法，将某个难词放入节目的赞助或奖品中） | 由雀巢咖啡赞助的《网络天地》节目，中奖者可获赠椅子一把。 | 本期"拜年"系列节目抽奖环节，奖品为豆沙夹心巧克力一盒。 | | | 科普竞赛题目：金字塔中的木乃伊，全答对者可以获得"功夫熊猫"公仔一只。 | 本期新闻奖由《秋千上的白血病女孩》作者获得，奖品为《关汉卿》剧作一套。 | 瑞士举行的变形金刚制作大赛，奖品为变形金刚牙刷一把。 |

(三) 台本加工

台本专指供舞台演出使用的剧本，也称台词脚本，就是把节目中预定说的话写出来，后面附上备注，如灯光效果的变化、背景音乐的起或落等，总的来说就是一个流程剧本。有经验的节目主持人会在尊重台本意图的前提下，对台本语言进行必要的修改和加工，使其更适合生动活泼的线性口语传播。例如，有一段新闻评述台本是这样的：

语言是人类交流的基本工具,但是对于那些因为咽喉癌而做了手术的人来说,他们最大的痛苦就是有口难言。

台本的口语化加工:

朋友们,我这样说着,你这样听着的时候,我们的交流就开始了。在我们看来很平常的这种交流方式,对于那些因为患喉癌做了手术的人来说,却不可能,他们最大的痛苦是有口难言。

进行台本语言的口语化加工,反映了主持人即兴口语的创造意识,平时有意识地进行台本加工训练,将原来典雅规范的书面台本语言转化为生活化的口头语言,并根据自己的生活感悟与体验,注入自己的再造想象,这样更有利于口语传播。

**感悟与训练**

**一、现场采访即兴口语训练**

根据下面每题提供的时间和现场,组成练习小组,每组3—5人,进行模拟采访,采访的主题和对象自定。每题限时5分钟。

1. 周六上午11点,麦当劳门口。
2. 周五下午4点半,某重点小学门口。
3. 11月11日上午9点,民政局。
4. 冬至傍晚,十字路口人行道上。
5. 大学城旁边,某火锅店"68元火锅免费吃"活动首日。

**二、指定节目模拟主持训练**

根据第二栏提供的关键词,分别构思成新闻、生活、娱乐、旅游、教育、法制等节目,按照节目的要求进行模拟播出。

| 节目类型 | 关键词 | 模拟主持内容 |
| --- | --- | --- |
| 新闻 | 吊瓶　直播 | |
| 生活 | 电池　花盆 | |
| 娱乐 | 暴雨　演唱会 | |
| 旅游 | 柠檬树　柿子 | |
| 教育 | 二维码　水瓶 | |
| 法制 | 插座　急诊 | |

### 三、触媒练习模拟主持

自拟栏目名称,并做一个3分钟的节目,节目中必须出现题目中的3个词语,词语顺序不限。

1. 外卖 海滩 健康
2. 耳机 游戏 跨栏
3. 玩具 笔筒 打赏
4. 噪音 纪念品 墙壁
5. 体检 程序 宠物
6. 打印机 小吃 奶茶
7. 网购 旅游 芦荟
8. 考场 条幅 杜甫
9. 座位 门票 老鼠
10. 图书馆 羽绒服 投资

### 四、主持人台词话语设计

根据材料提供的信息,设计一段场外主持人的评论话语。

某大型相亲节目中来了一位英国小伙子Alex,中文名叫王豆腐。一开始他很受女嘉宾的青睐,但当他在片子中曝出自己捡废弃物品卖钱、骑自行车上课时,居然被全部灭灯。

在主持人的提问下,小伙子说自己的爸爸是银行家,妈妈是艺术家,不缺钱,这么做是为了保护地球,因为家里人教导他,做人要低调、环保、节省。

很多妹子"宁愿在宝马里哭,也不愿在自行车上笑",但开宝马的不一定是富二代,也许只是泊车员;骑自行车的也不一定是穷光蛋,也许是想享受低碳生活的小富。

## 第五节 即兴评述专项训练

即兴评述,是基于一定材料的无文本的、即兴的叙述和评论。在即兴评述中,既有对原事实材料的简单叙述,也有自己对材料的客观看法。[①] 在一定的叙述基础上表达自己的观点,评述与复述、描述的不同点在于它不仅要"述"所见所闻,更重要的还要谈出所感。"述"是"评"的基础,夹叙夹议,评述结合,使这一表达方式具有综合性特征。评述训练可以从平时做起,评述练习者多和不同的人交流对事情的看法,发掘出与人

---

① 姜燕.即兴评述[M].北京:中国传媒大学出版社,2020:1.

交流的欲望,多关注周围事件动态,关注新闻,可以自言自语地复述某件事情。

即兴评述既有对原事实材料的简单叙述,也有评述者自己对新闻事件的客观看法。简言之,即兴评述的步骤包括"述"和"评"两部分。

## 一、合理叙述

人们平时经常采用"述"的方式来描述过程,讲解事件。例如,日常生活中某人对一件事情最常见的"述":

今天上午去我家附近的超市了,在那里看到有柚子打折,很便宜,许多人在围着挑,结果有两个女人吵起架来了……那两个吵架的女人其实不是为什么大事儿,就是有一个女的用超市的小推车推着一个小孩儿,里面还放着她挑好的货物。她拉着车子围在柚子摊那里挑柚子,她的车子横在那里,别人够不到,跟她说,她不理,别人给她把车推远了一点,她就骂起来了……

这种"述",就是最基本的口头语言描述。在这个基础上,通常就会有"评"自然生发出来:

这件事情看上去挺小的,好像谁都有些道理,每个人如果多站在别人的角度上想想,问题可能就简单了。

对于即兴表达来说,在叙述时,表达者往往自认为说得很清楚,而实际讲出来的效果要差一些。一个心里很明白的叙述者,按照自认为很明白的方式说出来,但听的人未必能获得同样的传播效果。据统计,约有十分之一的人会在评述中出现材料复述有误的情况。[①] 主要原因有两个:一是对材料和自己头脑中的某个原有的储备材料混淆了;二是对材料中的一些细节,在叙述时很容易卡壳。对于细节卡壳的问题,我们可以采用"抓西瓜丢芝麻"的方法,在评述时对细节概而言之,比如,不熟悉的专有名词或者难记的数字,可以采用模糊表达的方法,这就大大减轻了表达的难度。

为突出叙述的重点,"述"的起语还可以采用"主谓宾式",即用一句话概括出材料的主要内容。

## 二、准确选择"落点"

根据材料进行即兴评述,要从中选出一个最容易评说、容易出彩的点来确立论证

---

[①] 姜燕.即兴评述[M].北京:中国传媒大学出版社,2020:29.

的角度。它需要练习者对新闻和社会生活具备较好的洞察力和选择判断力。在短短数分钟的即兴评述中,个人观点显得非常重要,它起到的是全篇核心的作用。通过下面这个例子,我们来体会一下:

这个冬天,围炉煮茶成了年轻人的社交新宠。但线下茶馆的围炉煮茶也存在一定的局限性,比如部分门店只重视营造氛围感,对饮茶和传统茶文化的输出不够,消费者现场体验较差,等等。在社交媒体上,也有一些网友在体验过围炉煮茶后称"不会再去第二次了"。近期全国有多地发生过室内"围炉"的危险案例。冬春季节温度普遍较低,"围炉煮茶"等看似平常的行为,都有可能是一氧化碳中毒的"元凶"。

根据这则新闻材料,不同的人在做即兴评述时,可能提出不同的观点:

观点一:这种围炉煮茶其实就是一种随大流。很多人不了解围炉煮茶潜在的风险,围炉煮茶会导致一氧化碳中毒事故;这种随大流其实也是现代人不了解自己实际需求的表现。就算是不围炉煮茶,也可能会出现其他类似的问题,即消费者需要引导和启发。

观点二:这种围炉煮茶,算是网红饮食中的一种。食饮消费的网红化,通常意味着速兴速朽。这种围炉煮茶现在很热,但热潮会很快退去,更多消费者是一过性的,复购率极低。

观点三:围炉煮茶适合做拍照的背景和朋友圈素材。相比于喝咖啡、约饭等传统的社交模式,泥炉、茶壶和围坐的三五好友,在现实语境下,似乎更显得超凡脱俗,自带一种闲情逸致的古趣。

观点四:围炉煮茶是主打"慢社交"的,通过围炉煮茶的一系列操作,参与者的时间轴被无限延伸,他们的社交过程也便被拉长了。对于生活节奏越来越快,跟不上自己灵魂的现代人来说,围炉煮茶能让人们放慢脚步,只要注意操作安全,也是一个值得提倡的好事物。

观点五:围炉煮茶反映出大众对传统文化认同感提高,也是一种文化自信。它是传统生活美学的复兴,人们可以用积极乐观的心态看待它,期待其推动社会审美进步,提升大众的消费品位,实现精神享受。

从前面的材料和五个观点可以看出,即兴评述的关键就是围绕材料提出自己的观点。有观点、观点新、思考深刻,最好能见人所未见,发人所未发。

即兴评述先要有对材料的把握能力,对材料只要简述大意即可,说得顺畅、自然、通俗、口语化。这要经过一个对材料去粗取精的过程。练习者要想在"述"的基础上"评",就要平时关注社会大环境,跟上社会发展,面对某种社会现象,能一针见血,挖掘出现象背后隐藏的道理,表现出评述者看问题的态度。社会话题评论的类别包括赞扬性话题、批评性话题和启示性话题。对所要评述的材料,评述者可以从多个评论角度出发,选择一个自己熟悉、好说的切入点来展开评论。如果各个点都比较熟悉,那就从中选择一个容易出彩的点来集中评论。如果几个点都能想到,时间也允许,也可以安排好详略,以一个点为主,其他几个点也辅助评述。

### 三、有序展开评述语脉

即兴评述的"即兴"要求,使得思路狭窄的评述者在短时间里容易翻来覆去地说那几句话,一些受过应试训练的人还容易变成"空话大王"或"废话篓子",满嘴"车轱辘话"。其实,了解即兴评述的几个可行步骤,多做练习,评述者就会在评论时轻车熟路。评述者确立论证的角度后,可以按照下面几个步骤来展开评论:

第一步:给评论对象下定义。
第二步:分析现象出现的根源。
第三步:分析影响。
第四步:提出对策或建议。
第五步:对现实的启示或对未来的展望。

以"围炉煮茶"这则材料为例,可以这样安排即兴评述内容:

第一步:给评论对象下定义。

冬日午后,三五好友围着茶炉,喝茶说笑,聊天拍照,暖意融融。这是时下备受欢迎的休闲方式——围炉煮茶。这个冬天,围炉煮茶成了年轻人的社交新宠。

第二步:分析现象出现的根源。

"围炉煮茶"出现的根源,一是当代人喝健康茶的需求。煮茶是传统艺术之一,唐宋时期,茶就是煮着喝的。将烤食与煮茶拼合在一起,融入中式元素,很受年轻人喜欢。

二是宅家休闲的需求。近年来,随着休闲方式的变化,在家门口找一个舒适环境和朋友聊天喝茶,吃热乎乎的红薯、板栗,很放松,很治愈。

三是部分网红出片的需求。"围炉煮茶"精致器皿、悠闲清雅的环境、古风元素的点缀等使得很多人为拍照而来。

第三步:分析影响。

"围炉煮茶"相较于流行的奶茶,倡导了一种更为健康的喝茶方式。中式茶饮契合当代人低脂、低糖、低卡的健康需求,所以可能会吸引更多人的加入,成为全新的消费模式。中国的茶文化也会被更多的年轻人接受和喜爱。"围炉煮茶"反映出大众对传统文化认同感提高,也是一种文化自信。因此,对"围炉煮茶"等传统生活美学的复兴,我们可以用积极乐观的心态看待,期待其推动社会审美进步,提升大众的消费品位,实现精神享受。

第四步:提出对策或建议。

可以用来煮的茶是年份长的发酵程度较高的茶,它对身体很有好处。当今社会,人们生活工作压力较大,又不便聚集,找个时间三五好友,煮茶、烤坚果、聊天拍照,是在当下寻求到的一种健康的生活方式,需要正确的引导和提供合适的场地。我想,新中式茶馆的兴起,专业煮茶师的介入,我们打算"围炉"的人才可以正确挑茶、煮茶、品茶,避免一氧化碳中毒、烤栗子炸伤等"技术性踩雷",才能自由享受唯美时光,消减压力,真正获得围炉煮茶的乐趣。

第五步:对现实的启示或对未来的展望。

"围炉煮茶"煮的是一种放松的心情,也是处于快节奏生活中的当代人,对"慢生活"的追求。它不仅能给平时奔波于职业和生活压力中的年轻人带来松弛感,而且还提供了一种舒适温暖的社交方式。大家在这种环境下很容易打开心扉交流,可以说是一种传统生活美学的复兴,期待它推动社会审美的进步,提升大众的消费品位,实现精神享受。

按照上面的步骤来做即兴评述就会条理清楚,层层深入,而且容易组织语言。即兴评述关键是个人的主观看法和材料的有机结合,有时还要考虑理论与事实的统一,即虚实结合。评述中的"虚"指的是观点,"实"指的是事例。即兴评述有"务虚"和"务实"之说:"务虚"指的是侧重于谈理论、观点立场等;"务实"是侧重于谈具体例子、讲述典型事件等。在即兴评述中可以由实入虚、以虚带实、寓虚于实。

在前面五个步骤的基础上,我们可总结出一个即兴评述的公式(见表5-9):

表5-9

| 主线 | 公式 | 公式充填 |
| --- | --- | --- |
| 概括 | 主语+事件主体 | 这个冬天,围炉煮茶成了年轻人的社交新宠。 |
| 关注理由 | 为什么成为热点 | 在快节奏的生活中,喝茶似乎也变得快节奏了——买一杯奶茶,冲一袋袋泡茶——一手端茶一手工作似乎成了现代年轻人的标志。与此相对的是:"围炉煮茶"是"慢生活"的体现。 |
| 起因 | 先外后内,先大后小,先普遍后特殊 | 煮茶是传统艺术之一,唐宋时期,茶就是煮着喝的。今天"围炉煮茶"的出现是时代发展变化中的新要求,它是集喝茶、交际、拍照、直播打卡等为一体的新型休闲和工作形式。 |
| 态度 | 赞成还是反对或者中立 | 我觉得"围炉煮茶"的出现,反映了现代人新的生活需求,无须用"随大流""附庸风雅"等来下定义。相对于拼酒、网游等,"围炉煮茶"是一种更为健康的休闲和社交方式。 |

续表

| 主线 | 公式 | 公式充填 |
|---|---|---|
| 联想 | 联想到相关的事情或现象 | 说到这里,我联想到一些其他的休闲方式,比如郊游、露营、玩剧本杀等,这些也都是随着社会发展逐渐兴起的集休闲与社交为一体的生活方式…… |
| 方案 | 对事件提出相关建议 | 与其给"围炉煮茶"的人太多评论和建议,不如多讨论一下如何使这种经营更加安全、合理和多元吧! |

## 四、艺术地表达观点

即兴评述是源于生活又高于生活的语言状态,需要艺术地表达观点。注意语言表述的艺术感,可以学习《主播说联播》的语言样态。配合丰富的背景,电视或网络画面要求语言表达富有变化,成功的新闻评论会将每一条消息经过重新包装,融入个人的观点,语言活泼生动,一个人就把画面充实得动感十足。有的地方台把日常新闻的播报融入主持人评述,评述的观点大都定位在普通老百姓角度上,用普通人的语言来表达对某个新闻的看法,颇能吸引受众。

同样的内容,用艺术化的方法表达观点,会收到更强的表达效果。湖南长沙某区法院公开审判了一起碰瓷案件。男子张某一年碰瓷 29 起,每次都用同一个受损的手机诈骗钱财。庭审过程中法官的"金句"被网友传到网上后,引起大家关注:

一年发生 29 起事故,你觉得正常吗?这个要符合常情常理,你这个一年 29 起,我说句不好听的,你《走近科学》都要拍三集,分上、中、下拍。

你那个手机每次事故都出现,如果它能开口说话,它都认罪认罚。

作案手法高度雷同,鉴于行车记录仪有拍摄盲区,被抓后一直在狡辩。对此,法官用换元法生动地指出了这种手段的卑劣之处。

就即兴评述来说,新鲜的材料和观点才引人注目。如果很难出新,那不妨在表述大众熟知的观点时找一个形象化的比喻,或者一种幽默的话语表达方式,也能收到更好的表达效果。

### 感悟与训练

**一、根据以下材料做即兴评述**

1. 当你对世界不再有好奇心时,你不是在变大,而是在变老。好奇心对于一个人的活力和创造力极为重要,对人类、对世界也极为重要。对此你有什么感受和看法?请以"好奇心"为题进行即兴评述,时间 3 分钟,要求条理清晰,语言流畅,有交流感。

2. 中央网信办于春节期间开展集中清理借"天价年夜饭""天价年终奖""瀑布式压岁钱""巨额红包""顶级豪宅""天价彩礼"等刻意炫耀奢侈生活的图文视频信息,你怎么看这种集中清理?

3. 有人说,旅游"打卡"只意味着两点:一是这个圈层信息中热议的地方我来过了,二是我拍图验证并上传到微信朋友圈了。对此你怎么看?

4. 不为文凭读书,才能让自己享受读书的快乐,享受能力素养不断提升后的快乐,因为充电和掌握知识不是一时一事就能解决的,它们将会伴随人的一生。请以"我们为谁读书"为题,自选角度进行即兴评述。

5. 有这么一个调查问卷:当你讨厌的人向你寻求帮助的时候,你会帮助他吗?回答表示肯定的小学生、初中生、高中生比例分别是 59.7%、49%和 37%,对此你有什么看法?

6. 很多人想当网红,谈谈你的看法。

7. 率真,没有矫揉造作,没有忸怩作态,不是敷衍搪塞,更不是心口不一。率性而为,坦坦荡荡。在生活中,我们崇尚率真,向往率真。请你以"用率真的心面对生活"为题,自选角度进行即兴评述。

8. 你如何看待生活中的仪式感?

9. 你怎么看网购中的"买一送一"现象?

10. 你认为追求梦想与享受生活矛盾吗?

11. "出路,出路,走出去了,总会有路的。"你对此怎么看?

12. 有位作家曾说过,要跟比你优秀的人在一起,这样你才有动力求进步。但和比你优秀的人在一起,容易感觉压抑、自卑,你还愿意与"对手"同行吗?以此为话题进行即兴评述。

13. 幼苗出土需要等待,花蕾绽放需要等待,果实成熟需要等待……等待是一种心境,也是一种生活态度。请以"等待"为话题,自选角度进行即兴评述。

14. 天底下,你活着,总会有一个位置,无论这位置是大是小,是重要还是平凡,你总有一个位置。在人的一生中,位置十分重要。它是一个人终生奋斗的目标,甚至是人类繁荣发展的基本动力。请以"位置"为题,自选角度进行即兴评述。

15. 魔方只有六面,青春却有多面;魔方只有六色,青春却是五颜六色。很多人喜欢随意把魔方转动,却没有人敢任意挥霍自己的青春。转动魔方,是为了回归原始的模样;转动青春,是为了寻求前进的方向。你敢伸出手转动你的青春吗?以"转动青春"为题,自选角度进行即兴评述。

16. 汉字这东西,真是奇妙。"找"字头上加一小撇,就组成了一个"我"字。人这一辈子,何尝不是一次对自我的漫长寻找,但终其一生,能真正把"我"字头上那短短的一撇找到的人能有几何?以"找到人生那一撇"为题,自选角度进行即兴评述。

17. 留白,是一种艺术、一种哲学,更是一种境界。中国传统水墨画将这个意趣表现得淋漓尽致,落笔慎重而简练,总是留着一些空白,因为画面太满除了给人沉闷感外,往往也少了一分想象的空间。人生需要留白吗?留白的人生会更精彩吗?以此为题,自选角度进行即兴评述。

18. 你怎么看"常常是最后一把钥匙打开了门"?

19. 你如何看待"保卫春节"这个口号?

20. 爱,有时就像织毛衣,你越努力织,对方就越感到束缚。你怎么看?

## 二、新闻即兴评述

**材料一**

临近过年,各个平台的年货节活动轮番上阵。最近,又一千万级网红"翻车"了,这次是靠探店吃播俘获千万粉丝的某美食博主,导致他"翻车"的是生鲜产品车厘子。

"贵族"水果车厘子,近几年来一到冬季就成为很多大V直播间的常客。流量是把双刃剑,尤其是当带货的产品是生鲜时,更容易产生负面影响。大部分网友的槽点在于商家拿坏果、软果以次充好,以及"买4级发2级"货不对板等方面。随着事件舆论的不断发酵,美食博主本人作出回应,表示会负责到底:坏果在30%以下按个赔;坏果在30%—50%赔付一半;坏果在50%以上全部赔付。

"看到博主发视频会赔偿,我找到客服,他们说坏果要每个都拍照。"网友小陈告诉记者,他将5斤的车厘子逐一检查时发现,坏果还好说,拍照就能体现,但那些捏着发软的,拍照根本看不出来。

小陈将坏果逐一拍照后,发给客服,获赔了50元,并且在10天以后收到了一箱可乐,这是"特别乌啦啦"在视频中承诺的,给所有投诉的粉丝补发一箱可乐。"用上各种优惠券,加上最后赔付的50元,我相当于花263元买了5斤车厘子,价格上没啥优势不说,还闹了这么一出糟心事。"小陈有些后悔,他表示网购生鲜,的确还是要看发货的是哪个商家,是不是靠谱。

**材料二**

社交媒体时代,越来越多的人习惯每天从早到晚在网上交流,而面对面交往时反倒感觉不知所措。近日,中国青年报社社会调查中心联合问卷网,对2 001名18-35岁青年进行的一项调查显示,64.2%的受访青年感觉自己存在心理上或行动上的"社交卡顿",其中26.7%的受访青年觉得自己在线下社交中有障碍,17.0%的受访青年感觉线上社交时存在障碍,20.5%的受访青年感觉线上线下自己都有问题。仅有3成的青年认为自己没有社交困难。湖北武汉的应届毕业生小刘,比较抗拒跟不熟的人社交。"有时进入新环境,需要和陌生人'破冰'或自我介绍,我是很抗拒的。另外在与人交往中我一般不会主动,只会被动做出回应"。河南商丘的00后小张说,自己参加线下社交活动的频率比较低,"在心情比较好,比如刚结束重要考试或比赛时,我才会主动邀请朋友们一起玩","现在人们越来越注重自己的形象,比较与竞争无处不在。出门前化妆、挑选服装搭配十分麻烦。"现在网络社交普及,大家就更想在线上语音或视频聊天,不愿意走出房门。

**材料三**

前不久,"河北一县城开办超10家共享自习室"的话题冲上微博热搜,引发广泛讨论。付费自习室过去几年很火,成为大学生毕业考研、职场"充电一族"喜欢的去处。据悉,为了制造好的学习氛围,开付费自习室的老板会让爱学习的人做管理员,像水军一样,带动学习氛围。

统计数据显示,我国现存自习室相关企业超3 200家。从区域分布来看,山西以531家自习室相关企业排名第一。辽宁、黑龙江分别有自习室相关企业463家、353家,位居前三。此后依次为内蒙古、山东、河北等省份。

**材料四**

在这个"万物皆可盲盒"的时代,没想到剩菜也被盲盒安排上了。最近,这种"剩菜盲盒"正悄然成为一种时尚——商家将临过期食物以低于原价的盲盒形式售出,这种看起来既环保又省钱的方式,受到了一些年轻人的追捧。

下单的应用程序类似外卖软件,餐馆和超市抛出特定价格的"惊喜袋",等待用户挑选,不过没有配送选项,需要顾客自取;价格低廉,却没有菜单选项,拿到什么全凭运气,但常常有人大丰收。像是食物盲盒,又像是晚餐彩票——这就是丹麦公司Too Good To Go的运作模式。

有网友告诉记者,杭州也有这种"剩菜"盲盒了。"11.9元得价值30多元的面包,真的超级划算!"

**材料五**

2023年3月淄博烧烤突然走红,网络流行语"进淄赶烤"就出自外省慕名而来吃烧烤的游客,烧烤店门前停放车辆的车牌号,最远的来自广东。

# 第六章　即兴口语全息训练

全息（holography）源自拉丁语，特指可以使物体发射的衍射光被重现的一种技术，其位置和大小同之前一模一样。这种技术拍出的照片是三维的，推演开来，全息是指局部或者部分包含了整体所有的信息。比如，通过人的头发可以知道人的健康状况，可以说人的头发包含了人体的全息信息。全息思想的哲学基础来源于万物互相联系，万事万物都是一个共同的整体，你中有我，我中有你，一沙一世界。通过语言可以充分了解一个人的精神世界，全息训练也得之于此，各种看似单一的单项训练可以提高各项综合即兴口语表达能力。

## 第一节　复述与描述

复述是小学生都会做的语言基础练习，是把听到、看到的语言信息经过理解、加工后将信息内容转换为口头语言表述出来的过程。复述要求忠实于原始材料，不得歪曲、调换主要观点和情节，但它又不同于机械背诵，而是在理解的基础上，经过详略处理，对语言重新加以组织，使之口语化，成为用自己的话转述材料内容的口语表达。复述是全息训练中非常有效的一部分，提升复述能力对即兴主持、即兴评述、即兴演讲、论辩等都很有好处。

### 一、复述

复述是把现成的材料重复地叙述出来的练习活动，复述练习的目的在于培养即兴口语表达者系统、连贯的说话能力。放一段视频，请练习者复述视频的情节或人物的对话，这种训练的目的在于锻炼表达者把记忆力、表述力和语言的连贯性合而为一的能力。对于比较高端的语言转述来讲，它还是一种比较复杂的语言信息处理、转换过程。

复述的方式有很多，一般可以粗略地分为详细复述、简要复述、转化性复述、扩展性复述以及修饰性复述等。

(一)详细复述

详细复述是对原始材料进行尽可能细致的表述。表达者用自己的话遵照原始材料的内容、顺序、结构进行完整、细致的叙述，在此基础上，可以适当地将复杂的语法结构调整得简单些，或将长句子化为短句子，将书面语化成通俗易懂的口语。循序渐进地进行口头详细复述训练，可以提高表达者注意力的稳定性，加强对材料的记忆能力以及按照逻辑线索全面把握材料的能力。这是一种最接近原作的复述，如果是在带有考核性的复述练习中，这种复述方式比较适合那些记忆力强、应变力稍差者。

(二)简要复述

简要复述就是把原材料中的主要内容用自己的话简明扼要地表达出来。这种复述要求表达者能抓住材料的重点，说出大致轮廓。简要复述是表达者在总体把握原始材料的基础上概括出主要部分，略去铺陈、解释、修饰等次要部分，简要复述出原始材料的基本内容。简要复述还可以进一步细分，如记叙性材料简述是抓主要人物、事件发展的脉络；说明性材料简述是抓事物的特征、本质、功能、方法；议论性材料简述是抓主要观点等。

简要复述要求"麻雀虽小，五脏俱全"，表达者用最经济的语言复述出最主要的内容，做到条理清楚。简要复述训练的目的在于进一步提高口语表达者分析、归纳和综合概括的能力，进一步加强整体性、选择性和理解性，使思维更快捷、顺畅地向语言转换。这种复述方式比较实用和常见，比较适合细节记忆差、语言变通力强的人。

(三)转化性复述

转化性复述是对原材料有较大改动的复述形式，它可以改变原材料的人物、结构，也可以对内容进行增删，但相关的想象和创造要合情合理。转化，是将原有材料的人称、结构、语体等加以变换。具体包括：

转化人称：复述中的转化人称是复述者把原材料的第一人称"我"，改为第三人称"他"，或把第三人称改为第一人称。

转化结构：复述中的转化结构是把原材料的叙述顺序加以改变，如为增加悬念把顺叙改为倒叙，或为使头绪清楚把倒叙改为顺叙等。

转化语体：复述中的转化语体是在复述时将原材料的体裁转化为另一种体裁，如把散文转化为一篇小说，或把文言文改为现代口语表述出来等。

转化性复述目的在于培养表达者多角度、多层次地表述事物的能力，提高思维的灵活性和机动性。

（四）扩展性复述

口头表达中的扩展性复述相当于作文中的扩写，是表达者在理解原材料内容的基础上，经过合理想象和联想，丰富细节、扩展情节、续编结尾、增加修饰性和说明性内容等的复述形式。扩展性复述训练目的在于培养表达者的创造力、想象力和逻辑思维能力。即兴口语表达中的变换和扩充必须以原材料为依据，不可违背原来的思想、风格，也不能任意发挥。

（五）修饰性复述

修饰性复述是一种创造性复述，是表达者在原材料基础上加上一定想象和创造而进行的复述。虽名为"复述"，但它的描述性更强，可以说是一种描述性较强的复述。

## 二、描述

描述和复述不一样的地方在于，描述通常是无文本依托的口语练习方式。描述是表达者将看到的、听到的场景或事物发展的过程、结果用语言表现出来，也就是通过观察，将人、事、物、景等动态或静态的表达对象的特征及形态，用形象的语言描绘给人听的一种口语表达方式。它具有直观性、具体性、形象性等特征。

描述是一个快速地"看—想—说"的过程。描述通常是"描写+叙述"，是在口语表达中表达者运用一些修辞手法对事物的外形或进程进行形象化的叙述。也有一些描述练习表达者可以通过文本提示的方式来进行，但练习过程是描述性的。例如，练习者观看一段视频"最丑网红为什么越丑越红"，看过之后，设计不超过5分钟的口语表达练习，对视频内容进行描述。下面是一段模拟描述。

一提到网红，大家肯定都会联想到明眸皓齿、甜美性感的美女，她们既能歌又善说，在美颜滤镜之下，简直是天上仙女下凡，满屏熠熠生辉。

不过，当越来越多的人跨入直播这个行列，粉丝们不断分流，要想保持一定的流量，那可不容易。这不，有的网红，就不是以"美"来走红，而是以"丑"胜出的。越丑越红，就怕你不够丑。网上还评出了十大最丑网红，他们的吸粉能力可真不是一般美女帅哥能比的。

这第一位据说是全网最丑的网红，她出生在一个偏远乡村。据她自己说，大家平时都躲着她走，就怕遇见了她晚上会做噩梦。她从小就不受村民喜欢，她顶着一个大脑门，还有一口歪七扭八的牙齿，那牙齿参差不齐，牙缝大到都能放下半颗牙了，都长到嘴的外面了，真是让人觉得，可不要惹她呀，万一被她咬一口啊，得多出好多道伤口。

她闭着嘴的时候还好些,但一笑一说话的时候,大牙暴出,满脸皱纹。

就是这样一个奇丑无比的女子,却天生乐观,还经常拿自己的相貌开玩笑。她原本就自带喜感,再配上自创的动作和神态,经常把人逗乐。她决定自己录制视频,让更多的人看到自己。她将自己的段子发到网上后,换来的是一片骂声。大家骂她长得丑,甚至有人说她丢中国人的脸。虽然恶评如潮,播放量却很高,才一年多,她的粉丝就上涨了100多万。如今,她更是拥有了220万的关注者。

大家都被她有趣的灵魂所吸引,而她更是借此签约了专业团队,还推销起了家乡的农产品,带领全村一起致富。

就这个靠"丑"出名的网红,竟然每次发视频,都有男士在评论区留言要娶她。

这到底是怎么回事呢?可能是网友的猎奇心理,也可能是她长得太有辨识度了吧!

这就是练习者围绕教师提供的视频,观摩后进行的描述。能用语言将视频中的画面描述出来,并且叙述清楚整个视频的内容,这对口语表达者有很高的要求。通过这样的练习可以提高练习者的描述能力,这也是即兴口语表达训练的重要组成部分。相对于复述,描述的想象力更丰富,修辞手法更多,通常描述的依据也更为形象化。

### 三、说新闻

说新闻,是将复述和描述结合在一起的一种新闻播报形式,是用讲话的语体对新闻进行口语化表述,表现为语言口语化、样态不受限制、语体结构松散。说新闻的练习,简便易行,且紧密结合播音与主持艺术专业的职场要求,既有丰富的借鉴材料,同时还有良好的练习效果。为了将若干条单个的新闻连成一个有机的整体,我们要注意在练习的时候进行加工。例如:

悬念设置—叙事铺垫—串词勾连

说新闻的深层特点是对新闻进行解释、说明、补充和稍加分析的信息加工,从而为听众的理解提供引导和服务,并不是只停留在对消息文稿的口语化处理上。在"说"的过程中,表达者可以适度补充新闻背景、联系相关新闻事实、点评揭示新闻精髓等。说新闻在语言形式上的表现是句式短,口语词和语气词多,表达状态较为松弛,给予感和交流感强,语调自然。以下是说好新闻的三个技巧。

#### (一)说新闻要体现最大意义信息

说新闻是以新闻为参照的,在练习中应以新闻的五要素为准星。这五要素是何时、何地、何人、何事、何故。说新闻最简单的方法就是把这五个要素一一整合后说出来,重要线索和信息全在。练习者在看到一则较长的新闻材料时,迅速提炼五要素的能力是说新闻的基础。说新闻的流程如表6-1：

表 6-1

| 说新闻阶段 | 名称 | 主要任务 |
| --- | --- | --- |
| 起始阶段 | 内部言语 | 抓住新闻要素,加上必要的补充 |
| 转化阶段 | 语言编码 | 进行复述,重新组织语句 |
| 表达阶段 | 外部言语 | 以说新闻的口语样态向听众传播 |

说新闻对每一篇新闻材料都要有设计,并不是简单地将"播"改为"说",再加上几个语气词就可以完成的,需要在文本的口语化上下一番功夫。

(二)说新闻要"抓西瓜丢芝麻"

很多练习者把新闻事件叙述得磕磕绊绊,将这一切归罪于自己记不住信息。其实这是个误解,叙述中的磕磕绊绊大多是因为没有掌握说新闻的技巧。很多练习者拿过一个材料来,总想把里面的方方面面、大大小小都原原本本地转述出去,这样就加大了叙述的难度。说新闻并不是详细转述一个新闻事件的来龙去脉,只要把事情大概说清,没有明显差错即可,不需要叙述细节。

以下面这则新闻为例:

调查显示,孩子的金钱观大约在 5 岁开始发展,而消费观则更早就有了。从看到父母消费,孩子就有了以物换物的概念,慢慢形成自己的消费观。许多家长都通过给一点零花钱,培养孩子从小与金钱打交道的能力。然而,随着电子支付的普及,纸币逐渐淡出,电子支付已成为社会的"基础设施",由于容易查清楚消费去向,能够更好监督孩子的花销,很多家长也给孩子开通了这样一个支付渠道。因此很多"10 后"对纸币的概念很模糊,甚至很多孩子就没见过现金。

有新闻报道称,某 7 岁小孩觉得扫码就可以获得零食实在太有趣了。拿到带有支付功能的儿童手表第一天就带着小伙伴们"席卷"小卖部,给每个人"扫"了一份零食。公开数据显示,近年来我国儿童手表销售保持较快增长,年销售量达到 3 000 万件左右。同时,我国 14 岁以下儿童人口数量有 2.5 亿,儿童手表的用户还可能进一步增加。

然而,儿童手表智能化的边界在哪里?如何让它更好地服务儿童成长呢?电子支付使用得当可以实现双赢,关键不在于功能如何,而是如何规范使用。就现实来看,许多产品虽然带有支付限额功能,但开启方式设计得弯弯绕,没有真正从用户的角度出发；许多家长直接把银行卡绑定儿童手表，很可能让孩子觉得钱是"白来的""无限的"，从而导致花费肆意。说到底，正确使用支付功能也是儿童"财商"教育的一部分，成年人应当负起责任。

这则消息虽然主线清晰，但里面细节不少，没有经验的练习者会忙于记忆"金钱观大约在5岁开始发展""某7岁小孩""年销售量达到3 000万件左右""14岁以下儿童人口数量有2.5亿"等细节。其实没必要这样面面俱到，概括能力强的表达者会着重说出下面的关键信息：

电子支付模糊了孩子的金钱概念，给儿童教育带来了新的问题。很多小孩子拿着有支付功能的儿童手表"刷刷刷"，甚至觉得钱只要"扫一扫"就能源源不断。

这种表述就把关键性信息表达出来了，丢掉了那些琐碎的数字，重点突出而且容易让听者有效接收相关信息。

(三)说新闻多用语气词、短语和单句

大量运用短语句式、少用书面语、增加语气词是说新闻口语化的特征。说新闻所依据的材料常常是报纸新闻，报纸新闻属于典型的书面语言，相对于口语化的要求相差甚远，在说新闻时表达者应当实现从书面语言到口头语言真正意义上的突破。如前面这则消息按照说新闻的需要，可以这样来说：

随着电子支付的盛行，小孩子们竟然不认识钱了。这也带来了一些新的问题。在孩子们看来，钱就在手机里，而且永远刷不完；想要的时候，"扫一扫"就可以了。这可不得了。有个小孩儿拿到有支付功能的儿童手表，立马带着小伙伴们"席卷"小卖部，出手大方，给每个人"扫扫扫"。

我国少年儿童的数量巨大，占了两亿多人，而近年来儿童手表销售剧增，这意味着什么呢？大量没有金钱观的儿童，戴上了自以为里面有神奇能量，而且用之不竭的儿童手表。他们一旦"出笼"，那可真是"神兽"了。在电子支付盛行的今天，在无现金时代，父母们正面临一场关于"钱"的教育冲击。

记得当年学习一般等价物的时候，搞懂金银是天然的一般等价物都用了很长时间，现在又要把纸币省却，直接跳到电子支付上，这对于家长更是个难题。

练习者在读报纸消息或看电视新闻时，遇到感兴趣的，可以用自己的话将它复述一遍，并加上自己的想法，也可以模仿电视台读报节目，将各方意见汇总起来。这些看似自言自语的"说新闻"要营造出现场报道的感觉，练习者可以录下来听听，揣摩一下这种"说"的感觉是否自然。

## 感悟与训练

### 一、简要复述训练

将下面三则材料看一遍,记住梗概,然后对每一部分进行简要复述。复述时可以使用原材料中的句子,也可以用自己的话表述,但要句式完整,句子连贯,不改原意。

**材料一 擦玻璃工**

他只身从农村来到城市,只有初中毕业,身体非常单薄,只能找点比较轻的体力活干。他到了一家保洁公司,主要工作就是擦玻璃,公司管食宿,每月工资300元。

他很满足,干起活来十分卖力。有人问他:"你这么小,为什么不在家上学,出来受罪赚这点钱?"他说:"我家里穷,父亲瘫了,母亲种地,家里没钱供我上学,我文化太低,能有这份工作已经很满足了,每月还能给家里寄点钱呢。"

他在这家保洁公司一直擦玻璃,他的同事换了一批又一批,有的甚至刚做三四天就因为嫌薪水少、干活脏走了,他一直坚守着这个位置。整整5年,他已经是20多岁的大小伙子,这座城市里的写字楼、宾馆、商场他几乎都去服务过多次。他工作一如既往地卖力,一丝不苟,很多顾客还点名要公司派他过来,他简直成了公司的形象代言人。

人们都知道他,他和他的服务对象成了熟人和朋友。有一天,有个新来的女孩问他:"听说你擦了5年的玻璃,每月只挣300块钱,为什么不换个工作呢?"他笑笑说:"会换的。"

有一天,人们熟知的擦玻璃工突然消失了。几天后,一家快餐店开业了,老板就是擦了5年玻璃的他。快餐很适应城市的快节奏,竞争自然异常激烈,而他的快餐店却很快打开了局面。

原因很简单,他在擦玻璃的5年,走遍了每个写字楼、宾馆、商场,结识了里面的人,5年擦玻璃的表现已经给人们留下了深刻的印象。当他的快餐店发展到整个城市的角落,资产逾千万时,认识他的人无不感慨地说:"这位老板曾擦了5年的玻璃。"

有记者采访他,问他如何从一个擦玻璃的打工仔到开快餐店,并在众多实力雄厚的竞争对手中脱颖而出时,他只说了一句:"因为我曾为人擦过5年的玻璃,并且擦得很好!"

**材料二 你真的"够想"有钱吗?**

有位富翁走在路上,碰到一位乞丐向他行乞:"求求你,我好久没吃饭了,我好需要钱,请施舍我一点点钱吧!"

这位富翁决定做个小实验,他没掏出钞票,而是直接将他的信用卡送给了这位乞丐,他想看看这位乞丐会怎么使用这笔"天上掉下来的钱"。

富翁惊讶地发现,这位乞丐拿着这张卡,买了老半天,才买了一罐除臭水、一瓶矿泉水和一包香烟,总共才刷了 25 美元。

后来,有位加拿大的记者也效仿着做了一个类似的实验。他事先准备了 5 张信用卡,里面只有 50—75 加币,他在多伦多的市中心逛来逛去,等着有乞丐向他行乞,然后再给他们,看看他们怎么花,结果是这样的:

第一张卡给了一位叫 Jason 的流浪汉,他拿去买麦当劳,只花了 8.69 元加币,然后将卡退还给了他。

第二张卡给了一位叫 Mark 的流浪汉,他花了 21.64 加币在一间餐馆好好吃了一顿,又买了 15 元的酒,还是没有将信用卡里的钱全部花掉。

第三张卡给了一位叫 Joanne 的女乞丐,她拿了卡就再也没有还回来,不过,记录显示她也只花了 24.95 元在麦当劳,然后买了 38.35 元的酒。

第四张卡给了一位叫 Avenger 的家伙,虽然 Avenger 将卡拿走了,但他竟然从来没刷过!

第五张卡给了女流浪汉 Laurie,她花了几乎所有的 75 元,但也只是拿来买食物和香烟,然后还了卡。

这些实验的结论,已经很明显了——虽然乞丐可能是最需要钱的,但当他们拿到了钱,却没办法"花钱",连信用卡里面的钱都花不完,而这位记者遇到的 10 个乞丐中有 5 个竟然拒绝了他的好意,告诉记者说他们过得很好,不需要他的信用卡,只需要他的"零钱"。

最近,伯克利加州大学的科学家做了一个实验,他们找来 115 位各式各样的志愿者,先记录下他们的背景、收入、年龄,其中有穷人,有富人,给他们每人 10 单位的现金,告诉他们可以将这 10 单位"捐"出来给他们的伙伴,或是自己保留着,结果这 115 位平均每人捐出了 4.1 个单位,自己留了 5.9 个单位,听起来还算合理,是吧?不过,再看每一个人所给出的单位,彼此却相差很多。

科学家发现,在"收入"同年龄与同族群中比较"穷"的,竟然比那些较"富"的平均"多"捐了 44%!

不信邪的科学家再对这 115 位志愿者做了一场调查,问他们应该将收入的百分之几捐出来做公益较好。结果,比较"穷"的这一半,平均愿意捐出收入的比例高达 5.6%,而比较"富"的那一半,平均只愿意捐出收入的 2.1%!

这让我们很自然地下一个结论:富人比较可恶,穷人比较善良!这是有道理的,但如果将这场实验和刚刚那个"乞丐实验"比对一下,或许又会有另一个更有趣的结论——会不会反而是因为乞丐"不需要"那么多钱,所以才会变成乞丐呢?富人是否因为"太需要"钱,所以才会富呢?

穷人之所以穷,并非因为他们能力差,而是因为他们"不那么需要"钱。

有些很会理财的富有的人,他们的习惯反而倾向"省小钱,花大钱"。他们平常很节省,是因为市井小菜只能填饱肚子,只有那种大盘子里一小撮的法国菜才能打动他们的味蕾,只有烛光和亮花花的高档纯银餐具,才能让他们胃口大开;而"穷人"吃法国菜,总感觉那种小口的吃法没味道,远不如一大盘子的炒饭拌饭,那种肉啊饭粒啊一大团含在口里的热乎乎的饱实感。

这个领悟,是很大的警惕——

我们都梦想要再变得有钱一点点,然后可以天天吃美食,但却像乞丐刷卡,怎么刷都刷不完。我们该问自己一个问题:我真的"够想"变有钱吗?

这个道理,可以运用在很多的事情上——

许多人想减重、想更苗条一点,但一直无法如愿以偿。这时候该做的或许并不是怨天尤人,而是真真切切地问自己一句话:我真的"够想"变瘦吗?

有些人单身许久,一直心想如果身边有个伴该多好,却因为太忙、太没"桃花"、交友网站不靠谱……种种理由,一直碰不到心上人。这时候也该真真切切地问自己一句话:我真的"够想"找到梦中情人吗?

许多人想结束上班生涯出去创业,但说了半天一直没办法行动;有些人则是想换工作,讲了三五年了,还是无法开始。这时候也该真真切切地问自己一句话:我真的"够想"离开这家单位吗?

如果你真正"够想",那就不会只是"想"了。非高级餐不吃,非称心工作不干,碰不到另一半就不能再笑出来……这时候,目的才会容易达成。

但大部分的人,梦想很多,其实都是因为"不够想",于是大部分的梦想,真的只是梦。

人会做梦,但其实不太认识自己的梦,就像乞丐永远不知道送他信用卡的那个人竟然不可思议地觉得他"花得太少",乞丐自觉很需要钱,梦想要钱,但永远都不知道他还"不够想"要钱。

所以,我们今天要好好根据自己的每一个梦想,问自己一声:"我真的够想吗?"

**材料三 囚禁的章鱼**

章鱼广泛分布于世界各大洋的热带及温带海域,章鱼的英文名字是 Octopus,它是章鱼科 26 属 252 种海洋软体动物的通称。章鱼是温带性软体动物,生活在水下,适应水温不能低于 7℃,海水比重 1.021 最为适宜。章鱼依靠摄食大型动物性浮游生物而成长。

一只章鱼的体重可以达到70磅。但是,如此庞大的家伙,身体却非常柔软,柔软到几乎可以将自己塞进任何想去的地方。

章鱼没有脊椎,这使它可以穿过一个银币大小的洞。它最喜欢做的事情,就是将自己的身体塞进海螺壳里躲起来,等到鱼虾走近,就咬断它们的头部,注入毒液,使其麻痹而死,然后美餐一顿。对于海洋中的其他生物来说,它可以称得上是最可怕的动物之一。

但是,人类却有办法制服它。渔民掌握了章鱼的天性,他们将小瓶子用绳子串在一起沉入海底。章鱼一看见小瓶子,就争先恐后地往里钻,不论瓶子有多么小、多么窄。

结果,这些在海洋里无往不胜的章鱼,成了瓶子的囚徒,变成了渔民的猎物,变成人类餐桌上的美餐。是什么囚禁了章鱼?是瓶子吗?不,瓶子放在海里,瓶子不会走路,更不会去主动捕捉。囚禁了章鱼的是它自己。它向着最狭窄的路越走越远,不管那是一条多么黑暗的路,即使那条路是死胡同。

## 二、短文扩展性复述训练

阅读下面材料,然后将它扩展成一个故事讲出来,时间不超过2分钟。

东北某地野猪损害庄稼很厉害,农民叫苦不迭,有个青年想了个办法:用录音机在电视里录下狮虎的吼叫声,然后通过电线杆上的高音喇叭播放,以吓唬野猪。开始还有些效果,后来野猪绕电线杆转了几圈,又用身子靠靠,最后用嘴巴把电线杆拱倒了。

## 三、故事扩展性复述训练

下面是一个故事,不过,这个故事只有开头和结尾,没有中间的主体部分。主体部分交给你,请你根据上下文发挥想象力,把画线部分补充完整并讲述出来,使材料成为一个完整的故事。

### 一只安全的瓶子

二号床,是个不爱说话的女孩。她长相平平,高中三年,我只见她穿过校服。衣服同她的人一样,看上去都让人觉得寂寞。

我并不喜欢她的性格,但我和她是在同一间宿舍最近的位置,我是一号床。每天晚上,我们要头对头地睡觉。我从小就爱热闹爱说话,每晚躺下,都仰起脸来对着她的脑袋叽叽咕咕。可对我所有的话,她大多用淡淡的"嗯"做回应。结果说来说去只有我一个人的声音。

二号床对所有人都这样。她不主动说话,如果对方说,也是简短回答。周末,我们会各自回家,她住在郊区,有时候,我们会坐同一辆公交车,我比她早下几站路。再回校时,大家都分享各种零食,她带来的通常是花生,有时是烤得香喷喷的白薯……但没有别的了。开始大家还感到新鲜,后来就慢慢失去了兴趣,她还是带来,带给我。二号床用这种方式来亲近我。

越来越发现这种沉默性格的好。她不爱说话,以至于不管什么事我都可以放心地对她讲,包括对男同学的暗恋。二号床,她是一个多么安全的瓶子,装着我所有的秘密。

我的倾诉,她的倾听,让我们越来越亲近了。在我们真正熟悉以后,二号床也终于有了对我讲述的话题:_____

半个月后,我回到学校,看见二号床。我用平静的神情,装作一切不曾发生。我知道这一次,我必须要做到像她一直对我那样的守口如瓶。虽然这么多年,爱说话的我从来没有独自承担过任何的心事,但这次,为了二号床的秘密,我一定要做到。

大学毕业后的第六年,一场高中毕业十周年聚会将我召了回来。一个班的同学到了大半,可是没有二号床,而且,居然没有人知道她的消息。大家叽叽喳喳回忆着那个多事的年纪,在对往事的大揭秘中,我竟然没有被吐槽什么秘密。他们并不知道,我其实有很多秘密,而我所有的秘密,都装在二号床的瓶子里。

## 四、修饰性加工复述训练

对这些哲理性小材料进行修饰性复述,并加上自己的联想和评论:

- 鲇鱼效应

以前,沙丁鱼在运输过程中成活率很低。后来有人发现,若在沙丁鱼中放一条鲇鱼,情况就会有所改观,沙丁鱼的成活率会大大提高。这是何故呢?

原来鲇鱼在到了一个陌生的环境后,就会"性情急躁",四处乱游,这对于大量好静的沙丁鱼来说无疑起到了搅拌作用;而沙丁鱼发现多了这样一个"异己分子",自然也很紧张,加速游动。这样沙丁鱼缺氧的问题就迎刃而解了,沙丁鱼也就不会死了。

- 第十名现象

一个班里最有出息的学生,往往不是学习成绩最好的前几名,而是处于中上游的第十名左右的学生。他们既没有尖子生想赢怕输的心理负担,也没有差生的心理自卑感,他们敢闯敢拼,更能与环境发生积极的互动,对失败也更有耐受力。在校时的"默默无闻""不上不下"最大限度地保护了他们的潜力和创造力。这就是"第十名现象"。

- 青蛙现象

把一只青蛙扔进热水锅里,由于它对不良环境的反应十分敏感,就会迅速跳出锅外。如果把一个青蛙放进冷水锅里,慢慢地加温,青蛙并不会立即跳出锅外,水温逐渐升高的最终结局是青蛙被煮死了,因为等水温高到青蛙无法忍受时,它已经来不及,或者说是没有能力跳出锅外了。

- 木桶效应

水桶效应是指一只水桶想盛满水,必须每块木板都一样平齐且无破损,如果这只桶的木板中有一块不齐或者某块木板下面有破洞,这只桶就无法盛满水。木桶效应是说一只水桶能盛多少水,并不取决于最长的那块木板,而是取决于最短的那块木板。这也可称为短板效应。

- 鳄鱼法则

万一被鳄鱼咬住了脚,如果试图用手掰鳄鱼的嘴,试图挣脱这只脚,鳄鱼便会同时咬住手和脚,猎物越是挣扎,被鳄鱼咬住的越多。所以,万一被鳄鱼咬住了脚,唯一的办法是牺牲一只脚。有时候,及时止损,而不是越陷越深。

## 五、说新闻专项练习

第一,请选择近几天的3条国际新闻进行说新闻练习。

第二,请选择近几天的3条当地民生新闻进行说新闻练习。

第三,请选择近几天的3条文化娱乐新闻进行说新闻练习。

第四,请选择近几天的3条体育赛事新闻进行说新闻练习。

第五,请选择近几天的3条身边的生活新闻进行说新闻练习。

## 六、说新闻的口语化练习

将下面的书面新闻换一种形式,用说新闻的语言样态做口语化播出。

近日,一款名为"电子木鱼"的音乐游戏类 App 突然占领了应用市场下载排行榜的前几名,热度甚至超过了网易云音乐、QQ 音乐等音乐类 App。

顾名思义,电子木鱼游戏的本体就是一个"木鱼",玩家通过敲击屏幕上的木鱼图案后能听到"咚"的一声,除此之外也没有别的玩法了。没有通关目标,没有关卡设置,没有游戏剧情甚至没有游戏操作,这个音游却让无数网友感觉非常解压。

一个只会发出单调的"咚"声的 App,为什么会让人感觉很放松?秘密在于白噪音。

白噪音是一个物理概念,由人耳可以感知到的 20—2 000 赫兹的声音构成,其音调有重复、单调、规律的特质,最初被运用在心理治疗中,对精神紧绷和一些多动患儿有缓解的作用。近些年来开始成为一些商家的致富经。白噪音的类型非常广泛,下雨的声音、烧木头的声音,甚至是敲击键盘的声音、钟表走针的声音、笔写字的声音都可以是白噪音,这些声音具有神奇的疗愈作用,大脑在这些单调重复的声音中变得缓慢,转向不活跃的状态,烦躁不安的情绪得到平缓,对于部分人来说还挺催眠。

而电子木鱼这一音游除了利用白噪音作为听觉上让人放松的武器外,还同时兼具刻板动作这一性质,与白噪音性质类似,简单重复的敲击屏幕行为是一种单调刻板的动作,重复同一动作会让大脑产生疲劳反应,思维也会迟缓下来,这种利用刻板动作来放松大脑的还包括戳戳乐,在反复的高频率的戳扎中,游戏玩家获得放松。捏泡泡纸的逻辑和电子木鱼的逻辑有点类似,两者都是单调动作和白噪音的结合体,手上有简单动作,耳朵还能听见啪啪的声音。不同的是,一个是实物,一个是App。

白噪音能让人解压早就不是秘密,而充分活用白噪音开拓起来的市场还处于蓬勃发展中。比如市面上形形色色的婴儿助眠音箱,就是通过播放白噪音让婴儿减少或停止啼哭。前几年开始流行的助眠类手机App,功能也比较类似,大体上是给用户提供多种白噪音,并通过开通会员等方式让用户自由混合白噪音,最终制造出一款最适合自己的解压声音。而今白噪音已经与轻量化软件、广告相互结合,成为一种左右用户情绪的工具。

以广告为例,棉被广告中有意放大的棉织品摩擦声、食物广告中水果被切开的声音、碳酸饮料气泡的声音、家居广告中常出现的噼里啪啦响着的火炉……白噪声的刺激在一定程度上拉近了消费者与广告营造的氛围之间的距离。而在软件方面,白噪音在游戏方面的应用值得注意,尤其是轻量小游戏,规律声音与重复动作的组合越来越受到人们的欢迎。比如有一款名为"空气投篮"的小游戏,智能手表通过体感装置,感知用户的投篮动作,在App发出投篮的声音和画面,这款解压小游戏曾一度攀升至应用市场付费榜第一名。

### 七、即兴解说练习

根据下面提供的两则材料,做一段关于"时间"的即兴解说,解说语言要求信息讲述清晰、流畅、口语化。

**材料一**

时间是人类用以描述物质运动过程或事件发生过程的一个参数。确定时间,是靠不受外界影响的物质周期变化的规律。例如,月球绕地球周期、地球绕太阳周期、地球自转周期、原子震荡周期等。爱因斯坦说:"时间和空间是人们认知的一种错觉。"宇宙大爆炸理论认为,宇宙从一个起点处开始,这也是时间的起点。但是时间往往如流水一般过得很快,俗话说的"一寸光阴一寸金,寸金难买寸光阴"就是这个道理。时间就像海洋里的水,只要愿挤,总还是有的。

其实时间是一种抽象的东西,需要更加深入地了解。

**材料二**

时间是一个计量事件过程长短的类别名词。可以说没有了事件,也就没有了时间。

时间在数学、物理上用坐标轴表示。没有时间时会出现什么状况?怎样利用时间的本质来思考衰老的问题?为什么有些事件可以同时发生,有些却不能?时间与我们有什么关系?

地球总是自西向东自转,东边总比西边先看到太阳,东边的时间也总比西边的早。东边时刻与西边时刻的差值不仅要以时计,而且还要以分和秒来计算,这给人们的日常生活和工作都带来许多不便。为了克服时间上的混乱,1884年在华盛顿召开的一次国际经度会议上,规定将全球划分为24个时区。它们是中时区(零时区)、东1—12区、西1—12区。每个时区横跨经度15°,时间正好是1小时。最后的东、西第12区各跨经度7.5°,以东、西经180°为界。每个时区的中央经线上的时间就是这个时区内统一采用的时间,称为区时。相邻两个时区的时间相差1小时。例如,我国东8区的时间总比泰国东7区的时间早1小时,而比日本东9区的时间晚1小时。因此,出国旅行的人,必须随时调整自己的手表,才能和当地时间相一致。凡向西走,每过一个时区,就要把表向前拨1小时(比如2点拨到1点);凡向东走,每过一个时区,就要把表向后拨1小时(比如1点拨到2点)。

时间按照科学的划分可以分为维度时间,也就是时间的相对论。时间可以随空间的变化而产生微妙的改变,这就是时间的维度。

### 八、户外描述练习

去户外观察一个场景或者一个场面,用口语做限时描述。下面提供几个场景做参考:

1. 某大学餐厅中午打饭的场面。

2. 工作日,晚高峰的十字路口。

3. 早上8点,某小学门口。

4. 周末晚上,某影院门口。

5. 雨天傍晚,某大学图书馆门前。

### 九、视频描述

看一段视频,把你看到的描述给别人听,要求不带评论,仅仅描述视频中事情发生的过程和细节。例如:

1. 某娱乐节目现场,来了一位搞笑的嘉宾。

2. 某相声演员开直播,连说带唱引来数万人围观。

3. 某体育比赛的激烈的竞技场面。

4. 大学校园中的"网红猫",占座"听课"态度认真。

5. 某民生节目报道的家庭纠纷。

## 第二节 听语训练

口语表达者在对话性语言交流的过程中要想达到交际目的,就不能忽视灵敏的听觉吸收能力以及信息反馈能力。在即兴口语的交流语境中,"听"和"说"都不是独立存在的,双方在信息输出与输入过程中进行言语的再生产。只有会听,交流才能有效地进行下去。即兴听语训练也是提高即兴口语表达能力的组成部分。

听语可以为即兴口语表达进行有效定位。即兴口语一部分是由语境中的情景引发的,另一部分则是由话语信息触动引起的思维活动引发的。如果即兴口语表达者的倾听意识淡漠,就难有及时适度的语言反应。因此,听语也是即兴口语调频训练的基础和重要环节。

谈话是一个双向言语交际的过程。在这个过程中,一是"说",即言语表达信息的传递过程;二是"听",即言语听知信息的接收理解过程。即兴口语表达的话轮转换是在"听"和"说"之间进行的,回环往复直到谈话结束。随着时代的进步,人们的接受观念发生变化,更多的人倾向于双向或多向交流,以获得更多的信息互动。即兴口语表达大部分是在不确定的语言环境中进行的,话语信息随时有变,人们要进行积极的交流就必须仔细听辨并且善于过滤。"听"所发挥的作用是确定和调控言语交际走向。即兴听语训练的目标是准确及时地摄取有效信息,从而为顺畅的交流打下基础。

### 一、听语的层次

听语有两个层次:低效的听和高效的听。高效的听才能为良好的口语表达打下基础。以广播电视中的访谈者为例,不少人习惯于提出问题却并不认真听回答,他们的心思往往放在要说的话或是下一个新问题上,但广受欢迎的访谈者一定是积极、真诚的倾听者。美国电视脱口秀主持人奥普拉·温弗瑞,一直独占鳌头,成为美国电视界年收入最高者。奥普拉非常善于倾听嘉宾谈话,并且利用谈话的内容把主题步步引向深入。由于对观众和嘉宾的生活充满关切,她的访谈往往都很成功。

听知学的研究对象分为三个层次:第一个是声音学意义上的,涉及声音的物理属性及这种属性对聆听的影响;第二个是心理学意义上的,包括听者对语音意义获得的过程、规律以及方式;第三个是行为学上的,即聆听作为一种言语行为的不同方式及要求。[①] 我们从中可以得到启示,把日常生活中的听语分为两个层次:

---

① 李海林.言语教学论:第2版[M].上海:上海教育出版社,2006:114.

(一)低效的听

低效的听可能只是表面的听,一般伴随着心不在焉的心理状态,即听者无心去听,或不感兴趣,或一时走神等,对方说的什么并未入耳;有的虽然入耳,但未入心,一时认真,但很快就对所听内容模糊不清了,表现为"耳边风"。低效的听是以讹传讹、产生谣言的重要原因。传播中的很多问题都可以在这一层次的"听"中找到源头。

造成这种倾听效果不良的原因有很多,常见的有:

听者觉得已经知道了说的人要说什么;

听者有分心的事情;

听者不喜欢说话者或者他的话;

听者只去听那些他想听的内容;

听者之所以听就是为了找机会抢话。

(二)高效的听

高效的听,是既入耳又入心的听。它表现为倾听、聆听,这种听能在纷繁的话语中获得有效信息,并能根据听到的信息及时做出反应,进行反馈。听的人可以随时与说话者积极交流互动,伴随对方的话语频道,激发出更多的有效信息。对即兴话语交流中高效的听进行拆解,它包括以下步骤:

吸收信息—抓住要领—揣度意图—思考对策—及时反馈—激发新信息

许多高效的听,表现为听者有"确认式提问"的提出,这是一种对所获信息的积极反馈。高效的听是"听"的理想境界,也是经过努力所能达到的最好的听的目标。

## 二、TQLR 听辨

加拿大科学研究会总结出来一套 TQLR 听辨的方法:"tuning in"是调准音,为"调频"的意思;"questioning"即"提问";"listen"很简单,就是"聆听";"review"是"复现"的意思。其中"调频"是要求听者在听的过程中理清话语的思路;"提问"是听者在听语过程中要有"质疑"的意识,随时发现潜在的问题,或者透过语言表面,推导出话语的真正含义,优秀的访谈者或主持人都要具备这种能力;"聆听"是在听语过程中抓住话语的要点;"复现"是记住主要内容,理顺思路,以便进一步思考和解析,从而准确有效地选择应对话语。

听语的四个步骤 TQLR,即调频—提问—聆听—复现,见表 6-2。

表 6-2

| 缩写 | 名称 | 释义 |
| --- | --- | --- |
| T | turning in 调频 | 理清话语的思路 |
| Q | questioning 提问 | 有"质疑"的意识 |
| L | listen 聆听 | 抓住话语的要点 |
| R | review 复现 | 记住主要内容 |

在此基础上，听语的训练包括 6 个要点：

(一) 排除干扰

排除干扰是表达者在听语过程中抗干扰的能力。在动态语境中，对信息的收集往往会受到各种各样的干扰，所以需要增强自己的抗干扰能力。以求职节目《非你莫属》主持人张绍刚和求职者何疆岚的对话为例：

《非你莫属》之何疆岚片段1

张绍刚：随后来北京，找了一个你说什么什么第三方的这样的公司，干了多久？

何疆岚：干了一年多。

张绍刚：一年多。为什么离开？

何疆岚：当时是因为我在市场部从事一些品牌合作，还有品牌拓展方面(的工作)，我觉得我的这个能力已经不太满足公司的一个发展，我觉得有的时候把我放得太高了，当时我只有 22 岁。

张绍刚：把你放得多高？

何疆岚：就是所有的市场活动都是你一个人去做。当时我一个人做了我们公司的年会，然后我做完年会的时候大家反馈给我的信息也非常好，当时我觉得我有一些东西是我欠缺的。

张绍刚：这是你离开的理由？

何疆岚：对，我真的做不了。

张绍刚：那离开了之后又干吗去了？

何疆岚：然后我就找了一个在北京相对于做执行活动方面非常强的一个公司，去做最简单的最基本的市场执行。

张绍刚：那为什么又不做了？

何疆岚：是因为我觉得现在时不我待了，我不可能再给我两三年的时间，OK，何疆岚你再去学习这些执行最基本的东西，你再回到一个公司。

高效的"听"所带来的反应，一定是与"说"的流程有紧密的贴合度。这一段语脉推进之后,张绍刚发现没有获得有效的求职信息,因为求职者一直答非所问,离职理由不充分,最重要的信息即她的职场短板始终被回避。这段对话看上去求职者是有问必答,但她的话语中大多是干扰信息。

(二)抓住信息要点

抓住信息要点就是从话语的内在脉络出发,去粗取精,听出对方的核心观点来。很多话语的主要信息是散见在各种零散信息之中的,听者要掌握这种抓取有效信息的能力,将几个最能表明对方观点和意思的关键词抓取出来。对方表达再乱,也要找到语脉的"线头",有时可能还不止一个"线头"。切忌将自己的主观想法代替对方传递出来的信息。在前段对话中,张绍刚发现求职者顾左右而言他,回避所有对她不利的负面信息,于是以明确的语言来引导对方提供更充足和直接的信息:

张绍刚:你知道通过你在这儿说话啊,我就真的是发现了你的一个……如果我要是老板我可能会灭灯。我告诉你理由,就是你把自己说得很完美。

何疆岚:不完美啊。

张绍刚:我说的是我听了之后,你把自己说得很完美。你选择离职是因为时不我待,有一个宏伟的蓝图,你自己给自己做计划;你离开那个职位的原因是因为公司给你的那个位置太高了。

《非你莫属》之何疆岚片段2

何疆岚:我做不了。

张绍刚:然后你做不了。让我们每一个都感觉到……你有没有自己的问题离开?

何疆岚:就是主观的能动性有点差。

韩　昌(Valmont中国区总裁):疆岚,你一定要坦诚地告诉大家,现在这份工作,你在这家公司为什么没有给你机会?

何疆岚:为什么说时不我待,因为可能,现在的就业环境确实是真的不允许我再给我自己很长的时间来学习了。我既然选择了在这半年之中……

韩　昌:为什么这个公司没有机会?

何疆岚:在这个公司,因为它是一个很专业的执行公司,所有的表格你都必须按照很专业的东西来,有的时候我欠缺之前所学习的,刚才我也说到了我主观能动性比较差,我不会去主动去学习,这个Excle表格我必须要去学,我可能会在大家说这个东西你是该要学的时候,我才会去学。

刘惠璞(世纪佳缘副总裁):其实我最不明白的一件事是特别简单的一件事情,因为也是一个小孩儿么,刚毕业没多久,第一家老板凭什么就把你抬那么高,这很重要。

莫华璋(人生规划师):记住这是个艺术职业学校,(你)刚毕业一个礼拜,真的要解释一下。

**何疆岚**：我来解释一下是这样的，就您刚才问到我一个问题，为什么会交给我来做，是因为我很多事情确实做得不错，然后我的主观能动性不好，是因为我觉得公司已经逐渐地发展起来了，对于我23岁的这个人来说，我觉得我真的已经没有办法赶上公司的这样一个发展的进程了。

**刘惠璞**：你等等，你才一年，你进到公司多长时间，老板开始委以重任的？

**何疆岚**：第十个月。

**刘惠璞**：第十个月被委以重任，中间做了哪些事情老板非常地肯定你，这是我问的要素。

**何疆岚**：之前我不懂金融，在销售部实习的时候，别人打200个电话，我打400个电话，每天我一个月……

**刘惠璞**：这还叫主观能动性不行吗？这叫主观能动性相当行。

**慕 岩**（百合网副总裁）：400个电话，你是别人两倍的通话量，我觉得你花多少时间吧？

**何疆岚**：从早上上班，9点钟上班，到下午6点钟下班。

**慕 岩**：一天工作几个小时？

**何疆岚**：包括有效加无效是可能的。对，这是有效加无效。

**慕 岩**：不太可能！除非你们那个团队其他人工作都非常懈怠。我跟你讲，我们的电销团队，我们这个团队，如果有一个人他是其他人的两倍，他得干到凌晨一两点，至少是。

**葛晓非**（Fesco网络公司副总经理）：如果一个初级的电话销售开始工作的时候，她没有机会跟客户聊太多，她主要就是一个初步的接洽而已。

**何疆岚**：是这样，我之前的同事，很多都是金融专业的，他们可能跟客户打电话时间会比较长，因为他们能跟客户聊很多东西，聊金融的，但是我什么都不会，我必须……

**慕 岩**：所以你的意思是你打了400个电话，浪费了很多销售线索。

**葛晓非**：她只是什么呢，绍刚，就一个事情比方说，她是有十分，她只展现最美丽的两三分。其他那些她没有展现，所以别人觉得不合常理。

**徐 睿**（场外点评嘉宾）：有一个微妙的变化，一开始的时候老板们其实对她还挺有兴趣的，挺有好感的，但是现在这一轮云山雾罩之后，可能老板们要灭灯哦。

作为播音与主持艺术专业毕业生，求职者一开始的表达给人的印象很好，但是慢慢大家就发现，她说话选择性相当强，只说对她有利的东西。老板们纷纷从各个角度以各种方式引导她回答最关键的问题,虽然求职者始终回避不利因素,但善于捕捉信息的嘉宾们还是抓住了蛛丝马迹,获得了一些真实的信息。在听语中随时抓住信息要点并记住大意,是听话人从说话人话语的字面出发,听出重要内容的关键。

(三)注重话语定向

注重定向就是培养定向意识。许多人口语表达凌乱,思维飘到哪就说到哪,这就造成表达无定位,信息飘移。听者面对这种情况就要做好话语定向,由表及里,听出内在联系和言外之意,避免注意力滑向无足轻重的地方。在《非你莫属》"80后海归"刘俐俐求职那期,主持人张绍刚就找到了信息中的"抓点":

**张绍刚**:从新西兰回来之后,为什么选择自考?

**刘俐俐**:因为高考很难啊。数学根本不会啊。

**张绍刚**:然后自考为什么又去考一个英语专业?因为你的英语已经在那儿待得很好了?

**刘俐俐**:那为什么我们要学语文呢?

**张绍刚**:我不知道,是我的问题你听不太懂呢,还是我哪个问题伤害到了你,使得你开始具有了攻击性。

**刘俐俐**:老师,我觉得是您具有攻击性,不是我具有攻击性。

**张绍刚**:我是从哪个问题开始有了攻击性?

**刘俐俐**:就是从祖国那个问题开始。

**张绍刚**:我真的非常不喜欢听你那样聊中国的事儿。

**刘俐俐**:但是您不了解我,我就是觉得我中文太差了,所以我才回国读的大学。

**张绍刚**:所以你在选大学的时候选英语。

**刘俐俐**:那是为了混张文凭。

在这一段对话中,主持人张绍刚敏感地找到了信息中的"抓点",以激将的方式促使求职者说出了真实情况。

(四)防止超前判断

有时,听者会主观地对一些信息做出超前判断,当这些判断不是建立在客观信息的基础上时,就可能犯片面的错误。将自己的主观想法代替别人的想法是语言交流中容易出现的问题,听语中的防止超前就是谨防听者出现超前判断,别人没有说完之前不要武断地下结论,也不要根据以往的经验得出对别人的看法。以张绍刚和刘俐俐的一段冲突为例:

**张绍刚：**为什么不在那块升大学？

**刘俐俐：**因为在那边，就是说费用稍微有一点高。然后我在新西兰待了3年,3年之后才回国。那个时候我就觉得，中国变化好大啊，我要是再在新西兰待，我会傻掉的，因为它那边的节奏太平缓……

**张绍刚：**稍等，稍等，稍等，刘俐俐，为什么我和你在沟通的时候，我浑身一阵一阵地犯冷呢？

**刘俐俐：**在生我的气吗？

**张绍刚：**我很少会和我的朋友沟通说"hello,你觉得中国怎么样？"这是我们自己的国家，我们待在自己家里面，还需要用大写来称呼吗？

主持人这段指责性的话语是导致求职者表现失态的重要原因，如果求职者没有"海归"背景，主持人可能不会对"中国"的称呼做出过激的反应，这里有主持人对"海归"人士的超前判断在里面。

### (五)顺应对方风格

顺应对方风格就是在听的过程中适应对方的讲话习惯。每个人都有不同的表达风格，包括有个人特点的选词、语速、语调和口音，迅速适应它才能避开干扰，顺利得到有用的信息；同时有效避免错误判断，找到与对方相应和的频道。

### (六)及时反馈

反馈是控制论的一个重要概念，就是由控制系统把信息输送出去，又把其作用结果返送回来，并对信息的再输出产生影响，起到控制的作用，以达到预定的目的。听语中的及时反馈不仅可以随时交换信息，而且可以向对方显示自己认真听其讲话的积极态度，可以说是随时传递听语正能量的一种方式。听语中的及时反馈有两种具体表现：

第一种反馈是用自己的语言把听到的对方的主要观点和自己的理解，简要地概括并复述出来，这种及时反馈能产生重要效果。例如：

**说话者：**我加了很多班，花了大量时间泡在那个社区，做完了所有的走访和统计，可是没有人注意到，也没有人提到，有的人甚至觉得在那个阶段我没有尽力，因为我没有像他们那样待在办公室里吹空调。

**听　者：**就是说你的努力白费了，工作没有人知道，结果也没有得到认可。

第二种反馈就是当说话者表现出某种情绪时，听者一边听一边进行一种感觉上的顺应反射。例如：

**说话者：**我真是烦死了。我用了一个星期的时间说服他们，他们的方案不对，但是他们都听不进去,结果半个月以后才证明根本不可行,可这个时候我们的假期已经全都泡汤了。

**听　者**:哦,那真是够烦的。

在具体的口语表达过程中,理解话语并不是简单的几种方法可以概括的,在听语中应根据不同情况进行相应的分析应用。

> **感悟与训练**

一、悄语听辨训练

悄语听辨训练可以有多种方式,如选择一段会议讲话或外景采访的录像,音量放低,听15分钟左右,说出所听的主要内容;然后放大音量听,对照一下自己对信息的把握是否准确。

二、闹语听辨训练

在喧哗嘈杂的场所同别人谈话,可以谈一件事、一个道理,或将电视机/收音机的音量开大同别人谈话,力求听清对方的每句话,捕捉对方话语中的重要信息。

三、快语听辨训练

在日常生活中多与说话快的人对话,尽力专心听清他们说的每句话;也可以请朋友快速说一段话,听后复述,看内容是否准确完整。

四、乱语听辨训练

乱语听辨这种训练比较有意思,就是找生活中那些一贯说话啰唆、条理不清的人说话,试着在听的同时理出头绪,并找出乱语中的表达线索和规律。

五、方言听辨训练

找不同方言区的人聊天。尤其是找自己不熟悉的方言区的人,与他们对话。在听的过程中尽量不使对话中断,尽力捕捉话语中的信息点,捕捉得越多越表明你的听辨能力有所提高。

## 第三节　即兴口语调频训练

在复杂的人际关系中,口语表达往往担负着重要的任务,有时甚至起着决定性的作用。在一些重要的沟通过程中,如谈判、采访、心理咨询等,口语的作用更是如此。语言交流中,每个人都守着一扇只能由自己从里面开启的门,进行着属于自己的即兴口语构思。对表达者而言,只有在零距离、以契合的频率与对方沟通时,才有可能顺利打通双方的这扇门的阻隔,并且看到别人看不到的世界和意境。调频训练是即兴口语全息训练中的最后一环,也是综合性很强的一部分。

## 一、交流的频道

把口语交流者和对讲机做一个类比。对讲机常用的有 16 个频道,也有 100 个频道的,各用各的频道避免相互干扰,对讲机持有者切换到对应的频道就可以与相关部门通话。西方很多国家对对讲机的频道控制比较严格,一般就 2 个频道,主要是为了保证无线电信号电磁环境的干净、控制使用规范及通信的相对安全性。表达也有着相同的类比环境,每个人都有自己惯用的交流频道。

### (一)各人有不同的交流频道

口语表达者的生存环境、社会背景、文化背景各不相同,对事物有自己独特的感受和体验,反映到语言中就是反馈信息的频道。如果说话人发出的讯息频道与对方频道相悖而行,那么彼此的交流就会背道而驰,所谓"话不投机半句多"说的就是这种情况。假如双方的频道相似、平行,那么谈话就会比较顺畅和自然。如果双方的频道相近,甚至重合,那么说者和听者就会进入情投意合的状态,所谓"酒逢知己千杯少""一见如故"就是这种情况的体现。2012 年 7 月 13 日,圆满完成天宫一号和神舟九号首次载人交会对接任务的航天员在与媒体记者见面时,就表现出了非常专业的频道使用技巧。考虑到大众的接受度,宇航员们用了通俗易懂的语言来迎合大众的频道。

"我很享受太空的工作和生活,这将是我一生最值得珍惜的回忆。"女航天员刘洋生动地向记者描述执行"神九"任务期间她在太空的感受:

太空独特的失重环境,使我时时刻刻都有鱼儿自由遨游的感受,无拘无束。所有的物品都因为失重而漂浮着、飞翔着,与地面截然不同,似乎一切都有了生命,有了趣味。无论你的身体处于什么方位,都能自如地工作和生活,这种失重带来的种种感受很奇妙。

处于远离地球 340 公里的高度遥看地球,美妙惬意。它弧段的边清晰可见,披着一层蓝白相间的光晕,阳光投射在海洋上照出深深浅浅的蓝,大地脉络分明,海岸线清晰绵长,地球是如此的美丽,这让我更加热爱并珍惜我们赖以生存的家园。

宇航员的语言表达充满诗情画意,仿佛一个老朋友旅行归来与朋友交流旅行的乐趣,听的人丝毫没有"隔行如隔山"的感觉,反而在宇航员的娓娓道来中仿佛"看到"了一个全新的世界,认识了一个未知的家园,既获得了信息又享受了美感。

## (二)交流的频道和频率的关系

交流的频道和频率的关系是怎样的呢？还是以对讲机为例。对讲机要开通几个频道使用，就要为相应的频道设置频率，即写频。比如，要使用6个频道，就要在这6个频道中写频，这样才可以开通使用这6个频道。没有设置频率的频道就是空的频道，不能使用。

人的表达与此非常相像。可以这样理解，一个"跟谁都能聊，什么都能聊"的人，不可能是只有一个频道的人，他一定十分会变通，具有较多的可设置频道，也有较强的根据具体情况迅速调整、进行重新写频的能力。

## (三)频道错位

有人讲话时仅想到自己的表达频道而照顾不到别人的频道，当双方立场、思考问题的角度南辕北辙时，就可能出现频道错位，这时不仅"话不投机"，而且还可能引发彼此的反感。错位一般指离开原来的或应有的位置，比如行政职责上就有错位、缺位、越位。

发生在上海的"钓鱼案"派生用语"他胃疼关你什么事"，话语出自某交通执法部门。某市民让一名声称胃疼的路人搭便车，执法部门定性为"非法营运"，执法者反问的一句"他胃疼关你什么事"就是官场话语体系的体现。这种缺失人文关怀的话语所代表的官场话语体系让大众非常反感，从口语表达的角度来说，这就是典型的频道错位。

## 二、对他人频道的发现和伴随

在交流中，如果每个人都坚守着自己的发射频道绝不让步，那么除非双方情投意合，频道恰好吻合，否则就可能出现谈话无法深入的状态。要进行即兴口语的调频练习，首先要找到他人的交流频道，对他人的频道进行一段时间的伴随，这样才可能成为一个好的谈话者。

对他人频道的发现和伴随，可以通过简单的两步来实现：

### (一)寒暄

沟通是发现对方交流频道的过程。中国人有一个意味深长的交际词叫"寒暄"，就是在一个比较开放的情境中，试图进一步打通双方的频道，寻找交流的感觉。如果立即进入某个具体话题，交流随时有可能短路。中国人见面常聊天气、吃饭了没有、胖了瘦了、在忙些啥等，这其实就是在联络感情。这些内容在人们的生命空间中有很大的共同性，不至于遭到抗拒，其最终目的就是发现和打通彼此的交流频道。

一些有重要目的的交流，也往往是从寒暄和收集信息开始的。例如，《非你莫属》

刘俐俐一期的开场对话：

**张绍刚**：喜欢莎士比亚的什么？
**刘俐俐**：喜欢他的英雄双行体。
**张绍刚**：莎士比亚？
**刘俐俐**：对，莎士比亚的一个英雄双行体。

这一段对话仅仅是寒暄，因为刘俐俐自己说喜欢莎士比亚，所以张绍刚的话语就从莎士比亚切入。这种话题比较安全，对方一定有话说，而且不会遭到对方的反感，因为这是对方自己引出的话题。

(二) 迎合

看对方可能需要什么就给对方提供什么，这是找到频道的最佳方法，所有被命名为"会聊天"的人，都具备这个能力。例如，2012年5月27日《非诚勿扰》主持人孟非与男嘉宾黄俊强的对话：

**孟　非**：他说的话就让我想起不知道谁说的香港电视剧的总结，所有的香港电视连续剧，无论什么题材的、古代的、现代的、爱情的、生活的、肥皂剧、破案的，所有香港电视连续剧里面，每一集基本上都有一句台词会出现："做人啦，关键是要开心啦。"(对黄俊强)是不是？每集都有，是吧？
**黄俊强**：我没认真看过，我主要看江苏卫视多。
**孟　非**：真会聊天，我就喜欢他这样的。

《非诚勿扰》是江苏卫视的一档节目，男嘉宾的回答可能仅仅是对自我爱好的一种描述，但从话语上来说，的确是迎合了江苏卫视，因而被主持人夸为"真会聊天"。

## 三、双方频道的契合与打通

交流是需要双方调动全部的知觉细胞才能实现的，好的引导者必定是好的跟随者。占交流主导地位的口语表达者一定是个好的跟随者。善于沟通的口语表达者面对与自己频道不相符的谈伴，应当迎上去，进入对方的频道，陪他走一段。只有双方相伴相随一段，进入同一频道，相互适应了，共知部分形成了信息场，口语表达者的讯息才能渗透给对方，从而达到交流的目的。沟通的进入状态就是在这一部分，也就是双方达成了频道的契合。

交流与沟通的关键点是双方寻求一种重合。一场谈话就是一次心灵之旅，彼此在生命空间中重合的部分越多，意义的沟通就越顺畅和快捷，所引发的回应也越深长。

例如,《非你莫属》开始时,主持人张绍刚和求职者何疆岚的对话:

**张绍刚**:疆岚,你介意我上来之后先批评你吗?

**何疆岚**:可以啊。

**张绍刚**:观察能力差,上来之后就说谢谢台上的两位老师,今天只有一个。

《非你莫属》之何疆岚片段3

**何疆岚**:因为你是我的前辈,我也是播音与主持(艺术)专业的,我觉得在我眼里你也是老师。他是一位老师,你也是一位老师啊。

**张绍刚**:哦。

**何疆岚**:如果你不介意我可以叫你张叔。

**张绍刚**:你叫对了。我不介意,大侄女。这样吧,小何,侄女,咱们来说一说咱们找工作的事儿。哪年大学毕业的?

**何疆岚**:我是2009年的6月26号毕业的。

**张绍刚**:(20)09年毕业,这两年都干吗了?

**何疆岚**:因为我是6月26号拿到的毕业证,然后我6月28号就一个人提着大行李来了北京。然后这其中的7天我都一直在投简历找工作,直到我7月7号正式入职到一家第三方的投资理财公司,任职这个公司的市场部的公关经理。

**张绍刚**:好,来了北京了,所以我再批评你一点,行为有些莽撞,对不对啊?还没找呢,就提了箱子就来了,会不会显得莽撞啊?

**何疆岚**:因为我年轻,我什么都不怕,就够了。

**张绍刚**:外面有坏人。

**何疆岚**:就看你怎么样去看了。那坏人眼里肯定都是坏人,好人眼里肯定都是好人,如果您的眼睛里面都是坏人的话……大家懂。

**张绍刚**:一般来一个女孩子,我都是万般呵护、百般关怀,对吧?结果我刚摆出这个架势,我刚这么敞开,你就在我的心口,当当地扎。

**何疆岚**:上来就批评我,你也不问问什么事儿,太对不起我了,还张口一个大侄女,闭口一个大侄女的,不带这么套近乎的啊。

张绍刚在热场的时候,拿出他一贯的"挑刺"习惯,来挑求职者的毛病,但播音与主持艺术专业毕业的何疆岚却恰好不畏惧这样的"挑刺",大概是把专业训练中的语言互动技巧都拿出来了,和别的求职者不一样,直接摆出了主动进攻的态势,迎着主持人的话语而上,引出了"张叔"的称呼,张绍刚也就将计就计叫了何疆岚"大侄女"。在第一个语脉推进模式之后,张绍刚引入第二段"批评",说"外面有坏人",何疆岚还是采取了进攻的方式,指出"坏人眼里肯定都是坏人""好人眼里肯定都是好人",又掀起了一个高潮,张绍刚为了使这个高潮不掉下来,调整了话语策略,将自己置于一个略带委屈的弱者位置上,从这段对话可以看出,双方随机调整,尤其是主持人为了保持现场气氛的热烈和使话题不"掉下来",一再迎合对方的语言套路。这就是对话中的伴随和契合。

通过对这段语脉进程的深层分析可以看出,何疆岚一上来就说错了,她可能真的误以为两位专家都在,这时的"老师"不包括张绍刚。待张绍刚发难之后,她是情急之下想出的那么一个理由。从她的语气可以看出:急促,音调很高的反问,让发难的张绍刚觉得自己批评落空,被噎了一下。这通常是主持人的一种救场方式,就是当说错话后自己找补。这种说错话的情况有两种解决方式:一是找个理由完美地把这个错误圆过去,让观众一点看不出来;二是承认这个错误,但是非常巧妙地结合现场环境或引经据典地给自己找个台阶,同样能得到观众的认可,不致让自己和现场陷入尴尬。何疆岚选择了第一种方式,但也因此给自己的角色定位为泼辣有余,缺少谦和,这也给寻找职业这一终极目标蒙上了阴影。

### 四、对对方频道的激发与引导

找准对方的频道,还要找准对方的频道"密码",即知道对方的思维在哪条线上,对方的需求在哪个点上,这样才能进行有效的激发,并且引导对方走入自己的目的圈。

清华大学博士李一舟,因为在2012年5月1日《非你莫属》招聘节目中舌战Boss团,被众家企业哄抢,从而成为"最强势求职者"。在求职过程中,他并非像一般的求职者那样唯唯诺诺回答问题,而是主动出击,对Soho中国董事长潘石屹、东方风行集团CEO李静、搜狗CEO王小川等老板的产品都进行了批评。这些不但没有让Boss团不满,反倒引发了老板们的兴趣,获得了8家企业抛出的橄榄枝。

李一舟的专业是工业设计,与互联网企业有很多接触,他说:"因为比较了解,我才能回答得比较顺利。至于提的意见,也确实是我亲身体会到的东西,觉得有必要解决以求得更好的用户体验。这些调查功课,我觉得是对企业的尊重,CEO们拿出宝贵的时间不是来看选秀的,没有料就不要来了。"提前摸清各位老板的企业和产品,了解各位老板的兴趣点和他们企业的发展趋向,最重要的是表现出自己可以为他们做什么,如何给他们带来效益,这是李一舟成功的关键所在。李一舟是这样"专业地聊天"的:

**张绍刚**:你的专业毕业了以后……

**李一舟**:对口的?

**张绍刚**:对口工作是什么?

**李一舟**:对口工作的话,我觉今天在座的我特别都考察了一下,还都挺对口的。

**张绍刚**:比如说,你去东方风行干吗?

李一舟：我可以解释一下，李静老师，我特别喜欢您，就是……

张绍刚：别套磁，直接说。

李一舟：OK，我就说，我去您那儿我可以做什么，就是我了解一个企业有很多方式，通过了解您的产品，可以了解您的企业。就您的乐蜂网的那个软件，我已经下了，那个软件，我觉得有点儿问题。

张绍刚：说说说，她有什么问题？

李一舟：可以说吗？

张绍刚：当然了，把她批得体无完肤，说。

李一舟：其实是这样的，我第一次载入您的程序的时候，发现特别慢。我想这个原因，一个它代码写得不够好，第二个是因为您的程序里面有很多的图片，这样的话会很影响用户的体验，而且我也想过怎么样解决这个问题。

李　静：真的？那你来我们这儿吧。

张绍刚：千万不要说怎么解决问题啊！把他们的问题都说出来，并且告诉他们我都知道怎么解决。

李　静：哎，张绍刚……

张绍刚：你开玩笑，我经常说，如果求职者十八般武艺，那就活该你们弱势，对不对。我们现在把你们毛病都指出来了，说我们就有方法，用不用吧？

同样被主持人评为"会聊天"的李一舟自己说："我在上节目前的确做了不少功课，但准备的东西在节目中很多都没有被问到。做功课是我本人的习惯。"节目组工作人员说："他私底下是一个很内向的人，之所以在台上他说得很精彩，是因为他了解这个行业，说的每一句话也都在点上。他不是那种嚣张、高傲的感觉，而是就事论事地说自己了解的东西。这就是我们所谓的专业求职者。"李一舟通过做功课和"找比自己牛的人聊天"，一一激发了老板们的兴趣，打通了现场各位老板的沟通频道，赢得了很高的人气，最终获得了自己期待的岗位。

### 感悟与训练

**一、话语频道错位判断分析**

有些话，属于没有错但不好听，即人们常说的"话粗理不粗"。这种"话粗理不粗"一大部分是跟频道错位有关。分析下面六份材料，判断主人公的语言表达有没有错位，如果有，请替说话人把频道调整一下。

**材料一**

学生：老师，祝您新年快乐，感谢老师对我的耐心指导和帮助，祝您和家人新春快乐！

老师：你论文写完了吗？

学生：额，还没写完……

老师：没写完你让我快乐个啥？

**材料二**

2011年7月29日，年轻的消防兵姚携炜为救跳轨者而英勇牺牲，广州增城市公安、消防、新塘镇政府及当地街道等多个部门登门慰问其家人。一名政府官员递上慰问金，握着英雄父亲的手说："恭喜你培养出这么优秀的儿子。"

**材料三**

这是近日网络上引发热议的一个话题。2023年4月，一位55岁的退休女士在社交媒体上晒出了自己的退休金，12 603元，还不包括年金。面对网友的质疑，她说"我拿1万多退休金，又不是偷的抢的，是我年轻时努力奋斗得来的，你们有什么不平衡的？"她的言论引起了很多网友的不满和反感。

**材料四**

2021年12月22日，在腾讯新闻《你的关心尽管问》节目中，经济学家管清友在面对"如何看待大城市里跨城通勤的'钟摆人'"现象时，他回答："你与其每天上班2个小时，为什么你不在你上班的这个地方附近租住，你把大量的时间用来充实自己、投资自己，提升专业能力和认知能力，这比你节省下来那点钱，或者你在郊区很远的地方买一个房子，看似拥有了自己的一个房子，要划算得多。"

**材料五**

2022年8月29日，辽宁电视台《新北方》节目主持人朱霞在个人社交平台直播，在被网友不停追问沈阳学生开学的具体时间时，激动地回答，在这种情况下谁也没有办法给出具体答案，只能说现在开学是暂缓和延时的："如果有人跟你说，学生在几号几号开学，你就告诉他：你滚！"

**材料六**

2022年9月14日晚东方甄选直播间，智纲智库创始人王志纲与俞敏洪、董宇辉一同出现在东方甄选直播间。聊天中王志纲问"你们知道什么是预制菜吗？"董宇辉回答是制成的半熟食品后，王志纲称，"那我从来不吃，那是猪狗食"，随后王志纲还补充道:"要懂得生活,吃就要吃独此一家,别无分号,我从来不吃连锁店。"

### 二、话语频道隐性错位分析

话语频道错位大部分属于显性的错位,也有一些话语频道错位属于隐性的错位。家长对孩子说话,有时并非言语不当,而是如果站在孩子的角度,一些批评、鼓励、讥讽的话,以及过于担心紧张、过于关心孩子衣食住行的话等,都会引起孩子心理上的不快。对下面语境中的话进行隐性错位分析:

1. "你看看,跟你说了多少遍,做题的时候看清楚点,做完检查一遍,你就是不听,现在怎么样,这三道大题全是这么扣的分!"(孩子某次考试没考好)

2. "不用担心,就你的能力一定能够考上重点大学,我和你妈妈都等着你胜利的好消息。"(孩子考前表示压力大)

3. "家里什么都不用你操心,你只要好好学习就行了。"(孩子想帮着干家务)

4. "记住你的目标,成败在此一举。"(孩子大考前)

5. "考不上大学,你以后连工作也找不到,别指望爸爸妈妈养你。"(孩子感到累想听音乐放松)

6. "就考那么点儿,有什么可高兴的,你看看邻居家××去年考了600多分呢,人家从来都不说自己考得好。"(孩子考了好成绩一时高兴)

7. "你别紧张,好好考,我们就在外面等你啊。"(孩子临去考试前)

# 第七章　即兴口语审美空间的提升

即兴口语看似比有声语言更为随意和平常,但在它的传播空间中,也有着生存空间、规范空间与审美空间这三重划分。即兴口语的使用,首先是为了基本的生存沟通需要。在此基础上,表达者在严肃场合往往在一定文本的基础上,使用更加规范的口语表达,它也被称为"口语中的书面语"。在规范的基础上,它还可以进入更富于美感的空间,得到更多的认同。本书的最后一章,就从一个更高的层次来阐述即兴口语表达的审美提升空间。使用口语的人在准确、自然、流畅的基础上,追求的最高境界应当是:在形式上得到韵味美的提升,在内容上获得即兴口语的韵外之致。

## 第一节　即兴口语韵味美的提升

在即兴口语中追求韵味美,主要是即兴口语形式美的提升。口语的形式美主要指语音美。即兴口语是以语音为载体的,按照一定规律进行言语组接,通过对口语字词的特殊调取、组织和安排,可以制造出某种独特的语言音响效果,由此获得一种类似于音乐美的特殊审美价值。人们在听到话语内容的同时,还可以感受到美的声音形象,体会到这种由语音组合的乐音化趋向而引发的美感。

### 一、多用开口度较大的元音

汉语口语突出的特点是"声少韵多",汉语普通话有 21 个声母、39 个韵母。汉语每个音节都含有元音,或完全由元音构成,大多数音节以元音收尾,几乎没有辅音音节,更没有复辅音。韵母绝大部分由元音构成。元音发音优美动听而且响亮,一般是乐音;辅音发音沉闷,一般是噪音。汉语中的元音占优势,易于挖掘乐音潜力、制造乐音和谐。

欧美国家的一些学者给出了自己认为最美、最丑的单词,虽然每个人的审美观不同,但这些单词有一些共同之处:最美单词中辅音与元音的搭配大多比较和谐。比如lily[ˈlili](百合),一个辅音搭配一个元音,这样的单词就比较好听,能产生美感;而script[skript](脚本)是五个辅音搭配一个元音,这样的单词就极为拗口,美感丧失。2007年10月,在德国对外关系研究所《文化交流》杂志发起的"世界最美单词"评选大赛中,中文词"呼噜"获得亚军。"呼噜"为叠韵词,且第二个音为轻声,发起来口腔松弛轻快,给接触到它的人以无功利的美感。[①] 在以汉语为母语的大学生中进行的"你认为哪个词最好听"的调查中,一些有趣的词上榜,下面是部分"好听的词"以及上榜理由:

糖果:"糖(tang)"有个"ang"音,很响亮;"果(guo)"舌根音加上圆唇的"o",很清脆。

优雅:两个音节都是零声母,且均以"i"开头,乐音强,听觉效果好。

暖洋洋:它是 ABB 式词语,三个音节都是发音开口度较大的韵腹,说起来朗朗上口。

芳菲:从音节构成上看"芳菲"双声相同,两个字的声母都是"f",发出来顺口;"芳"的韵母"ang","菲"的韵母"ei"都是开口呼韵母,开口度较大,声音较为响亮;"芳""菲"的声调都是阴平,是高平调。

团圆:音节结构整齐,韵母的韵头、韵腹、韵尾俱全;两个音节都是"同韵"——韵尾相同;两个音节的声调相同,都是阳平,统一工整,符合中国人的审美感受;韵尾"-an"是开口呼,口型饱满优美,声音响亮。

叮咚、玲珑:都是"同声"——声母相同,发音轻巧舒服。"珑"和"咚"在发音时,口腔里面会有很大的空间,会在口腔里产生一种立体声似的共鸣。"叮咚"是拟声词,发音轻松、清脆、悦耳,仿佛真的像泉水滴下来的声音。

娃娃:是叠音词,说的时候有很萌、很可爱的感觉;"娃娃"韵母开口度大,发音时声音洪亮,朗朗上口。

这些词有个共同之处,就是大部分音节中主要元音或韵腹发音的开口度较大。它们之所以被很多人认为是"最美的词",根本原因就是它们的发音在说话人和听话人身上可以引起适宜性的生理反应,从而激发具有独特韵律感受的音韵美感。口语表达多使用开口度较大的音,可以增加语音的美感。

---

[①] 姜燕.汉语口语美学[M].济南:山东人民出版社,2013:150.

## 二、平仄和谐与合辙押韵

外国人常感觉中国人说话像唱歌,为什么汉语口语表达有这样神奇的音感效果呢?原因是汉语是典型的旋律型声调语言,四声变化高低分明,声调不仅具有区别意义的作用,而且有助于形成富于美感的乐音旋律,具有其他语言不具备的音乐性。其特点是音节内部高音和低音的升降幅度大,除阴平外,其余三个调类高音、低音抑扬交错,形成一定的旋律;每个调类都有高音成分,显得高昂清脆;每个调类的音长成一定比例,上声最长,阳平次之,去声最短,阴平次之,声音的长短交错形成和谐的节奏。除了这四个声调,汉语普通话中还有轻声这一特殊的语音现象,属于汉语语音中的动态现象。

汉语口语中音节与音节之间界限清晰,非常利于表现节奏。单音节词同多音节词相比,字少意多,对话效率高;语法简单,组词造句灵活方便;可以二次造词,使新词无限增加且不会引起表达语义的速度变慢。口语中双音节词占优势,如果再加上四音节词的使用,两两成对,自然和谐,可以增加语势,避免语言单一枯燥,强化节奏感。

老舍说:"'张三李四'好听,'张三王八'就不好听。前者是二平二仄,有起有落;后者是四字皆平,缺乏抑扬。"[①]"张三李四王二麻子"之所以成为汉语口语中的一个惯用语,因为从音韵美的角度它是"平平仄仄平仄平仄",最符合口语语音的美学规范。如果口语语音组合背离了这样的节律,便会从形式上破坏语言的美感。

有外国学生在对外汉语教材中找到一段对话,对汉语口语的表现力提出质疑:

甲:火车是几点的?
乙:11点。
甲:现在已经10点半了。
乙:真糟糕,我要赶不上车了。

外国学生提出,"真糟糕"三个字的声调都是阴平,在表达"赶不上车"时过于温婉,表现不出说话人的焦急心情。询问中国学生,却得到了截然不同的看法。中国学生普遍认为"真糟糕"是对外汉语教学中为了规范词汇学习而使用的书面语,而汉语的口语表达中有很多种表现方法可以绘声绘色地展示心情、宣泄情绪,如"完了!完了!""坏了!坏了!"不仅可以有阳平调和去声调,而且还可以加上汉语独特的回环重复,表示加重情感。因此,从音势上说,汉语口语的表现力是十分出色的。即兴口语使用的最高境界,就是把这种出色的语言优势呈现出来。

---

① 老舍.对话浅论[J].人民文学,1950,2(2).

押韵原指旧时作诗词曲赋等韵文时,在句末或联末用同韵的字相押。用在口语表达之中,是指几个相连的句子末尾使用韵腹相同、韵尾大致相同的字,使这些发音相同或相近的音节以某种方式相互呼应,有赋予语言音乐美的作用。汉语口语中大多数音节以元音结尾,便于延长;音节同声、同韵现象很普遍,便于押韵。回环、同音相应,给人以自然和谐、流畅通顺、谐调悦耳的美感。押韵大量表现在曲艺艺术中,如相声、小品、快板、三句半等。中央广播电视总台主持人朱广权的"段子"流传甚广,就跟他擅长"押韵"有关:

地球不爆炸,我们不放假;宇宙不重启,我们不休息。风里雨里节日里,我们都在这里等着你。

床以外的地方都是远方,手够不到的地方都是他乡。

过马路姿势要帅,但动作要快,不然可能要坏!

收起稚气的脸庞,背上求索的行囊,三更眠,五更起又何妨,新学期就要奔向知识的海洋。

押韵是同一韵在同一个位置上不断回环往复,有助于情感的强调和意义的集中。如今直播中的押韵现象也很多,比如过年祝福语:"祝大家2023年不长年龄不长岁,只长荣华和富贵。"口语中的押韵保持着如心跳般的节奏与变化,节奏感强,吸引了注意力,增强了感染力。押了韵的口语使语言张开了翅膀,从口语的领域飞进音乐的世界。使用即兴口语的人,通过对语感的培养和提升,可以慢慢获得这种即兴押韵的能力。

### 三、同声、同韵、叠音和拟声词的妙用

口语表达中有大量的音节重叠、双声、叠韵以及双声叠韵的变音。联绵词就是双音节语素的一种,由两个音节连缀成义而不能分割,形成汉语音节富于审美表现力的结构形式。为简化本书中的概念,这里将声母相同或相近的词统称为"同声词",将韵母相同或相近的词统称为"同韵词",这些词的存在为口语语音形成乐音节奏提供了有利条件。前面"最美的词"中"芳菲""叮咚""玲珑""团圆"等,前三个是同声词,"团圆"是同韵词。同声同韵使口语具有音乐美的特殊作用,口语词汇调取组接时注重同声同韵长韵短声互相配合,遥相呼应,加之平仄相间,就能使声音回环荡漾,波澜起伏,充满和谐的韵律美。

相同音节叠用叫叠音,声韵相同的字叠用能增添语言的音乐性,强化词语的形象性,增加生活化的情趣,如"娃娃""暖洋洋"。王力先生认为叠字法"好像在语言里加上

了鲜艳的色彩"①。叠音能帮助调整音节,既渲染了气氛,又增强了语言的动感。叠音音节发音简单,使听觉得到一种回环往复的语音美感。叠音词还能表现亲切、爱怜的情感,中国孩子的小名绝大多数由叠字组成,一些网络直播热词,如"皮皮虾""小拳拳""凉凉""渣渣"是叠音,一些针砭时弊的流行语也很热衷于叠音,如"范跑跑""楼脆脆""躲猫猫"等,在嬉笑怒骂之中还不忘夹杂着一份玩笑与轻快。汉民族方言更是叠音的发扬光大之地,如单音节形容词加上叠习惯搭配,"黏糊糊""甜滋滋""胖墩墩儿""凉丝丝"等,说起来顺声适口。在非严肃语境中,将一些惯用的字词创意性地"叠一叠",表达就往轻松自由,和幽默更近了一步。

拟声词是人们用发音器官模拟客观世界音响而形成的词,可以产生奇妙的言语效果。汉语拟声的美感效用别具韵味,拟声词可做多种词性使用,使语言表达形神兼备。

昨晚一夜滴滴答答,今天早上这雨终于停了。

下午比赛,一定把他们打个稀里哗啦!

这个邻居太吵了,哪次回来都是叮叮当当的。

口语中还可以用一些主观色彩很浓的音节去模拟声音或状态,不仅绘声绘色,而且可以表达不同的喜好。如:

她们几个凑在一起就叽里呱啦的,全是八卦。

她老是在电话里叽里呱啦,没几句有用的,看到她的来电就头疼。

这里的拟声词或多或少带有一点贬义色彩。第一个"叽里呱啦"表示大声交谈;第二个除表示喋喋不休外,还表达了一种不舒服的心理状态。拟声词在口语里很有表现力,由于组合关系合理,易于即兴创造,给口语使用者带来了无限的使用空间。

### 四、语调的抑扬顿挫

语调是口语中用以表情达意的声音的高低变化和快慢轻重。对于缺少语法标记的汉语来说,很多语调起到了其他语系中"后缀"的作用。

多变的语调不仅可以带来丰富的表现力,而且给口语增加了特殊的乐音美。语调是增强口语表现力的重要手段,其作用在于表达句子的感情色彩。抑扬顿挫、轻重缓急的变化,可以表达复杂的内容和不同的感情。"锣鼓听声,说话听音",有声语言的弦外之音往往通过语调表现出来,人们思想感情的丰富细腻,使说话语调呈现出千变万化。正如英国作家萧伯纳所说:"说一个'是'字有 50 种方法,说一个'不是',有 500 种

---

① 徐丹晖.语言艺术探索[M].北京:北京广播学院出版社,1999:224.

方法,可是写下来却只一两个字。"语调不仅强化了说话的内容,也体现了说话者的心境和态度,对于增强口语表达效果有着积极的作用。

抑扬、顿挫、轻重、缓急是语调的四大要素,综合运用它们就会使语调变化丰富,替代口语中的标点符号,使口语犹如一串自然优美的音符。在书面语里,可以用问号、感叹号来表示语句的不同类型和语气,而在口语中就要运用不同的语调表明语句的类型和语气:

升调:表示疑问、反诘、呼唤、号召、鼓动、惊异、申斥、责备、警告等语气。
降调:表示肯定、坚决、自信、感叹、祈使、祝愿、赞扬、悔恨、回忆等语气。
平调:表示庄重、严肃、悲痛、悼念、思索、踌躇、冷淡、厌恶等语气。
曲调:表示夸张、反语、诙谐幽默、讥笑、嘲讽等语气。

口语语调的调配中还包括语句顿挫表现出的停顿美。停顿不是一种孤立的语言现象,而是和其他表达方式连续交互运用的,是对说话节奏的特殊处理。口语中的停顿分语法停顿、逻辑停顿和感情停顿。语法停顿是显示句子各种语法关系的停顿;逻辑停顿是为了突出强调某一事物或显示某种语意的停顿,往往与逻辑重音相伴出现;感情停顿是根据感情的需要所做的停顿。感情停顿的间隙,会让人感受到更丰富的内涵。出色的相声演员都很善用这种艺术,脱口秀也经常靠停顿来保持"笑果":

有的人做饭不舍得放盐,有的人说脱口秀/不舍得放梗。

脱口秀的重要技巧就是把具有笑点的词放结尾。这段话里带来笑声的"梗"就源于这一个停顿,它的笑点词语是"放梗"。如果没有停顿,或者去掉这个悬念,就失去了出人意料的感觉。体会一下:

有的人做饭不舍得放盐,有的人说脱口秀不舍得放梗。有的人做饭不舍得放盐,不放梗是有些人说脱口秀的方式。

少了停顿,没给听众留下预想的空间,也就少了预想落空的反逻辑的幽默美。

说到语调,还要说说音势。音势是说话时声音的强度和力度。口语中运用重音的目的在于显示词语的主次关系,轻重适宜能使语意分明,声音色彩丰富,语气生动活泼。同样一句话,重音的位置不同,表达的意思也就不同:

我又没有说你什么。(别人说的,你不要怪到我头上啊。)
我又没有说你什么。(我说的是别人,不是你,不要误会啊。)

口语的一大特点就是通过语调变化表达不同的意思,由于汉语语音的表意作用,有时重音的表达与说话本身完全是相反的意思。例如,"你可真能干!"这句话中的"真能干",用上重音再加上曲调就表示反意。这种通过重音正话反说、反话正说的特殊表达方式也是形成幽默的重要手段。

总之,顺应语言的规律才能创造出优美动听的口语,使口语不仅表达顺畅,而且富于美感。

**感悟与训练**

一、最美的词解析

有些词有"美"和"丑"之分,除了前面提到的那些词,还有一些也是在调查中得到的最美词语,分析一下这些词语为什么也被认为是美的词语。同时,找出你自己心目中最美的词,分析一下你为什么认为它是美的。

婀娜　曼妙　窈窕　潺潺　璀璨　余音袅袅　嘀嗒　悠悠球　毛茸茸
嘟嘟囔囔　叽里咕噜　抱抱　嘀嘀咕咕　布丁　咕咚　扑通

二、拗口词分析

人们常有这样的体会,有些字词连在一起说的时候特别拗口,容易说错。拗口词除掉语境和心理因素之外,跟词语本身的发音构成也有关系。下面是调查中得到的一部分"最丑的词",分析一下为什么人们认为它们是拗口的。同时,找出你自己认为拗口的词,分析一下它为什么拗口。

戍戌　逡巡　魑魅魍魉　诘屈聱牙(jié qū áo qiāo)

crispness [krɪspnəs]

lightning [ˈlaitniŋ]

spring [sprɪŋ]

respectful [rɪˈspektfəl]

scratch [skrætʃ]

## 第二节　即兴口语的韵外之致

绝大多数民族使用的口语和书面语语义结构是单一、清晰的,但对于重意态的汉语来说,一些口语词虽然有着确定的字面意思,但同时也会引发许多闪烁不定的联想义,汉语口语本质就是由词语的多种含义相互交织而成的语义结构,其独特的高语境和重意合的特点,使它常常表现为口语语义的多重性和复杂性。即兴口语的韵外之致,就是一些字面上没有的意思,会在说的人和听的人之间,以心领神会的默契方式得到暗中传达。基于此,只要它们使用得当,就可以减轻即兴口语的表达难度,同时获得意外的表达效果。

## 一、即兴口语中的习用语

习用语是我们日常口语中使用的一些相对固定的短语或句子,作为一个整体用来表达某个完整的意思或某种态度。它们在口语中由临时自由的组合演变成了定型的、现成的语句,具有熟语的性质。如:

怪不得我老觉得你有事瞒着我,原来是这样啊!
又来了,你每天都说这个,有什么用啊!
这个人,动不动就大惊小怪的。

"怪不得"表示由于知道了原因而忽有所悟,"又来了"是对某种言论或现象的反复出现表示厌烦,"动不动"指经常性地干个什么事。口语中的习用语非常多,如"犯得上""犯不上""说得过去""说不过去""有的是""巴不得""不见得""就是了""话又说回来""说来话长"等。这些习用语具有很强的自由组合能力,可分为能单独使用的和不能单独使用的两类。可以单独使用的有插入语,如"不瞒你说""说来也怪""老实说"等;还有常单独成句的"可不是吗""可也是"等;还有复句或者小句形式的"不管怎么说""事到如今""一没偷二没抢""千不该万不该"等。这些习用语经常在口语中变化、派生和扩展,给口语表达增添了无限的意蕴和情感色彩。

喜欢使用习用语的人,口语色彩更加浓郁,表达也更为生动有趣。

## 二、复义性和模糊美

复义性即口语表达的意义可能是多重性的,在有限的语言空间里容纳着多种意义,听者可以从不同角度、不同层次加以理解,这种意义还可以是不断生成的。任何一种先进的语言都具有复义性,但汉语口语中的复义性比其他语言复杂,几乎无处不在。口语大多数是靠情绪来表达态度,而不是靠准确来表达内容的,因此,语言高手能随机创造出浑然天成的表达方法。本书第四章中"言语缺失的艺术化规避"这部分就涉及了口语表达中词语的模糊使用。

口语的模糊是复义性的重要表现。模糊语言指外延不确定、内涵无定指的弹性语言,它是克服语言表达局限性的一种有效手段,语言有限的表达力和客观世界无限的丰富性这一对矛盾决定了模糊语言使用的必要性。有些话不能直言便拐弯抹角,绕着圈子达到目标。这种模糊使用,除了临时调取失败导致的模糊化处理之外,往往跟语境和话语对象有着重要关联,修辞上的比喻、借代、比拟、反语、夸张、双关、歇后语等都是通过或多或少的"模糊化"来达到含蓄的目的。在即兴表达受阻时,也可以充分利用语言模糊性的特点,使用外延边界不清或内涵极其笼统概括的语言来应急。2012年5月27日《非诚勿扰》中男嘉宾黄俊强在VCR中展示了自己每星期都要做美容,他跟七号女嘉宾有这样的对话:

**七号女嘉宾**:男嘉宾你好,我首先想说一下,我不是说女生该生活得多么精致,男生该生活得多么粗糙,但是你每天敷面膜,然后每星期去做美容,你觉不觉得这太……反正我知道我管这样的男的称为"水一样的男人"。(笑声)就是……你觉着是不是你过得太……那个什么了?

**孟　非**:你懂她的意思吗?

**黄俊强**:我懂得她那个什么。(笑声,掌声)

加点的部分,结合上下语境大家都能听出是什么意思,但这些意思如果用准确的语言说出来,一是表达起来比较麻烦,二是说出来可能不太好听,所以男女主人公都用了模糊语言来表示,不仅彼此心知肚明,在观众那里还获得了正面的传播效果。

由此可见,模糊性的语言有很强的表现力,它所传达的信息往往由外围语义成分承载,以简洁、凝聚的表层形式包含丰富的深层语义,表达多层次的内容,荷载最大的信息量,从而使语言有了更强的表现力。

### 三、言语的智性艺术对接

言语的智性艺术对接,是即兴口语使用中一些异乎寻常的、出其不意的话语组接方式,表现为一种语言的"反常合道"。"反常"是不合常理常规,用语别出心裁;"合道"指不脱离内在事理,即这种别出心裁是合乎规律的,令人感受奇特而又合乎情理。要做到言语的智性艺术对接,可以从反常规和陌生化两方面来努力。

#### (一)组接的反常规

大跨度的语词调取和反常规的组接使用,可以体现口语智性对接的特点,会带来意想不到的乐趣。2023年4月30日凤凰卫视《笑逐言开》节目主持人尉迟琳嘉评价马斯克SpaceX发射失败:

咱们不要否定失败,失败是成功他妈,所以说呢?这30亿不只是听了响儿,星舰即使炸了,它也是星际远航史上的一个里程碑,是人类有史以来体积最大、推力最强、造价最贵的大呲花,就像马斯克自己说的,这次他学到了很多,他们整个团队学到了很多,连火箭都能够做到半路刹车了,特斯拉,还刹不住吗?

"听了响儿""大呲花""半路刹车"这些老百姓口中的通俗表达,用在火箭发射中,就成了给人以特殊审美感受的智性对接。

再如,黄健翔和李承鹏解说欧洲杯奥地利对克罗地亚一场时:

**李承鹏**:不好意思,又要说一下中国对澳大利亚的邵佳一的那点球,也是中路,像贴着地面踢勺子,脚法没掌握好。

**黄健翔**:结果踢成了叉子。

智性对接在艺术性的口语表达中可说是无处不在,时时常新,有着巨大的生命力和与时俱进的特征。口语中的"趣"就多生发于智性的艺术对接,主要在智性因素中催生,它的呈现往往具有突发性,在人们意想不到处突然抖出一个"包袱"或其他"有意味的形式",在突然间凝聚人们的思维。

相声大师马三立就留下了很多经典的单口相声"现挂"语料:

我不用减肥,我没地儿减了。再减,就剩猴儿架子了。(一指赵忠祥)他胖,他的袜子也能给我改个背心。

"袜子"如果改成"补丁",由于组接的跨度小,难以构成强大的笑料,但改成"背心",巨大的反差就带来了冲击性的效果。没有智性对接,许多口语艺术形式就无法存在,以"反逻辑"作为主要现场效果的相声就是这样:

这个礼拜下了两场雨,一场三天,一场四天。

这是郭德纲相声里的句子。鲁迅在《秋夜》里也写过"墙外有两株树,一株是枣树,还有一株也是枣树。"这些表达方法由于打破了惯常的言语组接形式而带来了出人意料的效果。修辞中的"通感"也属于智性对接,其借助心理上的错觉造成语言搭配上的变异。

口语历来奉行应用的多元化和欣赏的差异性。现代人常说"生动有趣","趣"是和"生动"联系在一起的,浓郁的生活气息、多样化的生活方式以及深厚的文化积淀,使得口语在表达时素材无限,可以海阔天空。口语变异性就是造成生动有趣的重要手段之一,其理论根源是语言的陌生化。

(二)调取的陌生化

口语表达往往要随着生活的发展不断出新,与时俱进。语言的扭曲、变形、重新组接,通过一种不同寻常的特殊表达,可以重新恢复人们对语言本身的感觉。口语是博大精深的,可以用多种方式来表现同样的含义。语言的发展有生命力,它与人的生活态度、思维方式和心灵感受紧密相连。当一个熟词引起审美疲劳时,就会有千千万万个"生词"从博大精深的口语运用中涌现出来,弥补语言表现力的不足。这种现象不仅丰富了日常沟通,而且还给口语使用带来了意想不到的美感体验。

很多口语的变异是把人的内在体验化为可感性、具象性较强的外部感觉。如形容人脸型的口语用词:

椭圆脸　　鸭蛋脸　　国字脸　　猪腰子脸　　鞋拔子脸

由一个纯表形的词到某个别致的物体,再到一个形象化的汉字,再到两个与"脸"风马牛不相及的东西:猪器官和提鞋用品。由于这种感觉的传输是不等量的,所以越是这样越能收到陌生化的效果。

即兴口语在初级的生存空间中,达到交流的目的即可,而要触及艺术化表达的境界,就要鼓励新词"侵略",强调古为今用、洋为中用。最具陌生化美感的,历来属于那些最具变异性的语言。以郭德纲相声语言为例:

怎么跟您形容他的这个长相呢?烤白薯见过吧,刚烤的、好的,拿在手里太烫,一不小心没拿住,掉地上了。那边呢,跑来个小孩,穿钉子鞋,一脚踩这块白薯上了……他这脸就跟这会儿这块白薯似的。(捧哏:他这长相能编出一个故事来。)

再如,2023年东方卫视春晚,岳云鹏和贾乃亮的相声片段:

岳云鹏:这是我今天的搭档,同时又是我的"把把肉"。
贾乃亮:等等,我是你什么?把把肉是什么玩意儿啊?
岳云鹏:把把肉么,咱两个什么关系?把肉么,英语"把肉"!
贾乃亮:那叫 Bro,兄弟 Bro……把兄弟啊!

这一对混搭的相声表演说到了一个热词的诞生,为什么叫"把把肉"而不是"把兄弟",就可以从口语声音美的视角来解读。

语言在传递信息的同时,还可以作为审美媒介提供充满趣味的意象引起人的美感。我们使用的汉语口语多由单音节组成,表达力与仿声力极强,具备了印欧语言所没有的海纳百川的能力,给即兴口语的使用提供了取之不尽的资源。作为即兴口语表达者,不仅使用语言来流畅地表达意思,而且在使用中充分发掘自己的语言潜力,积极创新,也是发现美、表达爱的重要方式。

### 感悟与训练

**一、即兴口语陌生化练习**

下面这几组口语的普通表达和陌生化表达,对照体会一下有什么不同:

天太冷了,冷得都结冰了——天太冷了,冷得我的思绪都凝结了

她美得像花——她美得像茶——她美得像玉——她美得像青花瓷——她美得像法语

他累得像一摊泥——他累得像一只蚯蚓

你笑得真甜——你甜甜的微笑就像乌梅子酱

模仿这种陌生化表达的样式,根据下面的提示做口语陌生化创新练习:

他长得太丑了——

她长得太瘦了——

他是最棒的——

他是个特别的人——

他的裤子太肥了——

她做饭很差——

他心里乱得像——

他忙得像——

这片地里的郁金香开得真好看,就像——

他笨得像——

他黑得像——

他跑得太快了——

这孩子活泼得像——

## 二、积极词语与消极词语

如果在两分钟内,要求你随意写下尽可能多的表示情绪的词语,你会写下哪些词呢?

结果,很可能让你感到吃惊。无论文化和年龄的差异,人们所使用的词语中,表示消极情绪的词要比表示积极情绪的词多得多。为什么会这样呢?这是否意味着人类和人类生活本身就是消极的呢?

积极词语如:青春　活力　幸运　活泼　轻盈　甜美　纯净　休闲　关爱

消极词语如:衰老　消沉　负担　义务　责任　隐患　遗憾　制约　打发

就人们的口头禅来说,负面以及中性的口头禅占绝大部分,积极向上的口头禅所占比例较少,可能消极语言更能给说话人留下深刻印象从而被调取出来。但是,消极词语用多了会给整个对话乃至人们的情绪带来负面的影响。请找出你的语言中消极的部分,分析一下,并试着用积极的词语来替代,也许你的生活就会随之发生改变,并改变周围的人。

# 参考书目

1. 林语堂.说话的艺术[M].西安:陕西师范大学出版社,2009.
2. 黄希庭.心理学导论:第2版[M].北京:人民教育出版社,2007.
3. 李海林.言语教学论:第2版[M].上海:上海教育出版社,2006.
4. 付程.实用播音教程:第2册:语言表达[M].北京:北京广播学院出版社,2002.
5. 应天常,王婷.主持人即兴口语训练[M].北京:中国传媒大学出版社,2009.
6. 姜燕.即兴评述[M].北京:中国传媒大学出版社,2020.
7. 姜燕.问答术[M].济南:山东人民出版社,2017.
8. 姜燕.论辩术[M].济南:山东人民出版社,2018.
9. 姜燕.汉语口语美学[M].济南:山东人民出版社,2013.
10. 萨丕尔.语言论[M].陆卓元,译.北京:商务印书馆,1985.
11. 翁.口语文化与书面文化:语词的技术化[M].何道宽,译.北京:北京大学出版社,2008.
12. HALL,E T. La dimension cachée[M].Paris:Editions du Seuil,1971:15.

# 后 记

一本成熟的教材,作为系统呈现课程内容的教学用书,通常要经过很多年教学磨合、成果检验、意见反馈、反复修订等,方才逐渐沉淀下来,成为一个课程全面、系统的教学依据。

一本成熟的专业必修课教材,要有一个鲜明的目标和定位。《即兴口语》为"即兴口语表达""语言表达""实用口才""演讲与口才"等口语课程提供了使用依据。《即兴口语》在2018年版的基础上进行修订,主要修订涉及:对概念进行更了严谨的界定,精炼了理论阐述,更新了语料,增强了鲜明的时代性。

一本集理论和实践为一体的成熟的语言表达领域的教材,要海纳百川。本书汇集了播音学、语言学、艺术学、美学、传播学等多个学科的成果。我的导师曾说:"你做的东西比较杂,但有些领域的钻研,还真必须有多方面的学术积累,特别是丰富的口语素养和实践。"我乐观地把它当作老师的夸奖,一方面积极协调各学科知识结构和阅读者心理结构之间的平衡,顺应阅读和学习的心理顺序,合理体现各科知识的逻辑关系;另一方面惴惴不安于各科短板。许多老师、同事、学生都成了我请教的对象,他们的每一句意见、每一个帮助,都是成书和修订的一粒粒催化剂,我很想把他们的名字都写出来,然而短短的后记会难以承载,只能把这许许多多个名字,都种在自己的心里。

一本成熟的同时有较大社会发行量的高等学校教材,需要内容的科学性、推广的普适性、应用的实操性。经过全国百所院校师生的应用、实践、反馈,它早已成为大家共同的成果,只是借我之手,将其采摘、汇总、落实到纸上。其实我更像一个代言者,背后有千千万万教育者和学习者,是我们在共同搭建着口语表达和发展的宏伟大厦。

在修订到书稿的最后几页时,我正在鲁东大学开会。乳子湖畔,蒙蒙细雨中,第249页被风吹走,飘飞着落入了湖中。本打算放弃了,但想到上面有水仙编辑的修改,于是下到桥下,几经周折,方才惊险捞出。

  一本成熟的教材,需要一个让作者放心的编辑,水仙编辑就是。她的修改手迹,值得作者踩着泥泞跨过杂草和灌木,将手远远探入湖水中。

姜燕<br>2023.5.21

图书在版编目(CIP)数据

即兴口语 / 姜燕著. -- 2版. -- 北京：中国传媒大学出版社，2023.9（2025.6重印）
ISBN 978-7-5657-3435-9

Ⅰ. ①即… Ⅱ. ①姜… Ⅲ. ①汉语—口语—语言表达—教材 Ⅳ. ①H193.2

中国国家版本馆 CIP 数据核字（2023）第 111839 号

## 即兴口语（第二版）
JIXING KOUYU（DI-ER BAN）

| | |
|---|---|
| 著　者 | 姜　燕 |
| 策划编辑 | 李水仙 |
| 责任编辑 | 李水仙 |
| 封面设计 | 风得信设计·阿东 |
| 责任印制 | 李志鹏 |

| | | | | |
|---|---|---|---|---|
| 出版发行 | 中国传媒大学出版社 | | | |
| 社　　址 | 北京市朝阳区定福庄东街1号 | 邮　　编 | 100024 | |
| 电　　话 | 86-10-65450528　65450532 | 传　　真 | 65779405 | |
| 网　　址 | http://cucp.cuc.edu.cn | | | |
| 经　　销 | 全国新华书店 | | | |
| 印　　刷 | 三河市东方印刷有限公司 | | | |
| 开　　本 | 787mm×1092mm　1/16 | | | |
| 印　　张 | 18 | | | |
| 字　　数 | 353 千字 | | | |
| 版　　次 | 2023 年 9 月第 2 版 | | | |
| 印　　次 | 2025 年 6 月第 3 次印刷 | | | |
| 书　　号 | ISBN 978-7-5657-3435-9 | 定　　价 | 59.00 元 | |

本社法律顾问：北京嘉润律师事务所　郭建平